本书获山西师范大学重点学科项目资助

公民美德与现代国家

共和主义公民身份研究

聂静港◎著

Civic Virtues and Modern State:
On the Republicanism Citizenship

中国社会科学出版社

图书在版编目（CIP）数据

公民美德与现代国家：共和主义公民身份研究/聂静港著. —北京：
中国社会科学出版社，2015.12
ISBN 978 – 7 – 5161 – 7468 – 5

Ⅰ. ①公…　Ⅱ. ①聂…　Ⅲ. ①公民—研究　Ⅳ. ①D032

中国版本图书馆 CIP 数据核字（2015）第 311990 号

出 版 人　赵剑英
责任编辑　凌金良
责任校对　王　影
责任印制　张雪娇

出　　版　中国社会科学出版社
社　　址　北京鼓楼西大街甲 158 号
邮　　编　100720
网　　址　http://www.csspw.cn
发 行 部　010 – 84083685
门 市 部　010 – 84029450
经　　销　新华书店及其他书店

印刷装订　三河市君旺印务有限公司
版　　次　2015 年 12 月第 1 版
印　　次　2015 年 12 月第 1 次印刷

开　　本　710×1000　1/16
印　　张　14.5
插　　页　2
字　　数　216 千字
定　　价　55.00 元

序　言

在国家或政治共同体中，个体应该以什么样的方式存在，或者说，个体经由何种身份与国家或政治共同体发生关系，是长久以来一直被广为关注并讨论的中心问题。如果把研究的目光聚焦在西方政治哲学领域的话，可以发现，自苏格拉底提出"认识你自己"的哲学命题以来，思想家不断赋予这个问题以时代意义和学派"偏见"。此一问题，也随之展现出丰富多彩的理论面貌和斑驳陆离的学术观点。

公民身份（Citizenship）即是思想家对上述问题提出的一个可能答案。与其说是解答问题的"答案"，不如说此一"答案"带来的问题远比它解决的多。在理论研究和实践操作中，公民身份是一个有巨大吸引力，同时也是充满无限争论的焦点，但往往也是被作为一个不言自明的概念而使用的议题。按照斯坦福哲学百科全书的观点，关于公民身份的解释有两大基本模式：共和主义模式和自由主义模式。二者基于各自的观念假定，通过各异的论证进路，追寻并建构独具旨趣的理论大厦，从而呈现出五彩斑斓的公民身份解释图景。如果从历史渊源上看，共和主义是一种最古老的理论流派。有思想家把自由主义看作是从共和主义中分化出来的一种政治思潮，它直到托马斯·霍布斯那里才开始显示出较完备的理论形态。而共和主义却可以溯及至古典时期，思想观念上以亚里士多德、西塞罗等人为源头活水，政治实践上则以古罗马共和国为"典范"和"榜样"。与此相应，共和主义公民身份生发并扩展于这种久远的思潮与生动的实践当中，成为令人向往的公民身份解释图式。

回溯共和主义公民身份的解释史和实践史，我们会发现，公元前9世纪以后的希腊城邦培养了特别具有活力的、可以被称为社会向前发展的"引擎"的公民群体。他们以公共事务为至高追求，在城邦中，奉献自己的时间、精力乃至生命。他们把政治生活看成是唯一高尚的生活，并尽情在其中获得真实的自我确证。"人天生是政治动物"的规定得到淋漓尽致的实现。其后，在古罗马时期，由于社会结构的变迁，公民身份的制度发生了动摇与革新。城邦消失，大型共和国和帝国成为当时国家的组织形式，公民身份的内涵同时也发生了根本的视域转换。公共参与、政治生活逐渐失去了原先的强劲吸引力。随着罗马法的完善，以权利为主要吁求的法律型公民身份取代了城邦时期的政治型公民身份，扭转了共和主义公民身份的努力方向，为公民身份的自由主义解释准备了最初的理论和实践素材。中世纪中后期，在意大利北部城市共和国，共和主义公民身份实现了短暂的光荣复活，个体与共同体休戚相关的古典理想激发了一批又一批人为共和国的伟大成就奉献自己。然而，由于个人主义的兴起，以及以其为基础的自由主义更加契合 15 世纪以来的资本主义发展，以个人利益和权利为导向的自由主义公民身份借助法国大革命的"破坏性力量"战胜了共和主义公民身份，同时共和主义公民身份由于卢梭的"主权在民"思想被罗伯斯庇尔狂热地推行而与极权主义具有某种暗合性，从而使得共和主义公民身份隐没不彰，自由主义成为主导至今的公民身份解释模式。

共和主义公民身份具有三大理论特质。从学理上看，共和主义公民身份的核心理论特质主要包括无支配自由、公共领域和论辩民主。共和主义想望的自由突破了以赛亚·伯林定义的"积极自由与消极自由"的传统界分，以第三种自由的形式表现出来。它不是积极自由，也不是消极自由，或者说它既是积极自由，又是消极自由，它追求的是不同于自由主义视野下无干涉自由的无支配自由。在共和主义的叙述结构中，无支配自由是公民身份的本质，也是共和国的应然状态。共和国自由是公民自由的前提要件。公民的无支配自由不可能在私人领域中获得，也不可能存在于个人事务中，而只能在公共领域中，在为共同体的服务中才能实现。公共领域是公民自由的真正实践空间。

最后，共和主义理论家和实践者确定论辩民主为无支配自由提供行为论证。只要干涉在论辩的环境中实施，即是说干涉只有在公共权力的恰当运用的意义上才是可辩护的，无支配自由在这种情况下才不会受到损害。

为达成并实现共和主义公民身份的特质，就必须要求公民跨越私人领域和公共领域之间的"深渊"，养成共和主义的公民美德。积极生活、爱国主义、勇敢与宽恕和承诺等内容从公民身份自身着手探讨公民身份论题，而从公民生活于其中的国家之层面上寻找公民身份的现实条件就成为在外部寻求实现公民身份的可能路径。共和主义一贯主张公民自由只有在自由的共和国中才可欲且可行，而共和国若欲自由，必要求有相适的政制谋划以确保公共权力的正当运用。宪政的共和主义解释就是共和国自由的正当制度设计。

本书的作者聂静港是我在 2009 年招收指导的一名博士研究生，2012 年获得中国人民大学优秀毕业生荣誉称号。作为后学，静港持续具有浓厚的学术兴趣，他乐于读书，勤于思考，善于提问，在求学期间发表多篇专业学术论文，并在多场学术会议上做主题发言。以《论共和主义公民身份》为题的博士学位论文，在校外评审和答辩过程中，得到学界诸位学人的认真点评和深刻批评。我很高兴见到这些有益的批评都被他吸收，并体现在本书中。

就他个人而言，政治哲学是一个远未展开的学术领域，也是一个能使他不断获得新知的所在。就本书主题而言，限于他目前的学术积累和研究视界，定有诸多问题是他无力触及的，望学界同人和读者宽容对待之。我也希望静港在做好教学工作的同时，能够继续深耕于政治哲学这片繁荣之地，继续向前走，同时也"向后看"，在阅读中锻炼，在写作中成长。

龚　群

2014 年 3 月 24 日于中国人民大学人文楼

目 录

第一章 导 论

第一节 研究对象与选题的依据和意义

本书的研究对象是共和主义理论视域中的公民身份。共和主义是西方政治文化传统中源远流长的政治观念和政治制度之一，西方学术界一般在两种不同的但是却紧密相关的意义上使用共和主义一词。第一种共和主义称为古典共和主义（classical republicanism）或者共和主义的新罗马传统（neo-roman tradition of republicanism），它被认为是以家族相似的话语结构写作的一批理论家和思想家所组成的一种松散的思想团体，这些思想家包括古罗马的西塞罗、塔西佗、波利比乌斯和李维，15 世纪的马基雅维里及他的意大利学术同辈，英国的共和派作家约翰·弥尔顿、詹姆士·哈林顿、阿尔杰农·西德尼等，还包括启蒙运动的思想主力孟德斯鸠与卢梭，以及受他们影响的美国联邦党人麦迪逊与汉密尔顿等。古典共和主义持有家族相似的一些思想观念，比如他们都强调公民德性和政治参与的重要性，都主张实行混合政体并重视法治的重要性，都比较注意如何防止公民的腐化问题等。第二种共和主义也称为公民共和主义（civic republicanism）或者新共和主义（neo-republicanism），这种意义上的共和主义强调政治自由，此外还包括公民身份研究、公共善、公民德性、自治与服务、爱国主义情感、协商和对话等议题。属于公民共和主义传统的代表人物主要有强调历史修辞学与语境主义的剑桥学派思想家昆廷·斯金纳、J. G. A. 波考克，澳大利亚哲学家菲利普·佩迪特等。尤其当共和主义思想已广泛渗透到别的思想领域与话语体系之中，形成了自由主义的共和主义、社群主义的共和主义、女性主义的共和主义、文化多元主义的共和主义、世界主义的共和主义等纷繁复杂而又各成一体的理论派别之后，共和主义更是让人眼花缭乱，感觉无从下手。可见，共和主义是一种谱系颇为复杂的理论传统，要在有限的时间和篇幅内，探讨和处理时间跨度如此之大、理论视野如此宽广、关注议题又如此之多的共和主义显然是本书所不能及的。然而，纵观从古典到现代的共和主义发展史，深入其内部理论机理，我们不难发现，在其中始终贯彻着一条关键主线，即公民身份。正如当代政治哲学家威尔·金里卡所言，所有的共和主义议题都可以归纳为公民或者公民身份问题[1]，以至于"公民共和主义"比笼统的"共和主义"更能体现共和主义的理论旨趣与实践关怀。本书即围绕这一关键主线，展开研究和论述。

本书选择共和主义公民身份为研究主题，不仅因为它是贯穿共和主义发展历史的关键主线，而且还有以下两个层面的考量。

其一，实践层面上。世界范围内的政治事件与当下我国的社会与政治状况为本书提供了生动的实践背景。第一，20 世纪 80 年代以来，欧洲和美国的政治生活出现了新保守主义转向，即在强调个人自由至上性的同时，展开对福利国家政策的批评。福利国家政策的一个结果便是基于 T. H. 马歇尔的公民身份理论的社会底层人民的公民权利扩张的负面影响。根据马歇尔的论证，多渠道扩展公民的社会权利可以使社会底层更有效地进入主流社会，并积极行使他们的公民权利（狭义地）与政治权利。然而，战后欧美等国日益明显的投票率下降趋势与社会民众对政治冷漠感和疏离感的增强，使人们开始怀疑马歇尔公民身份理论的有效性与正当性。在新保守主义看来，福利国家不仅没有改变贫困阶层的消极性，而且还创造出一种依赖性文化，同时强化

---

[1]　[加] 威尔·金里卡：《当代政治哲学》（下），刘莘译，上海三联书店 2004 年版，第 7 章。

了福利接收者免于共同体义务的境况，加剧了贫困阶层道德义务的丧失。第二，苏联与东欧社会主义国家的世纪剧变，以及20世纪后半期风行于亚非拉等后发国家和地区的民主化浪潮，意味着具有整体主义倾向的公民身份理论开始走出人们的视野，越来越多的人把目光转向强调制度结构保障的共和主义公民身份。英国公民身份研究专家德里克·希特认为，这种情况需要我们制定新的宪法，以此建立能够实施公民身份的法律和政治权利的公共生活方式，实现对公民身份真实含义的把握。① 第三，自1978年改革开放以来的三十多年，我国在社会生活的各个方面，包括经济、政治、文化、社会建设等领域都取得了非凡的成就：人均国内生产总值大幅度增加、政治体制改革继续深化、民主法制建设稳步推进、文化多样性日渐丰富、对外交流的层次和领域进一步扩大、社会建设有条不紊地进行。上述变化都无一例外地反映到作为主体的个人，即公民身上，表现为公民意识深刻觉醒、公民权利的声张呈现出普遍化的局面。正是在这样的时代背景下，公民身份议题在中国学术界与日常生活层面上逐渐引起了广泛关注。

值得特别提出的是，作为西方政治文化传统核心概念之一的"公民身份"，与完全不同于西方社会结构的当下中国现实契合，是一个具有挑战性的课题。一方面，我们要正本清源，理顺共和主义公民身份的理论渊源与发展脉络，抓住其核心理念，最大程度地重现理论，另一方面，我们还要正视现实，找寻那可以为今天所用的优秀文化遗产，在本土和现实基础上最大程度地实现公民身份的理论再建。

其二，理论层面上。公民身份，尤其是共和主义公民身份是西方政治哲学领域近二十年来蔚然成风的一种研究热潮。威尔·金里卡和威尼·诺曼认为，公民身份在20世纪90年代以来备受关注，是"政治话语的自然演进"的结果。在他们看来，20世纪70年代和80年代政治哲学领域最核心的概念是正义与共同体成员资格，而公民身份由

---

① ［英］德里克·希特：《何谓公民身份》，郭忠华译，吉林出版集团有限责任公司2007年版，第2页。

于一方面与个人权利观念紧密相连，另一方面又与对特定共同体的隶属观念紧密相关，因而，"它有助于澄清自由主义者与社群主义者的争论中真正紧要的东西"①。

与此同时，作为西方最古老的一种政治理论与制度实践，共和主义在20世纪70年代中期以后强力反弹。如果从汉斯·巴伦发表于1955年的里程碑式的著作——《文艺复兴初期佛罗伦萨和威尼斯的人文主义与政治学问》——算起，共和主义的复兴已经持续半个多世纪了。可以说，共和主义的复兴是当代西方政治哲学领域与社会生活领域最引人注目的学术现象之一。共和主义的复兴与人们对自由主义在政治实践中的缺陷的不满以及自由主义与社群主义的论战相关。第一，经过战后二十多年的发展，在社会中形成了一个日益广泛的认识，即"从总体情况看，自由主义思想观念和启蒙运动的制度设计未能为其在理性和非技术框架中的道义承诺提供坚实的基础，这就使人们对自由主义捍卫其道德和政治原则的能力产生了强烈的怀疑"②。这一怀疑使人们把目光转向长期以来被忽视的共和主义思想资源。第二，20世纪80年代，社群主义在与自由主义的争论中，日益主张一种积极的、亚里士多德式的政治社群观念，批评"自由主义的个人主义基础、程序正义以及政治生活的工具性格"③，而自由主义反过来批评社群主义的此种政治社群观念在当前社会文化多元的事实面前，过于不切实际和流于幻想。由此，出现一种超越这种对立的"替代性运动"，即"通过回到从古代特别是从罗马共和时代继承下来的一种虽然无可指摘但却'被人遗忘的'共和传统"，它成为超越于自由主义与社群主义之外的"第三条道路"④。共和主义的公民身份理论便被标举为足

---

① Will Kymlicka and Wayne Norman, "Return of the Citizen: A Survey of Recent Work on Citizenship Theory", *Ethics*, Vol. 104, No. 2, 1994.

② Susan Collins, *Aristotle and the Rediscovery of Citizenship*, Cambridge: Cambridge University Press, 2006, p. 7.

③ Michael Sande, "The Procedural Republic and the Unencumbered Self", *Political Theory*, Vol. 12, No. 1, 1984.

④ Alan Boyer, "On the Modern Relevance of Old Republicanism", *The Monist*, Vol. 84, No. 1, 2001.

以与自由主义社会观和社群主义社会观相抗衡的理论。

本书之所以采取公民身份的共和主义研究进路，不仅是共和主义思潮在当代复兴的内在要求，更是公民身份本身的复杂性所导致的一种必然理论选择。公民身份看似一目了然，实则作为可以追溯到公元前7世纪雅典和斯巴达城邦的西方最为古老和源远流长的政治文化传统之一，它有各种各样的表征，是一个难以用几句话进行界定的概念，也是一个有各种各样解释模式和解释传统的概念。甚至有学者认为，公民身份犹如其他的政治概念，是一个"本质上富有争议"的概念。① 斯坦福哲学百科全书关于"公民身份"的条目，总结出了公民身份解释的两种基本模式：共和主义模式和自由主义模式，并指出共和主义公民身份的关键原则即是体现于古典政治制度实践中的、由亚里士多德坚决主张的公民自治。另外，托马斯·雅诺斯基和布瑞·格兰在一篇文章中，根据个体与共识、集体、权利与义务、政治制度和观念激励五个标准，把公民身份理论划分为四种基本模式：自由主义的公民身份、共识秩序的公民身份、参与共和主义的公民身份和温和后现代多元主义的公民身份。每一种基本模式内部又包含多种派别。其中，在共识秩序模式中，有社群主义和公民共和主义两种派别，而参与共和主义模式可分为新共和主义与扩展式的民主论两种。② 除此之外，还有多种对公民身份解释模式的研究，不一而足。而就共和与公民的关系来说，正如公民身份研究专家理查德·达格尔指出的，共和与公民是两个相互关联的词语，不存在不是由公民组成的共和国，同时，在古典共和主义看来，如果不是非常幸运地生活在一个共和国之中，个体就不可能得到完整意义上的公民身份。③ 中国台湾地区学者萧高

---

① W. B. Gallie, "Essentially Contested Concepts", *Proceedings of Aritotelian Society*, Vol. 56, 1955-1956.

② Thomas Janoski and Brian Gran, "Political Citizenship: Foundations of Rights", *Handbook of Citizenship Studies*, London: Sage Publications, 2002, p. 18.

③ Richard Dagger, "Republican Citizenship", *Handbook of Citizenship Studies*, London: Sage Publications, 2002, p. 145.

彦也认为，共和主义的较完整表述应该是"公民共和主义"。[①] 因此，在共和主义理论视域下研究公民身份，就不仅有助于厘清公民身份的发展历史脉络，更有助于观照生动的政治现实。

第二节　研究文献综述

公民身份研究已然成为西方政治哲学、社会学、法学、人类学以及行政管理学等学科领域的显学，产生了丰富的理论成果和深刻的理论洞见。尤其在政治哲学领域，借着共和主义的强劲复兴，共和主义公民身份研究亦成为思想家们着力最多的研究主题。在中国内地，深刻的社会和政治实践为公民身份研究提供了生动的背景，而对改革开放以来自由主义和狭隘民族主义的全面反思，也使共和主义公民身份日益获得学术界和一般舆论界的关注，这也为构建和谐的中国公民社会提供了可资借鉴的"批判的武器"。

1. 国外代表性的相关研究文献

第一，关于共和主义公民身份的发展历史及主要历史时期公民身份的研究。共和主义政治思想家一般都将公民身份追溯到古希腊的雅典城邦时期和古罗马共和国时期，它们为我们提供了古典时期的公民身份的典范。之后，经由中世纪基督教"上帝—选民"关系架构的延续，在文艺复兴时期意大利的威尼斯、佛罗伦萨等城市共和国重现了公民身份，直到18世纪美国独立战争和法国大革命时期，共和主义公民身份走向极盛并转而式微，自由主义公民身份开始成为主流的政治意识形态。

英国剑桥学派代表人物 J. G. A. 波考克对共和主义公民身份的历史做了概括性的总结和归纳。在《古典时期以降的公民理想》[②] 一文

---

① 萧高彦：《共和主义与现代政治》，载许纪霖主编《共和、社群与公民》，江苏人民出版社2004年版，第5页。

② ［英］J. G. A. 波考克：《古典时期以降的公民理想》，吴冠军译，载许纪霖主编《共和、社群与公民》，江苏人民出版社2004年版，第30—57页。

中，波考克认为，公民（Polites、Civis）被定义为雅典城邦或者罗马共和国成员，并根据其各自的生活实践，分别表现为亚里士多德意义的政治身份与盖尤斯主义的法律身份的特征。其中，亚里士多德意义的公民身份基于目的与手段的严格区分，把公民身份限定在脱离了"事物的世界"而进入到"政治的世界"中的个体，并强调公民的本质就在于统治与被统治，或者轮番为治。而盖尤斯主义的公民身份主张，人由于天生是一个事物的占有人或所有者，人正是通过事物的媒介而发生相互关系，所以通过对事物的占有和罗马法的实践，个人成为一个公民，取得公民身份。"公民"也就意味着某个根据法律自由行动、自由提问和预期可获得法律保护的人。公民的法律身份优位于政治身份，公民的权利也从参与公共生活转向要求对权利的消极保护。波考克最后总结道：可以把西方政治思想中公民身份概念的历史，简化为在亚里士多德意义的表述和盖尤斯主义的表述之间、在理想和现实之间、在人与人的互动和人与事物的互动之间的一场尚未结束的对话。昆廷·斯金纳在出版于 1978 年的 *The Foundations of Modern Political Thought*（Cambridge University Press）一书中，运用剑桥学派的政治修辞学与历史语境主义方法，重点考察了中世纪以后文艺复兴时期佛罗伦萨、威尼斯等城市共和国的公民身份理论与实践。在第一卷的第二部分，斯金纳详尽分析了 15 世纪后半期佛罗伦萨与威尼斯的社会政治状况，指出正是在这一时期，城市共和国的实践对共和主义政治思想做出了"无可比拟的最有创造性的"贡献。这一时期的思想家，尤其是马基雅维里，创造性地谈到了通过培养公民德性与保障公民参与政府事务来防止城市共和国公民天生具有的"腐败"倾向。

彼得·雷森博格在 *Citizenship in the Western Tradition：Plato to Rousseau*（North Carolina University Press, 1992）一书中，对西方古典公民身份的历史做了较全面的概括，重点分析了公民身份从第一种类型即公民共和主义公民身份向第二种类型即自由主义公民身份转变的内在逻辑与制度路径。他认为，公民身份是人类文明为了取得进步而凝结起来的一种最基本的动力。在《何谓公民身份》① 一书中，作者德里克·希特强调，公民身份将个体与政治有机结合在一起，既证明了政治保护个人权利的必要性，又论证了个人服从政治的正当性。在希特看来，公民身份就是一种"有责任的自由"。他在本书第一章指出，公民身份虽然极为复杂，但可以认定古希腊城邦是公民身份的起点，然后经历了罗马共和国、中世纪城市共和国，最终形成现代意义上的公民。与此历史相一致，公民身份形成了两大理论传统或者解释类型：自由主义的公民身份传统和共和主义的公民身份传统。前者塑造的是一种消极公民的形象，后者塑造的是一种积极公民的形象。在此书最后，希特主张，鉴于自由主义与共和主义的融合与分殊，在现代情境下，应该将两种公民身份传统结合起来以培养公民德性。在出版于1993 年的文集 *Citizenship and Social Theory*（Sage Publications）中，编者布莱恩·S. 特纳在前言部分指出，公民身份在本质上是一个现代概念，它起源于法国大革命之后。他认为，公民身份的发展需要具备一系列结构性前提假设：城市文化、世俗主义、宗派价值的颓落以及民族—国家管理框架的形成。通读本文集可以发现，所有的作者都在围绕一个主题展开论述，即第二次世界大战后由于欧洲社会结构变化引起的公民身份的调适与修正。

另外，一些专著的个别章节也涉及了共和主义公民身份的历史描述。美国印第安纳大学经济学和社会科学教授斯科特·戈登在1999 年出版的关于宪政史的专著 *Controlling the State：Constitutionalism from Ancient Athens to Today*（Harvard University Press）的第二章、三章、四章、五章和第六章的一部分中，分别考察了雅典、古罗马、中世纪基督教社会、威尼斯共和国和荷兰共和国公民身份的理论与实践状况。美国学者托马斯·雅诺斯基在《公民与文明社会：自由主义政体、传统政体和社会民主政体下的权利与义务框架》② 的"公民导论"部分，

---

① ［英］德里克·希特：《何谓公民身份》，郭忠华译，吉林出版集团有限责任公司2007 年版。
② ［美］托马斯·雅诺斯基：《公民与文明社会：自由主义政体、传统政体和社会民主政体下的权利与义务框架》，柯雄译，辽宁教育出版社2000 年版。

简要勾画了公民身份的现实研究状况，并将自己的研究定位于是要填补 T. H. 马歇尔的公民身份理论化传统存在的空白。雅诺斯基归纳出三个问题：公众甚至政府对福利制度的攻击日益增多、东欧剧变、移民和难民在国际上对公民身份的要求日益增多，这些问题使得马歇尔的公民身份理论捉襟见肘。他本人即是要在此种广泛的背景之中阐释公民身份。

在被誉为公民身份研究的微型百科全书 *Handbook of Citizenship Studies* 中，大卫·伯切尔和罗杰斯·史密斯分别在各自的文章中讨论了古代公民身份与现代公民身份。伯切尔在 Ancient Citizenship and its Inheritors 一文中认为，如下观点是错误的：现代西方划分出了公民身份历史的古代形态与现代形态，并把二者对立起来。他指出，古代形态的公民身份即是强调公民是自身的主人，要求公民积极参与或者至少是潜在地参与公共生活，这是一种积极的共和主义的公民身份。与此相反，现代形态的公民身份则要求公民把自己局限于服从统治者的权威与承担相应的义务，这是一种消极的或者是被动的公民身份。而当代共和主义公民身份极大地受到了古代共和主义公民身份的理论投射，并在经历了宗教改革的浸透之后，体现为一种"清教文化的产物"。然而纵观两种形态的公民身份的理论渊源，我们会惊奇地发现，二者其实是不可分割地联系在一起的。史密斯撰写的 Modern Citizenship 一文考察了公民身份产生以来意义变化的过程。他认为，公民身份最古老的意义就是亚里士多德明确表述的"同时统治与被统治"。随着希腊被君主制的马其顿帝国征服以及罗马共和国让位于从其自身内部生长出来的罗马帝国，罗马公民身份已蜕变为一种法律身份。中世纪基督教的公民身份虽然被"上帝—选民"关系架构遮蔽，但并未彻底消失，"选民"的公民身份仍然仅限于声张可以获得保护的法律权利。及至城市共和国时期，参与型的共和主义公民身份重新成为人们的理论主张，并刺激和鼓励了反君主制的革命，催生了一批共和国，公民身份也由此开始获得它的现代形态。在今天，民族国家已经取代城市共和国成为公民自治与服务的基本场所。公民只有通过广泛地依靠代议制参与到公共生活中，才能够在其中享受各种权利和特权。

第二，关于共和主义公民身份核心理论特质的研究。共和主义学者在解释古典共和主义和对当代共和主义阐发的进程中，与占主流意识形态地位的自由主义相对照，对共和主义公民身份的核心议题进行了提炼与分析。斯金纳在 *The Foundations of Modern Political Thought* 一书中认为，意大利城市共和国时期公民自由包括两个方面，一是对外的政治独立，二是对内的自治共和，并通过这两个方面来维护共和国制度。1984 年 10 月，斯金纳在哈佛大学"坦纳人类价值讲座"上的学术演讲《政治自由的悖论》[①] 中提出了共和主义关于公民自由的主张。他首先深入探讨了两个相互联系的关于政治自由的观点：关于自由的消极概念和关于自由的积极概念。对自由的消极理解由杰里米·边沁最先引入，然后以赛亚·伯林予以完美表述，认为政治自由在本质上就是一个消极概念，它的存在是以其他事物的阙如，尤其是其对立面因素的阙如为标志的。而对自由的积极理解则主张把自由与自治联系起来，因而个人自由也就必须在一个"具有某种规范形式并且包含了真正自治的社会中"（查尔斯·泰勒语）才是可能的。斯金纳认为，这两种概念都忽视了另一种思考政治自由的完整传统，即古典共和主义传统。他通过一系列的论证，提出共和主义作家持有的是一种完全不同于伯林意义上的消极自由观，即自由在于不受限制地实现我们的既定目标。可以说，这个理解包容了伯林意义上的消极自由以及对自由的积极理解，实现了泰勒所说的自由的"机会性概念"与"操作性概念"的结合。斯金纳最后提醒我们，除非把我们的义务置于权利之上，否则我们终将发现我们的权利本身也会遭到破坏。1990 年，斯金纳在《共和主义的政治自由理想》[②] 中再一次重申了他关于共和

---

① ［英］昆廷·斯金纳：《政治自由的悖论》，柴宝勇译，载应奇、刘训练编《第三种自由》，东方出版社 2006 年版，第 110—135 页。
② ［英］昆廷·斯金纳：《共和主义的政治自由理想》，刘训练译，载应奇、刘训练编《公民共和主义》，东方出版社 2006 年版，第 59—85 页。

主义公民自由的上述主张。斯金纳在《第三种自由概念》① 中，认为伯林对自由的经典区分是与若干错误的出发点难以分开的，而杰拉尔德·麦卡勒姆提出的三位一体的政治自由观（行动者—强制—目的）也是站不住脚的。他在文章的后半部分指出，在 17 世纪英国反抗王权的斗争中就已经兴起了一种"新罗马式的自由"，即"有弹性的非干涉"（resilient non-interference）。在出版于 1998 年的著作 *Liberty Before Liberalism*（Cambridge University Press）中，斯金纳更加明确了共和主义自由的真实含义，也从更全面的角度批评了自由主义关于自由的两种区分。他在这本书中详细分析了新罗马自由的结构和前提条件，并认为，新罗马自由比消极自由与积极自由的概念更能契合历史上公民的共和主义自由的表征。

共和主义的另一位代表菲利普·佩迪特对共和主义公民自由的解释与昆廷·斯金纳的新罗马自由观有相似之处。事实上，二人也都承认，自己的自由观念都受到了彼此的影响和启发。在《消极自由：自由主义的与共和主义的》② 一文中，佩迪特认为，消极自由连接了新近的自由主义传统与更为古老的共和主义传统，但是贡斯当—伯林关于消极自由与积极自由、现代人的自由与古代人的自由的两分法掩盖了对自由的另一种更为重要的区分，不利于我们对自由之历史发展的考察。这一更重要的区分就是自由主义与公民人文主义或共和主义传统的区分。他得出结论说，两个传统对自由的对立解释是若合符节的。他在 Freedom as Antipower③ 一文中，提出了拥有支配他人的权力的对照面，即"反权力"，并论证了反权力的可能性，考察了它与免于干涉的自由的对比状况。佩迪特在本文中把共和主义的公民自由归结为

---

① ［英］昆廷·斯金纳：《第三种自由概念》，应奇译，载应奇、刘训练编《第三种自由》，东方出版社 2006 年版，第 136—181 页。

② ［澳］菲利普·佩迪特：《消极自由：自由主义的与共和主义的》，刘训练译，载应奇、刘训练编《第三种自由》，东方出版社 2006 年版，第 182—281 页。

③ Philip Pettit, "Freedom as Antipower", *Ethics*. Vol. 106, No. 3, 1996.

反权力。在《共和主义的政治理论》①和《重申共和主义》②两篇文章中，佩迪特将研究共和主义的重点放在自由观念上，在分析干涉与任意的干涉、更难失去自由的效应和更易失去自由的效应之后，明确把自己的共和主义公民自由概括为无支配的自由（freedom as non-domination），即超越于传统自由两分法的第三种自由。他还提出了一些保障共和主义无支配自由的途径，包括共和主义的宪政设计、严格遵守共和主义的程序和政策、论辩式的民主等。佩迪特在《共和主义：一种关于自由和政府的理论》③中分两部分全面讨论了共和主义，尤其是共和主义的公民自由问题。在第一部分中，佩迪特详尽分析了共和主义无支配自由对消极自由与积极自由二分法的优越性，并把公民置于自由享有者的位置，论述了公民与共同体的关系。在第二部分中，他提出了共和主义公民自由的目的，保障共和主义公民自由的制度设计，以及如何培养完整意义上的共和主义的公民等问题。可以发现，佩迪特在一系列的论文和著作中，越来越清晰地向我们展示了共和主义公民身份的核心理念之一——共和主义的无支配自由。

波考克在《古典时期以降的公民理想》一文中也涉及了共和主义公民身份的理念问题。他认为，古典公民的理想形象在亚里士多德的《政治学》中得到了典型体现，公民一开始就与共同体生活紧密相关。公民身份不仅是公民个体隶属于共同体的成员身份标识，更是公民获致自由的最好途径。

在关于公民身份的一般性研究著作中，作家们亦谈到了共和主义公民身份的理念和议题。比如，在《何谓公民身份》一书中，希特勾勒出了两种公民身份传统：强调责任的公民共和主义传统和强调权利的自由主义传统。关于公民共和主义的公民身份解释传统，希特重点

---

① ［澳］菲利普·佩迪特：《共和主义的政治理论》，刘训练译，载应奇、刘训练编《公民共和主义》，东方出版社 2006 年版，第 86—114 页。

② 同上书，第 115—144 页。

③ ［澳］菲利普·佩迪特：《共和主义：一种关于自由与政府的理论》，刘训练译，江苏人民出版社 2009 年版。

考察了亚里士多德、西塞罗、马基雅维里和卢梭四位思想家的公民身份理论，总结了五个方面的特征：公民身份的目的是自由和共和国；公民身份的类型在于共同体；公民身份的品质有美德、爱国和判断力；公民身份的角色只有在军事责任和监督、参与政府的过程中获得；公民身份的形成同时还要通过动机、教育和宗教的实施来完成。雷森博格在 *Citizenship in the Western Tradition：Plato to Rousseau* 一书中基于个体与共同体的相互关系提出了两种形式的公民身份。第一种形式其实就是公民共和主义的积极公民身份解释模式，它的特征有：共同体的规模较小；公民身份的排他性和封闭性较强；更为强调英雄主义和积极的公民参与。第二种形式其实就是自由主义的消极公民身份解释模式，它扬弃了第一种形式，表现出了与 18 世纪社会现状相一致的公民特征，并成为当今一种主流的公民身份解释模式。

汉娜·阿伦特和尤尔根·哈贝马斯是研究公共领域的权威性学者，他们在对公共领域的研究中也涉及了共和主义公民身份的问题，甚至有人把他们也归于共和主义思想家之列。阿伦特作为共和主义在 20 世纪复兴的先兆性代表人物，她深刻分析了现代公民为何如此沉溺于私人领域，而公共领域又为何被挤压到最小的空间，并提出通过实现共和主义的公民身份以重塑古典共和主义公民美德的方案。阿伦特在《极权主义的起源》① 中认为，虽然公共领域在极权主义控制政权之前就已经开始沦丧，但极权主义在 20 世纪的登场对公共领域的冲击却是毁灭性和根本性的。公共领域在经过了极权主义的蹂躏以后，变得日益"碎片化"，而公民美德与此同时消失殆尽，而且二者还互相促进，最终导致了公民美德的分崩离析。在《人的境况》② 一书中，她更为详细地分析了公共领域与私人领域的特征以及个人（公民）如何在公共生活中获得完全的身份意义，成为共和主义及共和主义公民身份在 20 世纪复兴的先声。公共领域最大特征就是公共性，在其中的

① ［美］汉娜·阿伦特：《极权主义的起源》，林骧华译，生活·读书·新知三联书店 2008 年版。

② ［美］汉娜·阿伦特：《人的境况》，王寅丽译，上海人民出版社 2009 年版。

任何东西都被所有的人同时经历与保持，"所有的人"被阿伦特称为"人的复数性"，不仅是数量上的众多，而且还是差异性的无处不在。"人的复数性"和公共领域共同构成了公民美德形成的结构空间，然而西方政治文化传统却持续不断地破坏这种复数性以及公共领域，终于使之在 20 世纪极权主义的淫威下几乎完全消失。哈贝马斯在 1961 年出版的《公共领域的结构转型》① 的德文第一版序言中规定，本书的目的就是分析在 17 世纪后期的英国和 18 世纪的法国生长出来的"资产阶级公共领域"，并忽略了法国大革命时期的"平民公共领域"研究。在 1990 年的版本中，哈贝马斯放弃了自己的这个认识，认为公共领域一开始就是多元的，资产阶级公共领域与平民公共领域"唇齿相依"，而且政治公共领域是在文学公共领域之后出现的。在目睹了 30 年的社会变革以后，哈贝马斯对公共领域的结构转型之研究做了三点修正：这个过程是与国家和经济的转变同时进行的；市民社会一直都是私人领域的，也是一直与公共权力机关或者政府对立的；新型传媒的兴起不仅影响而且统领了公共领域。在此之下，民主开始出现了从自由主义到商谈民主变化的迹象。他在晚年的著作《在事实与规范之间》② 中明确指出，商谈论赋予民主过程以规范性含义，比自由主义民主模式强，但比共和主义民主模式弱，它是二者的结合。在这本书中，哈贝马斯还谈到了公民身份与公民权利问题。他认为自由主义的公民身份模式与共和主义的公民身份模式是相反且相互竞争的解释模式，自由主义公民身份以对公民的个人主义工具论假定为基础，而共和主义公民身份模式则蕴含了对公民的交往伦理的理解。哈贝马斯最后要建构的是一种超越与融合两种解释模式的新型公民理论。

第三，关于共和主义公民身份的获得或者保障的研究。共和主义公民身份的理念一经确立，最重要的问题就是如何实现公民身份的核

① ［德］尤尔根·哈贝马斯：《公共领域的结构转型》，曹卫东等译，学林出版社 1999 年版。

② ［德］尤尔根·哈贝马斯：《在事实与规范之间》，童世骏译，生活·读书·新知三联书店 2003 年版。

心理念。共和主义思想家在这一方面也进行了研究，并取得了一些成果。波考克在 Virtues, Rights, and Manners: A Model for Historians of Political Thought① 一文中，首先区分了共和主义的两种研究范式：人文主义范式的研究与法学范式的研究。相应地，公民身份也就有人文主义的词汇表述与法律词汇的表述两种。他认为，公民人文主义在晚近已经取得了关键性地位，而同时作为共和主义关键词汇的"德性"是无法被还原成权利或者被同化到法学的词汇中去的。德性是相互平等的、献身于公共善的公民在共和国的实践中表现出来的对抗命运的积极品质。因此，公民德性的获得和占有就必须通过参与公共生活来获得。在《古典时期以降的公民理想》中，波考克认为，共和主义的公民德性体现于公民追求公共善的实践中，公共善本身就是一种目的善。对公民来说，重要的是参与公共决策的自由，而不是决策的内容。针对现代到后现代的公民理想，波考克忧心忡忡地指出了一个危险倾向，即自由主义将公民身份还原成一种权利的语言与实践，就是将公民身份看作一种手段性存在而非目的性存在，公民最终会发现自己"并非被解放，而是被擅自侵占"，公民德性也就无从谈起。波考克的上述理论主张是与其在 The Machiavellian Moment: Florentine Political Thought and the Atlantic Republican Tradition (Princeton University Press, 1975) 一书中表达的观点是一脉相承的。

佩迪特在《共和主义的政治理论》一开始就明确指出，共和主义政治思想的主题就是如何保持公民自由。而自由的代价就是那种既包括积极自愿地参加政府，又包括对统治者保持永远警惕的公民德性（civic virtue）。在《共和主义：一种关于自由和政府的理论》一书中，佩迪特再次强调了公民德性对于保障共和国的无支配自由的重要性，并且在本书第二部分的第六、第七和第八章长篇谈论了促进公民德性的方法，包括宪政约束、论辩式民主、责任、良好的习俗或道德、

---

① J. G. A. Pocock, "Virtue, Rights, and Manners: A Model for Hitorians of Political Thought", *Political Theory* , Vol. 9, No. 3, 1981.

"无形之手"、价值内化与同化。

斯金纳在《共和主义的政治自由理想》一文的第四部分提出一个问题：如何建立以保障个人自由为旨趣的自由国家。他认为，一个自由的国家本质上必须是李维、西塞罗等古典共和主义作家笔下的共和国，但如果把它等同于现代意义上的共和国，显然是一种过于简单化的认识。古典共和主义所讲的共和国，实际上是一种宪政设计，也只有精巧的宪政设计才能最大程度地保障个人自由。反过来，只有当公民培养出一种关键性的品质——公民德性（virtus、virtù、civic virtue、public spiritedness）——之后，自治的共和国才能维持。公民德性包括保卫共同体政治独立的勇气和决心，也即战争的美德；审慎；对法律权威性的服从等。

谈共和主义的公民德性问题，不能不提到马基雅维里。斯金纳在《马基雅维里》①中倾向于认为，英文中没有一个对应的单词能够恰当的转译马基雅维里的"virtù"。同时，他总结出马基雅维里"virtù"一词的复杂含义：智慧、公正、勇敢、节制、诚实、有道德地行动。对马基雅维里的公民德性思想最深刻和最充分的解释莫过于哈维·曼斯菲尔德的 *Machiavelli's Virtue*（University of Chicago Press，1996）一书。在此书中，曼斯菲尔德认为同亚里士多德大力宣扬的古典德性相比较，马基雅维里的"virtù"无异于一场道德革命。他的"virtù"不仅包含了古典德性概念的意义，即强调卓越、善以及道德面向，而且根据他所处时代的具体政治状况，赋予"virtù"以能力、力量、勇气的含义。上海师范大学历史系教授周春生也认为，如果从实践的角度看"virtù"，传统道德观会发生根本变化。②

美国印第安纳大学政治学教授杰弗里·艾萨克在《再思考：共和主义 vs. 自由主义》③一文中，以亚当·斯密为例讨论了共和主义的公

---

① ［英］昆廷·斯金那：《马基雅维里》，王锐生、张阳译，中国工人出版社1985年版。
② 周春生：《马基雅维里思想研究》，上海三联书店2008年版，第92页。
③ ［美］杰弗里·艾萨克：《再思考：共和主义 vs. 自由主义》，郑红译，载应奇、刘训练编《共和的黄昏》，吉林出版集团有限责任公司2007年版，第321—360页。

民德性问题。他同意以下观点：斯密不仅仅是一个哈林顿主义者，如果将其置于18世纪的共和主义背景之下进行恰当研究，能够发现斯密的语言是"商业共和主义"（commercial republicanism）新语言的一部分。斯密是一个自觉的政治学家，他关注的首要问题是公民德性和军事美德，他认为公民德性只有在耐心、勤劳、坚韧和操劳中获得。因此，对出身高贵的人来说，德性是渐行渐远的。此外，斯密还认为，公民的爱国主义精神和对公共秩序的大力投入都具有极其重要的价值，因此他还详细分析了军事义务和公共教育的美德。在《共和主义对自由主义的批判》①一文中，艾伦·帕顿认为公民美德是维护自由的一个条件，并把昆廷·斯金纳的共和主义自由观归纳到工具性共和主义范畴之中。在文章中，帕顿认为，工具性共和主义的公民美德在查尔斯·泰勒那里得到了精致化的叙述。在那里，公民美德本质上就是"爱国主义"，是"以在一项特殊的共同事业中对他人的认同为基础的"。在帕顿看来，泰勒的观点与自由主义的爱国主义并没有本质区别，二者都强调只有投身于特定的共同理想，如自由和平等，才能维持一个自由社会的长久发展。非自由主义的爱国主义，即固执的共和主义者所主张的爱国主义，并不是维持一个自由社会必不可少的条件。加拿大蒙特利尔大学哲学系教授罗伊·张在《共和主义公民身份的世界主义视界》②一文中认为，按照共和主义对国内社会采取的以国家为中心的观点的思路，它能够告诉我们一些关于世界主义民主的重要洞见。在世界主义的视界下，公民最重要的德性——自由——有赖于同意的基本原则，这种同意是经由公民的选票和多数原则得到表达的，也就是通过代议制和选举式民主的制度设置来完成的。作者同意佩迪特的观点，也认为公民对公共政策的制定、选择和废止拥有最终的发言权，他们不仅仅是法律内容的作者，同时还是其编辑者。最

---

① ［美］艾伦·帕顿：《共和主义对自由主义的批判》，葛水林译，载应奇、刘训练编《共和的黄昏》，吉林出版集团有限责任公司2007年版，第361—385页。

② ［加］罗伊·张：《共和主义公民身份的世界主义视界》，孟军译，载应奇、刘训练编《共和的黄昏》，吉林出版集团有限责任公司2007年版，第456—475页。

后他还强调了论辩式民主对公民德性保持的独特意义。荷兰莱顿大学政治学教授赫曼·范·冈斯特仁在《公民身份的四种概念》① 一文中区分了四种公民身份概念：自由个体主义的公民身份概念；共同体主义的公民身份概念；古典共和主义的公民身份概念；包括来自共同体主义、共和主义和个体主义的思想特征的新共和主义的公民身份概念。作者指出，自古以来，公民身份的获得和维持都是国家的一项常规性任务，也正是公民在成功地运行共和国。在古典共和主义和新共和主义的公民身份概念中，公民美德一般包括：勇气、热爱、军事纪律，以及争论、合理性、民主、多元性和谨慎有限地使用暴力。公民德性的获致就是在公民参与诸如此类的公共生活中完成的。

就一般意义上的公民身份教育而言，德里克·希特的 *A History of Education for Citizenship*（Routledge, 2003）做了较全面的介绍。他从古典起源、叛乱时代与革命、自由民主教育、极权主义与转折以及多元的公民身份教育五个方面梳理了公民身份教育的历史过程。

共和主义的当代复兴，不仅体现在历史叙事上对古典共和主义进行重构性解释，还体现在规范性政治理论领域共和主义原则的建构，而且更是广泛体现在法学领域，尤其是宪法学理论和实践领域，出现了共和主义的宪法解释之新视角和新方法。实际上，宪政，或者以宪法为核心的制度设计一直是共和主义关注的焦点。共和主义宪政作为处理公民自由与国家关系的有效解释进路，也得到了共和主义政治理论家，特别是有共和主义倾向的法学理论家的关注。美国芝加哥大学法学教授凯斯·森斯坦在一篇名为《共和主义的永久遗产》② 的文章中，明确把宪政看作是古典共和主义留给现代的一项永久遗产。他指出，对共和主义者来说，政治的任务首先是审议，他们可以通过这一

---

① ［荷］赫曼·范·冈斯特仁：《公民身份的四种概念》，载［英］巴特·范·斯廷博根编《公民身份的条件》，郭台辉译，吉林出版集团有限责任公司 2007 年版，第 44—57 页。

② ［美］凯斯·森斯坦：《共和主义的永久遗产》，载［美］斯蒂芬·L. 埃尔金等编《新宪政论：为美好的社会设计政治制度》，周叶谦译，生活·读书·新知三联书店 1997 年版，第 212—252 页。

过程以他们作为公民的身份避开私人利益的追逐而从事谋求公共利益。传统的解决公民腐败的办法就是通过公民教育培植美德原则，而现在还需要通过政府的宪法结构安排、有公德心的代表控制政府程序以及法律的权威来帮助克服公民的腐败。森斯坦在 Beyond the Republic Revival① 一文中认为，现代历史学的深入发展，使得共和主义思想在美国宪法批准之前、期间和之后的时期中的作用日渐明朗化，洛克式的共识（Lockean consensus）已经不再成为解释美国立国和立宪的唯一资源，共和主义思想为美国提供了强有力的政治观和关于宪政功能的观念。他总结了共和主义的四条基本原则：商议；政治平等；普遍主义；公民身份，并且认为它们紧密联系，是互相说明与互相支持的关系，而且在美国宪政的关键时刻已经发挥了突出作用。共和主义在宪法学领域的另一位代表人物是哈佛大学法学教授弗兰克·米歇尔曼，他在 Law's Republic② 一文中批评了古典共和主义宪政思想把法律的正当性诉诸道德动机和道德观念的狭隘、固定不变的或者强制性的基础之上，他认为重新考虑共和主义更深层次的宪政内涵能使我们发现，政治共同体不仅没有排斥那些不认同其统一性规范的非参与者，而且还会提高每一个人的政治自由。

通览西方政治哲学领域的公民身份研究成果，可以发现，他们从多种视角出发进行了卓有成效的公民身份研究。这为本书的研究提供了丰富的理论资源。

2. 国内代表性的相关研究文献

共和主义公民身份重新成为人们津津乐道的政治概念以来，在西方已经持续了二十多年，并且还在继续升温。然而就国内相关研究而言，对公民身份的注意，乃至于对共和主义公民身份的讨论还处于起步阶段，原创性研究较少，已有的成果多是以编译（著）、翻译和论

---

① Cass Sustein, Boyond the Republic Revival, *The Yale Law Journal*, Vol. 97, No. 8, 1988.
② Flank Michelman, Law's Repuslic, *The Yale Law Journal*, Vol. 97, No. 8, 1988.

文的形式出现的。有代表性的编译（著）文集有： 《公民共和主义》①；《第三种自由》②；《共和的黄昏：自由主义、社群主义和共和主义》③；《共和、社群与公民》④；《公共性与公民观》⑤；《共和主义：古典与现代》⑥；《宪政主义与现代国家》⑦。有代表性的翻译文集有：《共和主义：一种关于自由与政府的理论》⑧；《共和的理念》⑨；《自然权利与新共和主义》⑩。有代表性的关于公民身份以及共和主义公民身份的编译（著）和翻译著作主要有：肖滨、郭忠华主编，吉林出版集团有限责任公司出版的西方公民理论书系五种；郭忠华、刘训练编，江苏人民出版社出版的《公民身份与社会阶级》，2007 年版；英国学者恩靳·伊辛、布雷恩·特纳主编，王小章翻译的《公民权研究手册》，浙江人民出版社 2007 年版。

有部分政治学理论专著涉及了共和主义公民身份研究的主题。中国政法大学政治学研究所所长丛日云教授在《西方政治文化传统》⑪中纵论了西方公民身份在古希腊、古罗马和中世纪基督教西欧各历史发展阶段的样貌。作者在第一编中指出，西方公民文化的根源在古希腊，"公民"概念形成于希腊城邦的政治结构之中，它与古代中国的臣民观念有本质区别。雅典作为公民自治团体的典型，在共和主义公民身份的形成历史中具有提纲挈领的作用。在希腊被马其顿征服之

① 应奇、刘训练编：《公民共和主义》，东方出版社 2006 年版。
② 应奇、刘训练编：《第三种自由》，东方出版社 2006 年版。
③ 应奇、刘训练编：《共和的黄昏：自由主义、社群主义和共和主义》，吉林出版集团有限责任公司 2007 年版。
④ 许纪霖主编：《共和、社群与公民》，江苏人民出版社 2004 年版。
⑤ 许纪霖主编：《公共性与公民观》，江苏人民出版社 2006 年版。
⑥ 任军锋主编：《共和主义：古典与现代》，上海人民出版社 2006 年版。
⑦ 王焱编：《宪政主义与现代国家》，生活·读书·新知三联书店 2003 年版。
⑧ ［澳］菲利普·佩迪特：《共和主义：一种关于自由与政府的理论》，刘训练译，江苏人民出版社 2006 年版。
⑨ ［意］诺伯托·博比奥、莫里奇奥·维罗里：《共和的理念》，杨立峰译，吉林出版集团有限责任公司 2009 年版。
⑩ ［美］迈克尔·扎科特：《自然权利与新共和主义》，王崇兴译，吉林出版集团有限责任公司 2008 年版。
⑪ 丛日云：《西方政治文化传统》，吉林出版集团有限责任公司 2007 年版。

后，公民文化开始颓落。在第二编中，作者分析了共和国时代的罗马与帝国时代的罗马在公民身份理论与实践操作上的不同，认为罗马共和国的建立开启了罗马人自由的历史，混合均衡的政治制度结构保障了罗马公民身份的落实。他在关于中世纪西欧的第三编中认为，在基督教一统欧洲社会之后，上帝取代了世俗国家的君主，公民也从帝国时代的臣民变换成宗教社会的选民，世俗政治文化极其衰弱。山东大学政治学教授葛荃在其撰写的《中国政治文化教程》①中提出，在中国儒家文化的熏陶下，古代中国人形成了鲜明的、有别于西方社会公民文化的臣民文化与臣民意识，当代中国公民意识的建设与公民社会的构建任重而道远。褚松燕在《个体与共同体：公民资格的演变及其意义》②一书中主要讨论了公民资格从古希腊封闭性的小群体发展到近代以来普遍平等的过程，同时也是由强调道德至上的古代公民资格向物质主义全面泛滥的现代公民资格的转变过程。中山大学教师刘诚在《现代社会中的国家与公民：共和主义宪法理论为视角》③中，把共和主义作为分析理论工具，探讨了国家与公民关系的和谐之道。他认为，共和主义的研究视角能够突破传统的自由主义和国家主义的樊篱，为我们提供一种建设性的考察公民自由与国家关系的角度。

近十年来国内学界发表了数十篇以共和主义或者以共和主义公民身份为研究主题的期刊论文。在《试论西方古典共和主义政治哲学的基本理念》④一文中，陈伟认为，古典共和主义思想家们虽然思想各异，各有研究的重点，但都共同分享三种基本理念：自由的国家优先于自由的个人的政治自由观、对混合均衡政体的青睐以及坚信"美德可以战胜命运"的积极美德观。作者还概括了古典共和主义的六个理论特色：整体主义、政治平等主义、内部和平主义、公共性原则、相

① 葛荃：《中国政治文化教程》，高等教育出版社 2006 年版。
② 褚松燕：《个体与共同体：公民资格的演变及其意义》，中国社会出版社 2003 年版。
③ 刘诚：《现代社会中的国家与公民：共和主义宪法理论为视角》，法律出版社 2006 年版。
④ 陈伟：《试论西方古典共和主义政治哲学的基本理念》，《复旦学报》（社会科学版）2004 年第 5 期。

互性原则和积极行动原则。叶海涛在《共和主义：从古典到现代的嬗变》[1] 中认为，古典共和主义的核心理念是混合均衡政体思想，与共和主义从古典到现代的嬗变过程紧密相连的有四大价值取向：从贵族共和到民主共和；从直接民主到代议制民主；从美德共和到制度共和；从混合均衡到分权制衡。刘擎在《反思共和主义的复兴：一个批判性的考察》[2] 中分析指出，共和主义理想的"公民政治"对现代社会具有积极的召唤意义，然而当代共和主义围绕自由观念展开的对自由主义的超越并未取得突破性成就，它本身难以成为现代民主社会一个完整的替代性政治方案。宋建丽在《西方两种公民资格观的比较和反思》[3] 中梳理并分析了自由主义公民资格和共和主义公民资格，认为我国当代公民资格观的建构应该以马克思的实践唯物主义作为哲学基础。在《让公民直面"res publica"：当代共和主义塑造积极公民的战略性选择》[4] 一文中，肖滨认为当代共和主义着力解决的一大疑难是要克服公民唯私主义综合征和政治参与冷漠症。因此，它要形成一种以共和权利为行动依据、以公民竞争为激励要素、以公民的爱国情怀为情感动力的"三位一体"的驱动机制，这种机制就是当代共和主义塑造积极公民战略性选择方案的实质内容。

在学位论文方面，复旦大学曾纪茂博士的《共和主义的民主：自治的承诺与实现的可能》（2005 年）的主要论点是，现代政治的正当性基础在于公民共同体集体自治原则，或者说是共和政治的公民共同体全体成员共同享有政治主权。因此，要维持和实现共和政治的规范性承诺，需要恢复公共善的优先性、重建协商的公共领域以及塑造公民德性。天津师范大学刘训练博士的《公民与共和：当代西方共和主义研究》（2006 年）以当代西方的新共和主义为研究对象，从自由观、

---

[1] 叶海涛：《共和主义：从古典到现代的嬗变》，《江海学刊》2006 年第 4 期。

[2] 刘擎：《反思共和主义的复兴：一个批判性的考察》，《学术界》2006 年第 4 期。

[3] 宋建丽：《西方两种公民资格观的比较和反思》，《福建论坛》（人文社会科学版）2005 年第 12 期。

[4] 肖滨：《让公民直面"res publica"：当代共和主义塑造积极公民的战略性选择》，《南京大学学报》（哲学社会科学版）2006 年第 6 期。

民主观和公民观三个角度横向展开对新共和主义的阐释，同时他认为公民身份观念是共和主义思想中最具统摄性的一个议题。山东大学张昌林博士的《共和主义公民身份研究》（2010 年）是国内少有的专注于研究共和主义公民身份的论文，他在简要回顾共和主义公民身份的历史演进的基础上，归纳了共和主义公民身份的基本理念：无支配自由；宪政共和国；自我治理，最后把它放在宏大的当代社会背景之下，考察了公民身份面临的问题及解决办法。另外还有上海师范大学严峻的硕士学位论文《西方公民身份理论探析》（2004 年），全景式、概括式地研究了自由主义传统的公民身份和共和主义传统的公民身份问题。

总的来看，相比于西方学术界，国内的公民身份研究，尤其是系统、深入地进行共和主义公民身份研究，基本上处于起步阶段。这为本书的继续研究提供了空间。

第三节　研究方法

1. 思想史与制度史结合的解读方法

共和主义既是西方古老而深刻的思想观念，也是自古希腊以来经久不息的一种制度实践。对共和主义思想史的研究，可以为本研究的继续深入提供坚实的理论基础，而把它放置于生动的社会变革历程中，我们更能发现蕴含其中的带有普遍性的价值取向。公民不仅是共和主义思想的阐释者与实践者，公民实践更是共和主义进一步繁荣昌盛的土壤。对政治概念的思想史研究，恰好也是当代共和主义理论派别之一的"剑桥学派"主张的一种分析方法。

2. 比较分析的方法

比较分析，作为社会科学中经常使用的一种有效方法，通过相似概念的对比，更有助于研究者发现并精确描述研究对象的独特性。在政治哲学领域和西方社会实践领域，自由主义占据主流意识形态已经两个多世纪了，如果不把共和主义公民身份放到这样的背景下进行研究，会有碍于我们发现共和主义在政治谱系中的确切位置，从而也就无法认清其本质，也不利于共和主义公民身份的研究。所以，本书把自由主义公民身份作为抓取共和主义公民身份核心理论特质的前提和背景，并且在其余各章的有关环节也会进行二者的对比研究。

3. 历史语境主义的方法

研究蓬勃发展的共和主义公民身份，毫无疑问会牵涉到大量的历史文献。其中既包括共和主义经典思想家的原创性理论，还包括共和主义研究者的重构性阐发，以及各研究者从其自身的生活实践出发进行的地域性研究。他们提出的概念之含义有没有可能实现完整重现，或者如美国学者赫施所言，我们能否对历史上的概念进行"有效的解释"。就本主题而言，生发于西方历史实践的共和主义公民身份，在彼时彼地的含义是什么，在此时此地的意义又是什么，就不能不认真对待。而历史语境主义方法的成功使用，是以对彼时彼地和此时此地环境的全面了解为基础的，因而，就必须阅读大量的相关文献以尽量取得全面的资料准备。

第四节　研究思路

全书的研究中心是共和主义公民身份，所有的章节即是以此为中心点组织。具体说明如下。

第一章为导论。第二章是全文的背景介绍，目的是为本书的顺利展开提供一个思想史和制度史的说明。第二章分为两节，第一节简要从历史叙述上总结出共和主义以及公民身份的辨识特征，提出公民身份是共和主义思想的核心议题。第二节全景式勾勒共和主义公民身份从古希腊到中世纪再到由法国大革命导致的共和主义公民身份的式微，以及自由主义公民身份的确立与崛起，找寻共和主义公民身份嬗变的历史存在，为下一章做材料上的准备。

第三章可以说是本书的中心。按照共和主义公民身份本身的历史发展脉络以及西方政治思想观念领域的现实状况，在具体论述共和主义公民身份之前，不能不首先以自由主义公民身份为参照物。第一节即以三位代表性思想家的公民身份理论为对象，考察自由主义公民身份的理论特征，总结出自由主义公民身份的五个特征。在确立恰当的对照物之后，第二节进入对共和主义公民身份的深入研究之中，认为共和主义公民身份是对自由主义公民身份的修正式超越。最后一节把共和主义公民身份置于当代民主政治社会之中，归纳其积极意义。

第四章和第五章是第三章的自然延伸。共和主义公民身份核心理念的确立以及其意义，都使得我们必须认真考虑如何才能维持共和主义公民身份，以实现它在思想史和制度史上的作用。第四章从公民主体入手，认为积极生活、爱国主义、勇敢与宽恕和承诺等公民美德的养成是公民在民主政治社会发挥积极公民角色的必要条件，并提出了获取公民美德的具体途径。第五章基于共和主义的国家观念，认为共和主义的国家是公共性和政治性的统一，而为了建构良好的共和国，必须实行共和主义的宪政实践，即以法治和分权制衡为核心的政制设计。如此，完成对共和主义公民身份的内外两个方面的建设。

余论部分把目光从西方的理论研究转到当下中国的社会和政治现实。共和主义公民身份作为整个人类的优秀文化遗产，我们自当理性分析，努力实现西方政治话语的本土化。在市场经济体制基本确立、社会结构转型深入进行的环境下，培养越来越多的积极公民成为我国建设小康社会、构建社会主义和谐社会的必然要求。

第二章　共和主义公民身份的
古典理想

　　共和主义（republicanism）是当代政治哲学领域的研究热点之一，也是西方政治文化和政治思想史传统中源远流长的一种政治思想观念和政治制度实践。当代西方的共和主义既是对古典共和主义（classical republicanism）的延续与传承，更是吸收与超越。二者既有明显的分殊之处，更有一贯的思想表达，形成西方政治发展史上的一种蔚为壮观的思潮。基于各异的理论背景与理论目的，共和主义谱系复杂，流派众多，既有雅典式共和主义与罗马式共和主义的区分，也有公民人文主义与公民共和主义之间的分立，还有制度共和主义与德行共和主义的不同主张。然而正如加拿大政治哲学家威尔·金里卡（Will Kymlicka）指出的，所有的共和主义议题都可以归纳为公民身份（citizenship）。① 集中探讨共和主义的公民身份，当然不可能忽略它的政治思想传统与政治制度实践积累。因此，对古典共和主义及其公民身份的追溯与把握，能够帮助我们有效寻找并确立共和主义公民身份的核心内容与思想特质等诸多关键论题，为进一步的研究做理论准备。

---

　　① ［加］威尔·金里卡：《当代政治哲学》（下），刘莘译，上海三联书店2004年版，第7章。

第一节　共和主义与公民身份考辨

知识社会学的奠基者卡尔·曼海姆（Karl Manheim）正确地指出，没有任何一种思想观点，在整个历史上不发生变化，也没有任何一种思想观点不以多种各不相同的面貌表现出来。他说："词语将我们束缚于整个过去的历史，同时又反映出当前的整体。当我们在与他人进行交流中寻求一个共同的理解层次时，词语可以用来消除含义在个体之间的差异。但是，在必要时，词语可以成为一个工具，用来强调每一个体在含义上的差别和独特的经验。因此，词语可作一个工具使用，来探测产生于文化历史过程中的原有的和新增加的成分。"① 在政治哲学领域，共和主义与公民身份即是这样的词语。一方面，它们可以指涉一个理想类型（idea type）或思想家族（thought family）。在此范围内，理论家们持有几近相同的理论主张，具有"共同的理解层次"。另一方面，在他们内部，基于不同的知识结构与现实关怀，思想家们往往表现出各具特色与旨趣的话语特征。借用斯蒂芬·霍尔姆斯（Stephen Holmes）的话，共和主义公民身份不是一套清晰定义的或逻辑连贯的原则，而是一种作为被一群优秀的共和主义理论家与实践者所采取的政治立场的速写。② 它们的悠久历史更增加了我们准确把握其含义的难度。

然而，如若要顺利展开理论研究，就必须避免基本概念应用的模糊不清，而呈现尽量清晰的和易于辨析的概念图景。本书同意，解释此类"富有争议"的词语，一种有效的方式就是对其历史发展脉络和普遍接受的议题形成恰当的叙事结构。通过这种叙事结构，我们虽然

---

① ［德］卡尔·曼海姆：《意识形态与乌托邦》，黎鸣、李书崇译，商务印书馆 2000 年版，第 85 页。

② ［美］斯蒂芬·霍尔姆斯：《反自由主义剖析》，曦中、陈兴玛、彭俊军译，中国社会科学出版社 2002 年版，第 264 页。

不能给出十分精确的"定义"，却能经由对"如其所是"的真实情形的揭示，获得关于它的真理性认识。因而，本书的首要工作就是勾勒共和主义公民身份的思想史和实践史图景。

一 共和主义：政治思想观念与政治制度实践

从词源上来理解，"共和"是对英文"republican"的移译（该词在英文著作中也被当作"共和国""共和制""共和主义""共和派"等使用），"republican"来源于拉丁文"res publica"，它指"共同的事业""公共事务"。古罗马思想家西塞罗即是在此意义上使用的，而这又来自于他的希腊老师——柏拉图和亚里士多德。剑桥大学三一学院研究员艾瑞克·尼尔森（Eric Nelson）认为，西塞罗把柏拉图的对话体名篇"Politeia"译作"De Respublica"给罗马政治生活带来了巨大影响。"共和"不再是罗马学问家的消遣物，也不再是一个希腊人描绘的希腊式的政制安排，它"成为罗马政治生活的不可缺少的构成要素"，古典共和主义从此以"连贯的希腊—罗马遗产"（a coherent Graeco-Roman inheritance）明示后世。①

亚里士多德使用"Politeia"来表示与君主政体、贵族政体同称为"正宗政体"的共和政体，它是以多数人为统治者，又能照顾到城邦中全体公民利益的政体。但令人费解的是，亚里士多德同时又认为"共和政体"是"一般政体的通称"。② 通读亚里士多德关于"共和政体"的行文，他确乎是在支持一种混合了各种正宗政体优点的"混合政制国家"。这一点也影响到西塞罗关于"理想国家"的定义。

西塞罗的《论共和国》（又译《国家篇》）的标题就是"De Res

---

① Eric Nelson, *The Greek Tradition in Republican Thought*, Cambridge：Cambridge University Press, 2004, pp. 1-2.

② ［古希腊］亚里士多德：《政治学》，吴寿彭译，商务印书馆1965年版，第136页；［古希腊］亚里士多德：《政治学》，颜一、秦典华译，中国人民大学出版社2003年版，第85页注①。

Publica"。① 在西塞罗那里，该词尚未取得现代通行的认识意涵，即一种与君主制相对立的政体形式。② 因为西塞罗并未把 res publica 看作是一种具体的政体形式，而是把它归为混合了君主制、贵族制和民主制优点的混合政体，它不是"纯粹的"。同时，西塞罗也明确否定上述三种政体之任一种是优良的，它们都易于蜕变衰败到各自相应的变态政体。

在西塞罗之后，res publica 具有的"混合政体"含义并未大规模流传，而主要还是指一种宽泛意义上的"国家"，它不与任何具体的政体形式相连。可以肯定的是，到中世纪晚期意大利城市共和国思想家那里，"共和制"开始与"君主制"成为一对经常同时出现的对比性概念。比如，马基雅维里在《君主论》第一章第一句写到："从古至今，统治人类的一切国家，一切政权，不是共和国就是君主国。"③

近代早期的英国、法国等思想家对"共和"一词的运用更是纷繁复杂，不一而足。比如英国内战之前的思想家更倾向于使用"commonwealth"而不是"republic"，表达"没有国王"的含义。共和派作家约翰·弥尔顿（John Milton）开始明确赋予 republic 反君主制的含义。在他看来，共和国就是公开反对国王的国家。孟德斯鸠更加明确地列举了国家的三种政体形式，确定无疑地把"共和"和"君主"相对立，尤其是与"专制君主""独裁君主"对立。他说："共和政体是全体人民或仅仅部分人民掌握最高权力的政体；君主政体是由一人依

① 洛布古典丛书（The Loeb Classical Library）对此书的英译为"On the Republic"，而剑桥政治思想史读本（Cambridge Texts in the History of Political Thought）的英译是"On the Commonwealth"。

② 《牛津高阶英语词典》对"republic"词条的解释是：一个由人民选举出来的总统或政治家领导的国家，它与国王或者王后等不相共存。而"republican"就是支持和拥护这种国家的人。可见，在现代，republic 主要指一种非君主制的政体形式，强调与君主制的"势不两立"。

③ ［意］尼科洛·马基雅维里：《君主论》，潘汉典译，商务印书馆 1985 年版，第 3 页。该书的英译者 W. K. 马里奥特的英文原文是：All states, all powers, that have held and hold rule over men have been and are either republics or principalities. 具体可参见 Machiavelli, *The Prince*, Trans. by W. K. Marriott，外语教学与研究出版社 2010 年版，第 1 页。

固定和确立的法单独执政的政体；专制政体也是一个人单独执政的政体，但既无法律又无规则，全由他的个人意愿和喜怒无常的心情处置一切。"① 孟德斯鸠之所以把实行君主立宪的英国看作是共和国，是因为英国政制采取的是三权分立，君主仅仅是国家的象征，并不掌握实际权力。在共和政体中，孟德斯鸠又区别出两种，最高权力由全体人民掌握的是民主政体，由部分人民掌握的是贵族政体。前者在美国联邦党人看来是"纯粹的民主政体"，并不可取，他们更愿意接受并推广代议制民主。值得提出的是，"共和"与"民主"开始合流，特别是在"民主"大行于世且取得绝对美誉的背景下，共和被当作民主的一种实现形式。然而，二者处理的基本问题根本相异。共和回答国家权力如何分配、政制如何组织，而民主回答的是国家权力的终极来源在哪里。就个人所能得到的文献看，对二者的交叉使用明确见于《联邦党人文集》第十篇。詹姆斯·麦迪逊（James Madison）界定的共和政体，就是"采用代议制的政体"，就是把国家（政府）权力委托给由全国公民选举出来的少数公民。他认为，这种政体适合美国的情况，是较好的政体。由此，民主，确切地说是代议制民主就成为共和的替代物，实行代议制的国家几乎可以直接被当作共和国家来看待。

从以上关于"共和"词义的简短叙述中，我们可以看出，res publica 经历了前后两个相对分明的阶段。一开始，它在宽泛的意义上指代一切国家，其间并无对君主制的绝对排斥与反感，反而把君主制的优点视为优良国家必不可少的一部分。近代以来，"共和"开始指称一种以代议制为主要特征的政体。然而不可否认的是，共和与君主并非完全水火不容，君主立宪制的英国仍然被看作是值得效法的现代共和国。这也体现出共和主义从古典到当代的嬗变中发生的侧重点的偏移。

对"共和"词义的认识是我们进行共和主义阐释的第一步，接下

---

① ［法］孟德斯鸠：《论法的精神》（上卷），许明龙译，商务印书馆 2009 年版，第 14 页。

来我们应该深入历史当中，在"剖解"共和主义的历史线索与共同特征的过程中更加全面和深刻地认识共和主义。

学术界普遍认为，不论是从政治思想观念的角度看，抑或是从政治制度实践的视角看，共和主义都是一个历史久远的政治哲学传统，它可以溯及古典时代。共和主义乃是古典政治哲学留给我们的伟大遗产。希腊城邦与古罗马共和国和帝国时期确立了共和主义的基本理念诉求，经过中世纪的沉寂，文艺复兴时期的意大利诸城市共和国重新激发了共和主义的热情，古典共和主义也由此开始了向现代共和主义的转变，并出现了现代意义上的共和主义公民身份。此后，根据共和主义的制度设计，美国和法国成立近代共和国，使共和主义现实化。及至今日，共和主义仍然是自由立宪民主国家制度体系中不可缺少的因素，以至于只有共和主义国家才是"理想的国家形式"。①

（一）共和主义的当代代表菲利普·佩迪特（Philip Pettit）主张，从起源和特征上看共和主义是一种罗马传统，它与古罗马的共和制度同时产生，并用来论证共和制度的合法性。但他同时承认，罗马时期的作家们是古希腊一系列思想观念，特别是具有亚里士多德主义思想特征的观念继承者。② 因而，我们应该回到古希腊尤其是亚里士多德那里寻找共和主义的源头，通过历史叙述来确定共和主义的基本主张。

生活在迥异于现代社会结构与文化和习俗中的古典共和主义者提出了植根于古典时代的共和主义价值理念。必须说明的是，任何思想史的考察都会有意无意地忽略思想流派内众多思想家的差异性主张，而勾勒出他们共同持有的相似思想理念。

古典共和主义要求个人的公共性追求。或者说，"公共性"（pub-

---

① Norberto Bobbio and Maurizio Viroli, *The Idea of the Republic*, Cambridge：Polity Press, 2003, p. 11.

② ［澳］菲利普·佩迪特：《重申共和主义》，刘训练译，载应奇、刘训练编《公民共和主义》，东方出版社 2006 年版，第 116 页。同样的观点亦可见 Iseult Honohan, *Civic Republicanism*, London：Routledge, 2002, pp. 4-5; Adrian Oldfield, *Citizenship and Community：Civic Republicanism and the Modern World*, London：Routledge, 1990, p. 4.

licity）是古典共和主义的价值中轴和最基本的价值关怀。[①] 古典共和主义把是否参与公共生活作为判断其是否是公民的唯一标准。在此，"公共性"具有递进含义：个人只有在公共生活中才能得到道德确证，其逻辑结论指向个人自由只有在共同体自由中才是可欲的。亚里士多德在《政治学》中明确指出，人天生是政治动物，能够脱离城邦生活的，只能是非神即兽。不惟于此，城邦中的公民不可能是为自己的存在。亚里士多德说，我们"不能认为每一位公民属于他自己，而要认为所有公民都属于城邦，每个公民都是城邦的一部分"[②]。这个论断包含了对人的本性的道德规定，对人的个人行为提出了应然的要求。因之，"人在本质上是政治的人，即是一个要通过参与自治的共和国的活动来极大完善自我道德的公民"[③]。个人的政治性由于其道德面向而具有更强的吸引力和正当性。积极的政治参与由此获得了目的性价值与工具性价值的统一。

公民参与公共政治生活的最佳方式是参与公共事务的管理，对涉及公众的事务展开公共辩论。在这个过程中，行为的最高原则被认为是公共利益绝对优先于个人利益的考虑。在古希腊雅典城邦，公民的价值就最大程度地体现在对公共利益和共同善的追求中，如果个人沉溺于家庭事务而忽视了政治事务，将被认为是对城邦价值原则的背离。而且，公民只能是为着共同的利益和公共善而参与城邦事务，进行公开投票和辩论，这也才是亚里士多德笔下的有德性的公民。对公共利益至上性的强调，其合乎逻辑的结论指向个人对共同体的依赖，或者说共同体自由对个人自由的存在之优先性。在古典共和主义的理论视域中，对共同体自由优先性的强调，直接肯定了共同体与个人自由之间的逻辑关联。希腊城邦共同体为个人自由的发挥提供了恰当的

---

① 张凤阳：《共和传统的历史叙事》，《中国社会科学》2008 年第 4 期。

② ［古希腊］亚里士多德：《政治学》，颜一、秦典华译，中国人民大学出版社 2003 年版，第 267—268 页。

③ 刘训练：《公民与共和——当代西方共和主义研究》，博士学位论文，天津师范大学，2006 年，第 22 页。

公共空间。① 只有共同体的自由首先得到保障，置于其中的个人自由才有展现的前提和条件。共同体自由有对内对外两个方面：前者是指共同体免于少数人的控制或者免于被少数人的利益所把持，后者是指共同体不受外来权力的干涉和统治，保持政治独立。从此出发，不难理解，公民唯有积极参与公共生活，为共同利益着想，才能保护共同体的自由，也才能为个人自由的实现提供良好环境。

古典共和主义对公共利益至上性的追求导致它对公民美德的强调，这成为古典共和主义的又一基本立论。公民美德（civic virtue）概指公民通过审议、行动来增进共同善的意愿和能力，亦即将公共利益置于个人利益之上的品质和德行。② 公民美德是克服个人天然"腐败"倾向，规导个人推崇公共利益的可靠保障。所谓"腐败"倾向是指一旦共同体的要求与我们的眼前利益发生冲突时，我们往往取后者而弃前者，这是理性的一种失败，即没有认识到我们自己的自由取决于一种美德的生活和公共服务的生活。③ 通过各种途径培养和强化公民美德，引导公民在面对公共利益与个人利益冲突时作出优先选择的方案，在公共服务中，确保公民义务的首要性。古典共和主义对公民积极政治参与和公民美德的强调生发了共和主义的公民共和主义进路，形成了当代共和主义其中一种强有力的解释范式。

混合均衡政体（mixed balanced constitution）是古典共和主义者用来保障公共性优先以及共同体自由的有效政体形式，同时也是培育公民美德的现实土壤。如果说个人的公共性是对古典共和主义政治思想观念的有力阐述，那么在政治制度实践中，混合均衡政体则直接表达了古典共和主义的制度构架。共和主义的狭义理解之要义也在于此。英国学者安德鲁·海伍德（Andrew Heywood）给"共和主义"下了一

---

① Hannah Arendt, *Between Past and Future: Six Exercises in Political Thought*, New York: the Viking Press, 1961, p. 154.

② 万健琳：《公民与制度：共和主义两条进路的分立与复合》，《哲学动态》2010 年第 3 期。

③ ［英］昆廷·斯金纳：《共和主义的政治自由理想》，刘训练译，载应奇、刘训练编《公民共和主义》，东方出版社 2006 年版，第 73—74 页。

个简明但不失准确的定义。他认为，共和主义指的是相对于君主制而言的对共和国的偏爱，它意味着独特的公共领域和大众统治。[①] 而共和国"乃人民之事业。但人民不是人们某种随意聚合的集合体，而是许多人基于法的一致和利益的共同而集合起来的集合体"[②]。共和国的恰当表现形式即是融合了君主制、贵族制与民主制之优点的共和政体，也即一种混合均衡政体。

混合均衡政体是古典共和主义设计出来的最好政体，也是最正当的政体。它融合了君主的智慧、贵族的勇敢和平民的节制等诸多德行，把城邦中的中产阶层纳入到政体之中，用以平衡富人的贪婪和穷人的懒惰。亚里士多德认为，中产阶层可以在富人和穷人之间充当仲裁者的角色，他们能够得到双方最大的信赖。在共和政体中，各个部分或者要素愈是融合，它就愈能持久。而一个能够持久的政体就是好的政体，就是公共生活能够顺利进行的良好制度框架。

在历史叙述上，古罗马共和国时期是混合均衡政体的最佳体现时期。历史学家波利比乌斯（Polybius）高度评价古罗马共和国的这种国家制度形式，并把它归于古罗马人成功的秘密。他认为，"一切事务成败的首要原因是国家制度形式。国家制度是所有设想和行动计划的源泉，也是其得以实现的保证"[③]。罗马共和政体把执政官（君主制）、元老院（贵族制）和平民大会（民主制）三种因素包含在内，使它们"精确地调整并处于恰好平衡的状态"，为共和国的辉煌注入了根本动力，使共和国免于专制和暴政，得以长治久安。美国学者莫迪默·塞勒斯（Mortimer Sellers）对此总结到："混合的共和政体结构平衡执政官、元老院与平民（或者他们的代表），从而维护了整体的自由。一旦其中任何一方，包括人民中的大多数，垄断了权力，自由

---

① ［英］安德鲁·海伍德：《政治学核心概念》，吴勇译，天津人民出版社2008年版，第225页。

② ［古罗马］西塞罗：《论共和国　论法律》，王焕生译，中国政法大学出版社1997年版，第39页。可将此译文与商务印书馆译本相参照。［古罗马］西塞罗：《国家篇　法律篇》，沈叔平、苏力译，商务印书馆1999年版，第35页。

③ 参见丛日云《西方政治文化传统》，吉林出版集团有限责任公司2007年版，第257页注②。

就会随之丧失，而共同体的利益也会随之遭到遗忘，共和国也就不复存在。"①

除混合政体外，古典共和主义还强调法治（rule of law）作为共同体顺利运行的基本规则。法治之所以必需，是因为公民腐败倾向的克服不仅要依赖公民美德的养成和施行，还要通过法律加以约束。德治和法治构成规约公民为共同体的共同利益着想的共同力量。而且，个人自由在共同体中的真正实现，不仅首先要保障共同体的自由，还要保护个人免于共同体或者他者的专制。换句话说，公民的基本行为只能服从法律的规则而非他者的任意性。正如英国共和派作家詹姆士·哈林顿（James Harrington）再三申明的，共和国是"法律的王国，而不是人的王国"②。法治与混合均衡政体共同构成古典共和主义的一个基本理念，随着共和主义中心议题的变迁，它们又与分权制衡相联系，形成对纯粹民主制的节制，生发了共和主义另一个引人注目的解释范式，即制度共和主义。张凤阳认为，公民共和主义与制度共和主义的互补性复合，构成了共和主义历史传统上完整的弹性框架。③ 自古典时代就开始的共和主义的内部分立一直延续到当代，并与其他各种政治思想流派互相耦合，展现出共和主义的生动画卷。

高度同质的古典时代独有的社会结构提供了古典共和主义生发和扩展的背景，然而也为共和主义的丰富化设置了理论上的樊篱。第一，古典时代的阶级分立具有天然的正当性，妇女被完全排斥在公共生活之外，儿童虽然是公民，却未取得完全的资格。政治生活只对成年且有一定财产的男性公民开放，这里当然不包括奴隶与外邦人和侨居者。如亚里士多德所言："并非所有人都是城邦不可分离的成员；儿童与成年男子就不是同样的公民，后者是单纯意义上的公民，而前者是有前提条件的公民，因为他们虽是公民，却尚未获得完全的资格

---

① Mortimer Sellers, *The Sacred Fire of Liberty*: *Republicanism*, *Liberalism*, *and the Law*, New York: New York University Press, 1998, p. 100.

② ［英］詹姆士·哈林顿：《大洋国》，何新译，商务印书馆 1963 年版，第 6 页。

③ 张凤阳：《共和传统的历史叙事》，《中国社会科学》2008 年第 4 期。

……最优良的城邦绝不会把工匠变成公民。"① 因此，考虑到古典时代低下的生产力，能够真正参与公共政治生活的人数极其有限。第二，公民要有效参与公共生活，就要具备较高素质，享有完整的德性，如此便增加了公民身份的闭合性和排他性。古典共和主义对公民身份在质和量上的规定，使得小国寡民的共同体成为最可行的载体。因此，在古典时代结束之后，尤其是在世界性帝国如罗马帝国崛起之后，古典共和主义便不再成为实际可行的政治理想，共和主义面临从古典到现代的转换，形成符合现代情境的共和主义叙述便成为政治思想史上一个紧迫的议题。

（二）古典共和主义传统的最杰出继承者——马基雅维里是共和主义从古典向现代转变的关键环节，古典共和主义的诸多议题在他这里开始取得现代之特征。马基雅维里更加注重政治秩序的创建和维持问题，而非像亚里士多德那样关心共同体的伦理目的。同时，他也更加强调公民政治参与对共同体自由的工具性价值，并且把最大多数平民热情的调动视为是共同体达致光荣的必要部分，由此他"颠覆了亚里士多德之目的论及'自足'的政治理想"②，使共和主义显现出古典与现代的双重特征。

首先，马基雅维里在探察古罗马共和国强盛的根本原因时，一如古典共和主义者那样同样强调共同体自由的重要性。他说："经验表明，城邦只有处在自由之中才能政通人和，国富民强。"③ 而处在暴政之下的共同体总是在倒退和衰败，因为它们未能从内部的"专制"和外来的"奴役"中解放出来，也即是说，它们失去了政治自由，公民自治也就无法展开。

政治自由和公民自治只是满足了共同体政治秩序的创建和维持的

---

① ［古希腊］亚里士多德：《政治学》，颜一、秦典华译，中国人民大学出版社 2003 年版，第 80 页。

② 萧高彦：《共和主义与现代政治》，载许纪霖主编《共和、社群与公民》，江苏人民出版社 2004 年版，第 11 页。

③ 参见［英］昆廷·斯金那《马基雅维里》，王锐生、张阳译，中国工人出版社 1985 年版，第 103 页。

前提条件，接下来更重要的是如何保持政治自由。马基雅维里给出了
两条途径。正是这些内容，显示出马基雅维里面临新的社会结构和国
家现实时对古典共和主义做出的全新尝试。共和政体是共同体保持政
治自由的最佳政府组织形式。历史上的君主政体、贵族政体和民主政
体都是不稳定的，经过最初的积极发展时期后，都极易产生不可避免
的衰败与腐化。君主政体蜕化为独裁制，贵族政体蜕化为寡头政治，
而民主政体则蜕化为无政府状态。唯有混合了三种政体形式之优点的
共和政体才能使城邦获得十分伟大的成就。因为"只有在共和政体下
公共的善才被认为是最重要的"①，正是公共的善使共同体变得伟大。
使全体公民保持美德是马基雅维里确定的使共同体自由的又一个关键
因素。在公民美德问题上，马基雅维里展现出"马基雅维里主义"
（Machiavellianism）的面目。他认为，所谓美德就是愿意去做任何为达
到公民的光荣和伟大所必需的事情，不论采取的行动与美德还是与恶
德碰巧耦合。判断行为善恶的标准在于结果，只要结果是好的，恶的
行为总是能够被原谅，并反而被认为是善的行为。公民美德的工具性
价值超出了传统亚里士多德式的目的论证明，马基雅维里的共和主义
表现出与古典共和主义不一致的发展方向。正是在这个意义上，后世
的政治思想史家把马基雅维里归入罗马式的工具论共和主义阵营，使
之与雅典式的目的论共和主义相区别。

其次，马基雅维里高度赞扬共同体内部的政治派别斗争与共和国
的对外扩张。这与古典共和主义强调和谐稳定的政治理想截然不同，
埋下了共和主义在后世被看作是可能导致极端民族主义祸患的伏笔。
马基雅维里认为，任何一个共和政体都含有两个对立的集团：穷人集
团和富人集团。混合政府必须平衡两个集团的力量，使他们形成一种
相互制约的均势，彼此保持互相监督，避免专制状态的出现与公民美
德的丧失。共和政体内各种反对力量的存在，不仅不会对各种可能的

---

① ［英］昆廷·斯金那：《马基雅维里》，王锐生、张阳译，中国工人出版社1985年版，第
105页。

良好法律和美德构成侵害，相反恰是它们的前提。这个规定前所未有地强调了平民政治参与对共同体自由的重要意义，这也是古典共和主义传统所不曾注意到的。

混合政体与派别斗争只是从共同体内部提供了共同体自由的必要条件，马基雅维里认为这还不够。在异质性的现实世界里，只关注国内而忽视国外的封锁性国家无法保持共同体的自由，也无法使共同体免于对立国家的侵略。在马基雅维里看来，应对竞争国家之挑战的最好途径就是在自己被遏制之前遏制敌人，实行扩张政策是保护共同体自由的必要前提，而诉诸武力则是一个必需的条件。① 马基雅维里的这个认识与古典共和主义关于城邦自给自足的本性相背离，也因此显示出共和主义对现实政治的理论适应性和说服力。

必须说明的是，马基雅维里着重强调公民积极参与公共事务对共同体的重要意义，但他能够直面人性的丑恶，正确认识到绝大多数人关心的是自己的野心而不是公共利益，以致他们"除非受外力所迫，绝不会做任何善事"②。野心膨胀的必然结果就是腐败的增强和专制代替自由。因此，马基雅维里并未像古典共和主义思想家那样强调公民政治参与本身具有的独立价值，转而认为人们参与公共事务只是为了防止共同体事务操控于专制者手中而导致个人自由的丧失。在这个意义上，戴维·赫尔德（David Held）把马基雅维里归入文艺复兴以来共和主义传统的保护型共和主义理论家行列。③

法国思想家卢梭被当代共和主义者 J. G. A. 波考克（J. G. A. Pocock）称为"18 世纪的马基雅维里"。④ 他不仅继续特别强调共和政体与古

---

① ［英］戴维·赫尔德：《民主的模式》，燕继荣等译，中央编译出版社 2008 年版，第 52 页。

② ［英］昆廷·斯金那：《马基雅维里》，王锐生、张阳译，中国工人出版社 1985 年版，第 113 页。

③ ［英］戴维·赫尔德：《民主的模式》，燕继荣等译，中央编译出版社 2008 年版，第 42—44 页。

④ J. G. A. Pocock, *The Machiavellian Moment: Florentine Political Thought and the Atlantic Republican Tradition*, New Jersey: Princeton University Press, 1975, p. 504.

罗马共和国的连贯性，批评雅典式民主，接受马基雅维里关于公民宗教和军事义务的思想，而且他借助社会契约论"尝试在规范层次确立共和以及激进民主作为现代政治共同体不可或缺的正当性原则"，① 开启了共和主义传统思想的激进民主共和主义进路。

卢梭的激进民主共和主义论证源于他的社会契约论前提设定，社会契约论是政治共同体正当性与合法性的根源。社会契约的条款也许不被公开宣示，但由于它的普适性，而能得到全体人民的同意，经由此，人们组建出一个具有公共人格（即普遍意志）的"道德的与集体的共同体"，而普遍意志即公意的运作便是法律。只有在道德的与法律的共同体中，公共利益才主导一切，并统治着共同体，共和国也才名副其实，共和国的公民也"只不过是在服从其本人，并且仍然像以往一样地自由"。②

共和国的最高指导原则是"公意"，它是共同体行为合法与否的唯一标准。公意是全体公民在共同同意的基础上组成的法律和原理制度，既然每个个体不会有意地自我伤害，那么公意也不会伤害任何成员。只要公意是其所是，即它不是指向某些特殊的和有限的目标，而是指向全体公民，那么公民服从公意就是"自由选择的义务，是全体公民按照心目中的共同福祉所接受的义务"。③ 卢梭接着分析了各种政体形式与公民个人自由的关系。多数人统治而少数人被统治的民主政体"违反自然的秩序"，何况由于许多很困难的条件，"真正的民主制从来就不曾有过，而且永远也不会有"。贵族政体天然强调自然的不平等和制度的不平等，在那里公意不是指导公共行为的有力原则。在君主政体中，君主就是公共人格，同时还是立法者和主权者，公共福祉和公共利益更易遭到私利的侵害。在以上三种政体中，个人自由无

---

　　① 萧高彦：《共和主义与现代政治》，载许纪霖主编《共和、社群与公民》，江苏人民出版社 2004 年版，第 13 页注③。

　　② ［法］卢梭：《社会契约论》，何兆武译，商务印书馆 2003 年版，第 19 页。

　　③ ［英］戴维·赫尔德：《民主的模式》，燕继荣等译，中央编译出版社 2008 年版，第 56 页。

法得到安全的保障，而只有混合三种政体要素的共和政体才是唯一具有正当性的政府形式。这种政体形式由于充分展示了公民参与公共事务的力量，从而也成为保证公民个人自由的最可靠政体。公民政治参与与个人自由之间的紧密联系在共和政体中得到充分论证。

然而，政治共同体与公民并不能直接联系，公民作为共同体的立法者，并不能直接行使行政权。为了让被普遍性法律约束的政治共同体实际运行，共同体的公共力量必须由"一个适当的代理人"（即政府）加以执行。政府受托于公民，负责执行法律以及维护公民自由。但随之而来的是，政府因为公共权力的诱惑而易于滥用权力，以至于损害公民自由。卢梭对此问题的解决对策是设计激进的民主原则以扼制政府可能的滥用权力的倾向。

公民固定的按期集会就是卢梭确立的激进民主原则的实现形式，亦是主权在民思想的实现时刻。公民集会是普遍意志（即公意）的直接表达。卢梭从固有的城邦理想出发，不曾考虑民族国家庞杂的政治状况和地广人多的社会状况，坚持直接民主，否认政党具有表达公意的意义，极力主张社会整合。这意味着在卢梭那里，"民主的实质正当性优位于（甚至取代了）程序正当性"①，在实践中导致主权在民思想转向激进的方向，终于在法国大革命时期雅各宾派的"现代僭主政治"中得到极端化实现，自由的想象堕落为不自由的事实。卢梭也因此被认为是绝对民主制的先知。卢梭的激进共和主义进路由于他的这一理论设计而成了当代宪政共和主义以及自由主义的抨击与改造对象。

相异于卢梭强调公民参与具有内在目的价值的发展型共和主义，孟德斯鸠以及受他影响颇深的美国立宪派发展出了共和主义强调混合政体之积极意义的理论路线，并将它与宪法体制相结合，确立了宪政共和主义的理论进路。孟德斯鸠高度赞扬英国的政治体制，认为它的直接目标就是政治自由。英国通过立法权、行政权与司法权的相互分

---

① 萧高彦：《共和主义与现代政治》，载许纪霖主编《共和、社群与公民》，江苏人民出版社 2004 年版，第 15 页。

离与相互制约来确保政治自由，也即是说，孟德斯鸠主张把公民政治自由的保障与三权分立的宪法体制相联系，而非归结于公民德行在共同体事务中的践行，显现了不同于古典共和主义的新颖之处。

孟德斯鸠确立的三权分立的宪政体制被美国建国之父们接受并运用于美国的现实。他们在关注共和主义理论可欲性的同时关注它的可行性问题，在"一个拥有众多人口、广袤疆域和复杂商业网络的国家重新设计一种新的共和秩序"，① 既继承了古典共和主义追求共同善的精神，又通过三权分立的宪政体制保证了美利坚共同体及其公民的自由，成为现代国家建立共和政体的典范。

美国建国以及制宪时期共和主义传统的发现与 20 世纪 50 年代以来共和修正学派（school of republican revisionism）关于美国革命意识形态根源的重新挖掘紧密相关。他们通过重新阅读和论证美国革命时期的文本发现，美国革命和美国宪法背后隐藏的价值观念不是洛克式的自由主义，而是 17 世纪英国思想家，如约翰·弥尔顿（John Milton）、詹姆士·哈林顿和阿尔杰农·西德尼（Algernon Sydney）等共和派作家的共和主义思想观念。后者与美国殖民地现实结合，形成了美国式的共和主义。它强调共同体独立的重要意义，注重公民美德及其在共同体中保持的积极作用，鼓励公民积极参与公共事务，并在政治参与和服务中实现公民的个人自由。同时，它利用代议制和联邦制回答了孟德斯鸠的"大国难以共和"的难题，实现了立法权、行政权和司法权既相互分离又相互制衡的宪政理想。美国式的共和主义"以他们的古典先驱为标杆，并为其革命涂上了古罗马辉煌与权威的色彩"，菲利普·佩迪特总结道：美国的共和主义者们像他们的先驱一样反对纯粹的民主和选举的专制，他们并没有修改而是一直遵循着共和主义传统的路线。②

---

① ［英］戴维·赫尔德：《民主的模式》，燕继荣等译，中央编译出版社 2008 年版，第 66 页。

② ［澳］菲利普·佩迪特：《重申共和主义》，刘训练译，载应奇、刘训练编《公民共和主义》，东方出版社 2006 年版，第 118—119 页。

　　（三）共和主义的叙述框架在 19 世纪中期以后尤其是 20 世纪上半叶失去了理论说服力，"部分原因是现在没有要与之斗争的旧式国王了，再就是因为自由共和国里参与公益事业优先于公民的私人生活这一古老的观念，已不再对持有更加消极和个人主义观念的自由主义者具有吸引力"。① 然而，共和主义传统的式微更重要的原因在于人们对卢梭创立的激进民主的共和主义理论进路所导致的"多数暴政"，甚至是与它有千丝万缕勾连的极权主义政治体制的拒斥相关。20 世纪的两次世界大战以及两大阵营的冷战，使人们更多地思考，如何在国家主义的全面盛行之下确保公民的个人自由不被干涉或者取消，政治理论的话语中心也从美德和义务转向自由和权利。自由主义的话语体系取代共和主义成为意识形态领域和政治体制组织领域的主流，共和主义传统几乎是合乎逻辑地衰落了。

　　但是，要指出的是，历史发展总是在不经意处表现出新的面目。20 世纪下半叶，共和主义传统在规范政治理论层面，乃至于在法学、社会学、国际关系理论等社会科学领域复兴了。② 对此，托马斯·恩格曼（Thomas Engeman）评价说："'共和主义''古典共和主义'与'公民人文主义'都源于同一种社会组织或者同一种意识形态，它们的出现是最近 20 年（20 世纪 70 年代以来——引者注）美国政治思想中的一个'意外事件'……任何一本学术著作如果冠之以'共和主义'的标题就会变得更加切题，也似乎更加让人心生向往。"③ 实际上，共和主义的复兴不仅仅局限在美国的政治思想领域，看看当今活跃着的和已经过世的对共和主义做出重大理论再现和理论重构的思想家就可以知道，共和主义的复兴确实是整个西方社会科学领域的一大学术现象，并且其发展趋势并未见消退的迹象。

---

　　① ［英］戴维·米勒、韦农·波格丹诺编：《布莱克维尔政治学百科全书》，中国问题研究所等组织翻译，中国政法大学出版社 1992 年版，第 651 页。

　　② 关于共和主义复兴的背景具体可参见刘训练《当代共和主义的复兴》，载许纪霖主编《公共性与公民观》，江苏人民出版社 2006 年版，第 190—194 页。

　　③ Thomas Engeman, "Liberalism, Republicanism and Ideology", *The Review of Politics*, Vol. 55, No. 2, 1993.

　　当代共和主义与古典共和主义一样，也是由众多价值观念与理论主张组成的一个"理想类型"。当代共和主义者在对古典共和主义理论重新阐述与再现的过程中，在与占主流意识形态的自由主义的分庭抗礼中，在与共同体主义、马克思主义、保守主义等其他意识形态的交流和沟通中，寻找并确立了以下"家族相似"的论题：自由、公民美德、政治参与、法治、公民教育、义务、责任、共同善、公共利益、公共领域与私人领域、论辩民主与协商、宪政，等等。当代共和主义的以上论题并不是共和主义传统独有的，有些甚至是自由主义思想体系一开始就极力主张的。但要看到，思想史上的各种思想流派往往互相影响，互相交融。而且，如下文将要指出的，同样的议题在不同的理论解释框架中往往具有相当不同的地位，也会生发出相异的理论与现实意义。恰如当代美国伦理学家阿拉斯戴尔·麦金太尔（Alasdair MacIntyre）所言："在一种传统内强烈要求考虑的事，可能会被在另一种传统内进行探究和讨论的那些人所忽略……在那些存在为多种传统共同面对的主要问题或争论问题之题域里，一种传统可能凭借这些概念来构造其论题，而在另一种或多种传统内部，这些论题却可能被认为是虚假论题……逻辑上的不相容性和无公度性都有可能出现。"①就共和主义而言，当代共和主义所共享的思想观念使其成为一个相对一致的政治传统。共和主义理论在美国宪法领域最重要的解释者和实践者、麦迪逊主义者、芝加哥大学法理学教授凯斯·森斯坦（Cass Sunstein）在他早年发表的一篇著名论文中概括了共和主义理论者们共享的四项"基本承诺"，并认为它们使共和主义连为一体。②

　　其一，协商（deliberation）。它既适于公民政治行动的手段，也适于政治行动的目的。它指明了公民行动的适宜方式以及内含其中的行为结果。协商的过程是实现共和主义政治价值的过程。按照这种观点，

---

① ［美］阿拉斯戴尔·麦金太尔：《谁之正义？何种合理性？》，万俊人等译，当代中国出版社1996年版，第459页。

② Cass R. Sunstein, "Beyond the Republican Revival", *The Yale Law Journal*, Vol. 97, No. 8, 1988.

共和主义的政治行动不是个人私人偏好的满足，也不是所有个人私利的聚合，相反，协商要求公民与普遍流行的欲望和实践保持批判性的距离，并使之被合理地审查。

强调协商，就是强调根据集体的讨论和论辩，而非自利的私人团体的交易和讨价还价来修正既有的欲望体系。共和主义认为协商是评价政治实践的基础，而且它不是形式上的，它要求政治权利的平等拥有者支持集体同意的政治结果，这是协商的一种自我约束。因此，共和主义的协商就与自利观念不能作为政治行动的推动力量相联系，也与公民美德在公共事务的处理中应有更大作用的伸张相联系。出于现代代议制宪政国家的现实，公民美德能够规制代表为共同体利益服务，而不只是追求其私人利益的满足。

其二，政治平等（political equality）。在共和主义观念中，政治平等被理解为所有个人都有权利进入政治过程，参加公共事务，而且尽力减少他们在政治方面过于明显的差别影响力。与自由主义不同，共和主义把政治平等与经济（财富）平等紧密关联起来，认为财产的悬殊占有与共和政体的潜在前提并不相容。森斯坦援引一段话用来论说财产不平等对共和主义政治自由的损害。"只有在大多数人都是有德性的，且财产被严格平等分配的情况下，才能产生共和主义的政府或者自由的政府。在这里，人民是国家的主权者，而且他们的观点就是每一项公共政策的标准；不过一旦这种情况消失后，政府的本质就会发生变化，在共和政制的废墟上就会滋生出贵族制、君主制或者专制主义。"

其三，普遍主义：作为规导性理想的同意（universalism：agreement as a regulative ideal）。共和主义的普遍主义意指经过讨论和对话，调解各不相同的政治方案或者对公共善的多样性解释。公共善是前定的，但它是政治平等者在运作良好的协商过程结束时才能得以实现。同意与协商一样，提供了政治活动的行动者据以行为的指导。

其四，公民身份（citizenship）。森斯坦再次肯定公民身份及政治参与在共和主义理论中的重要性，并认为要落实这一主张，就需要寻求建立公民控制国家的宪政体制，以及实现非中央集权（decentraliza-tion）、地方控制（local control）和地方自决（local self-determination）。在共和主义看来，公民参与政治生活不仅可以减弱派系性团体侵蚀公共利益的风险，而且还可以培养诸如公民认同感、爱国主义等公民美德。因此，共和主义极为重视公民身份的落实。尤其是在当今大型的异质性国家中，作为统治者的公民与作为被统治者的公民之间的联结程序更加繁多，积极生活日渐失去吸引力，公民的腐化在所难免，并成为共和政体持续健康运转的最大障碍。这不能不说是对共和主义公民身份的急切挑战。

森斯坦最后认为，共和主义的上述四项承诺是互相限定并彼此推进的。协商的主体必须是平等的公民，而且特殊性群体不能被忽视。作为规导性理想的同意是共和主义对于协商和政治平等的自然结果，而公民身份是政治协商的构成要素，并且政治平等的规范对公民身份的渴望形式具有重要意义。总体上看，这四项承诺是互相紧密地勾连在一起的。

共和主义的上述论题无一例外地都要落实到公民身份的构建与培育问题上，也正因为如此，有学者指出共和主义的完整表述应该是"公民共和主义"（civic republicanism）。① 对它们的详细解释将在后文得到呈现。

二　公民身份

公民身份（citizenship）② 是对社会中的个人之普遍性的政治抽

---

① 萧高彦：《共和主义与现代政治》，载许纪霖主编《共和、社群与公民》，江苏人民出版社2004年版，第5页。

② citizenship 在中文中的表述还有"公民权""公民权利""公民性""公民责任""公民制度""公民资格"，等等，各种表述各有千秋。但就本文的研究主题而言，"公民身份"更切合题意。一则，按照《牛津高阶英语词典》的解释，"-ship"是指"状态、地位、技艺、集体"等。这样看来，"公民权""公民权利"也可取，但这对下文有关"公民权利"（civil rights；citizenship rights）的讨论使人产生混淆的印象。二则，正像下文将要揭示的，在共和主义理论体系中研究 citizenship，要看到它具有丰富的政治性和伦理性意指，不是"权利"能够准确表达的。故而，本文择取"公民身份"的译法。

象，是对人之社会性本质的政治解读。在现代政治关系的架构中，个人通过公民身份的获得和保持与共同体发生紧密的互相证成关系。公民身份成为个体与政治（共同体）的制度化联结点，它一方面意味着公民个体在共同体中的权利与责任和义务，另一方面意味着共同体对公民个体的保护与尊重。例如，《不列颠百科全书》关于公民身份的解释就作如是观。公民身份是指："个人同国家之间的关系，这种关系是，公民应对国家保持忠诚，并因而享有受国家保护的权利。……一国公民具有的某些权利、义务和责任是不赋予或只部分赋予在该国居住的外国人和其他非公民的。一般地说，完全的政治权利，包括选举权和担任公职权，是根据公民资格获得的。"① 然而要清楚的是，公民身份的含义远非这个解释所能兼容。就如共和主义是什么的问题一样，公民身份也"没有一个中心的使命，也没有明显的一种职责、一种理论和一种法律契约"，② 它被各式各样的理论主张拿来作为不证自明的前提，存在各种各样的解释模式和解释传统。在历史事实上，它与几乎所有的政治组织形式和理论主张都有勾连，是一个难以用几句话就可以明确界定的政治概念。③ 可以说，公民身份的理论内涵具有极强的宽泛性和复杂性，以至于研究公民身份问题的美国专家朱迪斯·施克拉（Judith Shklar）评论道："没有哪一个政治词语会比'公民身份'这个概念在政治学上更为核心，在历史上更为复杂多变，在理论上更充满争议了。"④ 他虽然有夸大公民身份概念地位的嫌疑，却不失准确地传达了公民身份概念不易把握的特性。尽管如此，为了在理论上顺利开展共和主义公民身份的研究，在实践中发挥共和主义公民

---

① ［美］美国不列颠百科全书公司编：《不列颠百科全书》（国际中文版），第 4 卷，中国大百科全书出版社编译，中国大百科全书出版社 1999 年版，第 236 页。

② Peter Riesenberg, *Citizenship in the Western Tradition: Plato to Rousseau*, Chapel Hill: The University of North Carolina Press, 1992, p. 3.

③ 尤其是在当今社会和政治情境下，共同体含义更加多样，出现了生态共同体、文化共同体、环境共同体等非政治性共同体，公民身份的议题与此联系，出现了公民身份的多种观照视角。比如，环境公民身份、文化公民身份等相应概念。

④ Judith Shklar, *American Citizenship: the Quest for Inclusion*, Cambridge: Harvard University Press, 1991, p. 1.

身份的功能，本书还是试图对其作出清理和总结。根据文章的结构安排和梳理复杂政治概念的惯例，下一节和第三章将使用追本溯源的方法对共和主义公民身份进行更加细致和全面的讨论、研究。

第二节　共和主义公民身份的历史样态

斯坦福哲学百科全书（Stanford Encyclopedia of Philosophy）在关于公民身份的条目中总结出公民身份解释的两大基本模式：共和主义模式和自由主义模式。同社会科学领域中的许多概念一样，公民身份的思想观念和制度实践也可以上溯至古希腊罗马时期。直至 18 世纪，公民身份的共和主义解释模式主导了公民身份思想观念与制度实践的解释史，呈现出一种令人肃然起敬的历史情况。18 世纪以后，与共和主义的消隐历程一致，公民身份的共和主义解释模式让位于公民身份的自由主义解释模式，后者成为至今公民身份研究领域占主流地位的解释模式。本书将在第三章第一节集中探讨自由主义公民身份理论，此处结合西方社会结构变迁的历史，将细致爬梳共和主义公民身份的历史样态，归纳共和主义公民身份的思想特征，以为下文的继续研究提供坚实的理论与实践背景。

一　古典时期的共和主义公民身份

公民身份研究者彼得·雷森博格（Peter Riesenberg）认为，第一种公民身份，即共和主义公民身份是在古希腊城邦时期发展起来的一种政治理论，它在亚里士多德时代得到理论化说明。到公元前 5 世纪中期，公民身份已经成为构成古希腊生活框架的一项基本制度。[1] 共和主义的公民身份随着罗马共和国与罗马帝国的相继崛起在前所未有

---

[1]　Peter Riesenberg, *Citizenship in the Western Tradition: Plato to Rousseau*, Chapel Hill: The University of North Carolina Press, 1992, pp. 5-6.

的范围和程度上发生了与城邦时期相比而言的扩展和深化。可以说，在古典时期，共和主义公民身份从政治思想史和政治制度史两个维度上确立了最基本的思想特征，从而根本不同于近代以来的自由主义公民身份。而且，当代共和主义者也各有侧重地承继和发挥这一个时期的公民身份理论，展示了更为丰富多彩的共和主义公民身份图景。

（一）城邦时期的共和主义公民身份

从词源学上看，公民（citizen）来源于拉丁语的 civis、civitas，而后两者是对希腊语 polites（公民）的移译。Polites 最初是从 polis（城邦）中衍生出来的，意指"属于城邦的人"，即公民。① 因此，"公民"的基始含义与"城邦"的性质和结构有根本关系。正是黑格尔认为的"又小又弱"的共同体创造出了西方历史上最灿烂也最具有深远意义的文化、政治和社会秩序，其伟大处之一就在于"独特的社会政治结构，尤其在于其公民的身份、地位和作用"。②

公元前 9 世纪以后，不论是经由哪条具体道路生长起来的城邦，③都共享着区别于同时代的其他民族政治共同体和后世民族国家形式的两个基本特征：从外部看，国小民寡且坚持城邦本位，从内部看，公民与非公民界限分明且坚持不平等基础上的平等。共和主义公民身份的理论和实践即产生于如此这般的城邦之中，反过来又成为推动城邦向前发展的更有活力的因素，成为"上升的社会群体的成员和引擎"。④ 需要指出的是，随着城邦的衰亡与消失，城邦时期的共和主义公民身份必将取得新的表现形式，尽管它可能继续保留其核心的思想特征和实践面向。

---

① 公民身份研究者布莱恩·特纳从英语的 citizen、法语的 citoyen、德语的 bourgeois 和荷兰语的 burgermaatschappij 等词汇更详细地探讨了"公民身份"的词源学状况。Bryan Turner, "Outline of a Theory of Citizenship", *Sociology*, Vol. 24, No. 2, 1990.

② 丛日云：《西方政治文化传统》，吉林出版集团有限责任公司 2007 年版，第 30 页。

③ 一般来说，古希腊城邦的形成最少有三条道路，分别是移民城邦、征服城邦和原生型城邦。具体可参见《西方政治文化传统》，第 21—26 页。

④ Ralf Dahrendorf, "Citizenship and Beyond: The Social Dynamics of Idea", *Social Research*, Vol. 41, No. 4, 1974.

　　第一，当时希腊地区的城邦无论是在领土面积方面还是在人口数量方面，都不是很大，基本符合亚里士多德在《政治学》中对城邦规模的经验总结和理论概括。他说："大小有度的城邦就必然是最优美的城邦。城邦在大小方面有一个尺度，正如所有其他的事物——动物、植物和各种工具等，这些事物每一个都不能过小或过大，才能保持自身的能力，不然就会要么整个地丧失其自然本性，要么没有造化。"①但如果要对其人口的数量做出计算只能是"学术上的推测"，因为"前希腊化时代的希腊国家除了重武装步兵名录外，并未进行过人口普查，也未有过任何记载"。② 有一种推测是，伯罗奔尼撒战争前的雅典（时值鼎盛时期），领土面积大概有 2500 平方千米，人口大约在 25 万人，其余任何一个城邦直至城邦时期结束和罗马时代之前，都远未达到如此规模。比如科林斯大约有 9 万人，西西里的阿克拉卡斯人口数量在 4 万—6 万人。在城邦的所有人口中，享有充分公民权利的公民人数极少，他们极度珍视自己参与政治生活的权利。对此，杰弗里·帕克（Geoffrey Parker）有精辟总结。他说，古希腊人秉持"小是美，任何东西都要适合于人的规模，城邦也像其他东西一样要适合于人的需要。城邦是这样一个单位，在其中既可以容纳他们的文明，同时其结构和功能上的问题也要在任何一件事情上反映出来……公民应该能够在普努赫山或最高法院或在集市的空旷地聚集以作出决定……人们希望参与所有的政治事务，而那些不这样做的人，那些喜欢私人享乐更甚于公共服务的人被视为白痴。这样的人也总是遭人鄙视"。③古希腊城邦之所以没有形成统一的大型帝国，既与希腊地区多山丘、河流，交通不便有关，更深层次的原因则是他们基于城邦本位主义而缺乏向外扩张的动力。在古希腊人那里，城邦更像是一个宗教集团，

---

　　① ［古希腊］亚里士多德：《政治学》，颜一、秦典华译，中国人民大学出版社 2003 年版，第 236—237 页。

　　② ［英］F. I. 芬利主编：《希腊的遗产》，张强、唐均等译，上海人民出版社 2004 年版，第 12 页。

　　③ ［英］杰弗里·帕克：《城邦：从古希腊到当代》，石衡潭译，山东画报出版社 2007 年版，第 25—26 页。

一个城邦的公民持有相同的神祇崇拜，共享独特的神话叙事结构，继承并发扬从部落氏族向城邦演化进程中的"历史权利"，严格区分并独立于其他城邦。除非城邦实现了神话和仪式的融合，才有可能组建联盟。而联盟非但不会取消城邦的独立，相反，它的存在以城邦的独立为前提，因而往往是松散的，没有力量的。正如弗兰克·阿德科克（Frank Adcock）指出的："城邦虽然不容忍它境界以内主权的分割，对它邻邦的独立却是容忍的。防卫的意志超过了攻击的意志。事实上，领土的扩张即东方诸帝国内占支配地位的帝国主义，在希腊诸城邦却出奇地微弱。希腊人缺乏疆域广阔的政治重要性的那种感觉。他们愈是清楚地意识到他们国家的和宗教的社会一致性，他们愈是不愿意扩张，因为扩张意味着他们密切的共同生活松懈下来了。他们要打算统治邻邦，却不打算吞并邻邦，更不愿意在一个较大的联盟内放弃他们的独立。"①

第二，任何一个城邦都由公民和非公民两类人组成，而只有公民属于城邦，城邦也属于公民。至于非公民，如外邦人、奴隶和妇女则不属于城邦成员，没有权利和资格参与城邦公共事务，也不能从事公民所能从事的政治生活。其中，奴隶的地位最为低下，他们没有自由，甚至不属于自己，而只是主人的会说话的财产。亚里士多德说："那种在本性上不属于自己而属于他人的人，就是天生的奴隶，可以说他是他人的人，作为奴隶，也是一件所有物。而且所有物就是一种能够离开所有者而行动的工具。"② 奴隶平时进行劳动，服侍主人，战时则做主人的随从，为主人背负甲盾干粮等。他们有时也会被指派担任低级别的行政官吏和警察，充当苦役，从事公民视为下贱而不愿意从事的工作。外邦人等虽然有自己的财产，甚至也拥有奴隶，但由于他们没有城邦公民的血统而不享有政治权利。在雅典等民主制城邦中，外邦人享有服兵役、交纳赋税的义务，但仍然缺乏公民拥有的政治权利。

---

① 参见顾准《希腊城邦制度：读希腊史笔记》，中国社会科学出版社1982年版，第5页。
② ［古希腊］亚里士多德：《政治学》，颜一、秦典华译，中国人民大学出版社2003年版，第7页。

这两类人构成城邦人口的大多数。在某种意义上，正是得益于他们的大量存在，并担负着繁重的生产性劳动，人数极少的公民才能完全地投身于公共事务中，进入"政治的世界"。即使是在最辉煌的雅典民主时代，公民与非公民的地位仍然是绝对不平等的，且相对而言是固定的。另一方面，在公民群体内部，他们则保持大致平等的参与公共事务的权利和义务。公民身份具有显著的排他性和封闭性，一般仅限于具有本邦血统的成年男性，而且还有一定的财产限制。亨利·梅因（Henry Maine）在《古代法》中指出："在早期共和政治中，所有公民都认为，凡是他们作为其成员之一的集团，都是建筑于共同血统上的。"[①] 公民身份不仅意味着政治权利，而且还成为识别城邦界限的标准。"凡有资格参与城邦的议事和审判事务的人都可以被称为该城邦的公民，而城邦简而言之就是其人数足以维持自足生活的公民组合体。"[②] 有公民就有城邦，城邦与公民是同质且同构的。有学者据此认为，"城邦可以在本土，也可以集体迁徙到外地，甚至可以漂泊在海上。'城'与'邦'可以分离，'城'毁而'邦'却可以依然存在。只要有一个公民团体，有他们的神和组织（政体），就有城邦"。[③]

可以说，独特的城邦组织形式为公民身份的实践提供了相应的政治生活背景，而早期思想家也从公民与城邦的互生关系中总结出共和主义公民身份的古典理想与特征。有必要说明的是，尽管古希腊的公民身份在雅典与斯巴达呈现出貌似对立的情形，但其实，斯巴达的公民身份恰恰是"雅典公共服务的强化表现"，[④] 它们在公民身份的观念和实践方面并无实质区别。

城邦时期共和主义公民身份的核心和目的是政治自由，它只能在公民参与城邦公共事务的实践中完成。因此，积极的政治参与便成为

---

① ［英］梅因：《古代法》，沈景一译，商务印书馆1959年版，第85页。

② ［古希腊］亚里士多德：《政治学》，颜一、秦典华译，中国人民大学出版社2003年版，第73页。

③ 丛日云：《西方政治文化传统》，吉林出版集团有限责任公司2007年版，第34页。

④ Peter Riesenberg, *Citizenship in the Western Tradition*：*Plato to Rousseau*, Chapel Hill：The University of North Carolina Press, 1992, p. 8.

公民身份的构成性特征，也成为公民身份的内在价值。古典共和主义的典型理论家亚里士多德就是从关于城邦本质的讨论中完成这一论证的。亚里士多德采用溯源的方法，从城邦的起源历史总结出城邦的本质。他认为，虽然在时间先后顺序上，先有个人，再有家庭，然后才有城邦，但"城邦在本性上先于个人和家庭"。① 城邦的一般含义就是一个有足够人数以维持自给自足生活的公民集团，就是一个共同体。这就明确指出，只有生活于城邦中的人才能获得正当的公民身份，同时只有由具有公民身份的人组成的共同体才是城邦。个人的本性和价值依赖于城邦，个人附属于城邦。只有生活在城邦中的个人，才能实现自己的本质，成为真正的人。城邦是公民政治生活的恰当舞台，也是其政治生活的公共空间。所谓"生活"就是参加公共生活。合格的公民就是能够参加司法事务和治权机构的人，也就是必须参加公共审判和公民大会。恰如洛斯·狄金森（Lowes Dickinson）所说，在希腊人看来，"公民"不仅意味着纳税和投票，它还意味着要去积极地参与到城邦共同体的公共生活中。公民的职司都要由本人直接担任，例如以官员的身份参加政府的活动，以法官或陪审团成员的身份出席法庭的庭审，以议员的身份参加公共事务的讨论，而不是通过能够代表他的人去做这些事情。如果代议制在希腊人那里生根发芽的话，那么，"在他们公民的全部概念中恐怕将要有一种革命发生"，而且随之而来的是，"用选举的权利来代替亲身的服役将破坏了希腊国家的形式"。② 在这个过程中，公民轮流充当统治者和被统治者，实现真正的自治。他们"不遗余力地献身于国家，战时献出鲜血，平时献出时光；他没有抛开公共事务照管个人事务的自由……相反，他必须放下自己的事，为城邦的福祉而工作"。③ 亚里士多德通过公民的本质进而确立了

① ［古希腊］亚里士多德：《政治学》，颜一、秦典华译，中国人民大学出版社2003年版，第4页。
② ［英］狄金森：《希腊的生活观》，彭基相译，华东师范大学出版社2006年版，第56页。
③ 参见［美］乔万尼·萨托利《民主新论》，冯克利、阎克文译，上海人民出版社2009年版，第309页。

城邦的本质，也就确定了公民政治参与对于公民之为公民以及保障公民自由的充分必要性。亚里士多德式共和主义的精义也部分体现于此。

虽然亚里士多德充分肯定公共生活对于政治自由的内在价值，但他与柏拉图不同，没有走向极端整体主义，而是在公共生活外为个人留下一定的私人生活领域，即公共空间与私人空间的二分在亚里士多德那里已有了初步显现。在承认公民必须在城邦的公共生活中才能完善自身，才能达致至善，明确否定公民能够私有其自身之外，亚里士多德注意到在较发达的民主城邦中，如雅典，某种程度上的个人独立和自由是现实存在并得到默认的，只是这种独立和自由不是像近代以来那样以积极因素起作用。他批评柏拉图的理想国太过整齐划一而像家庭，"一个城邦，执意趋向划一而达到某种程度时，将不再成为一个城邦；或者虽然没有达到归于消亡的程度，还奄奄一息地弥留为一个城邦，实际上已经变为一个劣等而失去本来意义的城邦"。① 在个人利益范围界定不明确的地方，公共事务反而得不到关心，因为"一件事物为愈多的人所共有，则人们对它的关心便愈少。任何人主要考虑的是他自己，对公共利益几乎很少顾及，如果顾及那也仅仅只是在其与他个人利益相关时"②。故而，亚里士多德顺应社会发展方向，承认公民在一定程度上的个人自由，尽管这种自由完全依赖于政治自由，本身并无内在价值。

混合政体是公民政治参与和维护政治自由的最佳政体，它是城邦时期共和主义公民身份关于政体形式的规定。亚里士多德在《政治学》中的多处倡导不要走极端，而要走混合多种政体因素的中庸之道。他说："愈接近合乎中庸政体的政体必然愈好，而离之愈远的政体必然愈恶劣。"③ 在三种正宗政体与三种变态政体中，亚里士多德最反对僭主制。他认为僭主制是主人—奴隶关系在政治领域的直接对

① ［古希腊］亚里士多德：《政治学》，吴寿彭译，商务印书馆1965年版，第57页。
② ［古希腊］亚里士多德：《政治学》，颜一、秦典华译，中国人民大学出版社2003年版，第33页。
③ 同上书，第141页。

应，它是单向的和为私的，即僭主同主人一样，都是只拥有共同体，而不属于共同体，都是只为自己的利益，而不去考虑被统治者的利益。僭主制是"某一个人在不受任何审查的情况下，独自统治了所有与其同等或比他更优秀的人，而且仅仅从自己的私利出发，毫不顾及被统治者的利益"，它得不到人们的拥护，是"所有政体之中最糟的一种政体"。① 他极力支持贵族政体与平民政体的良好混合，因为只有中产阶层掌握最高权力的共同体才会既考虑到穷人的要求，也考虑到富人的要求。在贵族政体中，富人因为财产的优势而要求不平等的政治权利，在平民政体中，穷人则因为不占有财产或很少有财产而要求绝对的平等。在亚里士多德看来，这两种要求都是不正义的，都仅仅为了自己的利益，包含有专制的成分，违背了城邦是公民自由且自治的共同体的理想与现实。唯有混合了富人与穷人要求的政体——共和政体才是合乎中庸的政体，这样的政体既可以被称作平民政体又可以被称为贵族政体，它是为共同体的共同利益服务的，而只有这样的共同体才是真正的共同体。② 在其中，共同体"既能保持各个个体的相对独立性，又能合众为一；不是少数人为强者，而是所有公民为强者；不是一人自由，而是所有人自由"。③

共和政体确立后并不会自动运转，它还要求足够数量的具备共和主义公民美德的公民。公民美德是公民维持政治自由的必要条件。在亚里士多德那里，积极参与公共事务，就城邦事务进行投票、表决和辩论，既有实际能力参与政治，又有服从公共法律的能力，这是公民美德的一个方面。除此之外，友爱与正义也是亚里士多德极为强调的

---

① ［古希腊］亚里士多德：《政治学》，颜一、秦典华译，中国人民大学出版社 2003 年版，第 136、132 页。

② 也有研究者认为，从自然本性出发，只有善的王政（即君主制）是最适合的和最好的政体，而共和政体次之。不过，相较于亚里士多德意义上的君主制，共和政体更有实现的可能。它虽然是第二位的理想，但它却是最有现实可能性的理想。关于此问题的讨论，具体可参见 Curtis N. Johnson, *Aristotle's Theory of State*, London: the Macmillan Press, 1990, pp. 160ff；廖申白《亚里士多德友爱论研究》，北京师范大学出版社 2009 年版，第 127 页。

③ 包利民：《古典政治哲学史论》，人民出版社 2010 年版，第 192 页。

应该被公民拥有的美德或德性。在政治共同体中，友爱主要指向城邦中的公民与公民之间的政治—伦理要求，① 正义则主要指向公民与公民之间以及公民与城邦之间的政治—伦理要求。公民之间的友爱不同于城邦时期之前英雄时代的古老的友爱。在古老的友爱中，实际上不存在或者说只是在很小的程度上才存在亚里士多德讨论的友爱所具有的那种纯粹情感和德性上的相互审美态度。② 城邦时代来临以后，个人的本性之实现端赖于参与公共生活，公民不再仅仅是家庭中的成员，更是城邦共同体的成员，而且后者对于公民的意义大大地超过了前者。在城邦中，公民之间的友爱"不仅是必要的而且是高尚的"，③它是"法律的、契约的，就是说它已经具有与私人的、伦理的关系不同的性质"④，还是城邦的联结纽带，具有政治的意味，凸显了政治—伦理的要求。公民之间的友爱不仅是一种观念，还是一种实践，它很像公民对轮流担任执政的公民的崇敬，所以在这个意义上，为了公民的平等，统治者与被统治者也需要"轮流执政""轮番为治"。因而，我们可以说，强调平等的共和政体是一种最适合优良城邦的政体形式。另外，城邦不仅需要友爱，还需要正义。在城邦中，"公正与不公正特别体现在朋友方面"，而"真正的朋友是公正相处的。但是，如若是公正的人，其行为就不会不公正"。因此，友爱与正义，要么是"相同的"，要么是"相近的"。⑤ 公民在互相交往的政治生活中，正义主要指涉对城邦公共法律或契约的遵守。亚里士多德说，城邦中

---

① 罗斯认为，亚里士多德使用友爱的方式极其宽泛，不仅包括我们今天所言说的朋友关系，还包括两个人之间任何相互的吸引。具体可参见［英］W. D. 罗斯《亚里士多德》，王路译，商务印书馆1997年版，第253页。本书此处仅仅在政治共同体公共空间范围内，在公民与公民之间的政治交往关系的层面上探讨友爱作为公民美德的意义。

② 这是亚里士多德研究者珀西瓦尔（Percival）的看法。参见廖申白《亚里士多德友爱论研究》，北京师范大学出版社2009年版，第25页。

③ ［古希腊］亚里士多德：《尼各马科伦理学》，苗力田译，中国人民大学出版社2003年版，第164页。

④ 廖申白：《亚里士多德友爱论研究》，北京师范大学出版社2009年版，第28页。

⑤ 《亚里士多德全集》第8卷，徐开来译，中国人民大学出版社1994年版，第405页。

的人"对于一切服从法律，遵守契约的人，他们之间似乎有某种公正"。① 而城邦的本质就预设着公民有能力参与法律和契约的过程，从而在此过程中确保公民之间的平等。

城邦中的公民要成为"好公民"，就必须全心全意且充满效率地在公共事务中为共同体服务，他们要对共同体有共同的认识，并以共同的行为实现共同体的最高善。好公民显然不是天生的，而是城邦公共教育的结果。亚里士多德把正当的教育置于政治体系的中心，让公民在公共教育中被训练，既学会治理，又学会服从。公共教育应该由共同体组织实施，因为"整个城邦有着唯一的目的，那么很明显对所有的公民应实施同一种教育。对教育的关心是全邦共同的责任，而不是私人的事情——今天的情况则是各人关心各自的子女，各人按自己认可的准则施教。然而对于共同的事情应该实施共同的教育……对每一部分的关心应当同对整体的关心符合一致"。② 只有共同体能够负责任地确立共同的目标，并引导公民为之奋斗。为此，亚里士多德十分推崇斯巴达在教育提供方面的积极作为，但他并不同意斯巴达的公共教育方式。他认为，实施教育的方式和内容与教育本身一样重要，而斯巴达仅仅通过艰苦的训练进行公民的体格教育和军事训练，忽略了应有的教诲，其结果是造就了大量"低贱的工匠"。亚里士多德强调，好公民的道德品质只有凭借美学教育所具有的品格影响力才能获得并保持。在此之外，共同体内的戏剧、体育、宗教庆典、服兵役以及城邦与城邦之间的战争等公共事务也是进行公民教育的有力途径。

城邦时期的共和主义公民身份的思想和制度面对城邦社会结构的变迁表现出或急或缓的变化。最晚从公元前 5 世纪开始，雅典等希腊诸城邦已不再是单纯的农业共同体，而是被带入了复杂的包括经济的、政治的和文化的频繁交流在内的更大范围的关系框架中，尤其是

---

① ［古希腊］亚里士多德：《尼各马科伦理学》，苗力田译，中国人民大学出版社 2003 年版，第 180 页。

② ［古希腊］亚里士多德：《政治学》，颜一、秦典华译，中国人民大学出版社 2003 年版，第 267—268 页。

当时波斯帝国以及逐渐壮大的马其顿都对希腊城邦产生了很大的影响。与这些非城邦文明的接触使得雅典等城邦必须随之改变其价值观，开始出现道德转型，试图培养新的个人以适应这种变化了的城邦共同体。

作为这些发展的必然结果，公民身份开始变得复杂。尤其是在伯里克利改革之后，公民身份的普遍化趋势逐渐明显，个人意识在公共事务中逐渐增强，联结城邦共同体的纽带和对城邦的忠诚变得脆弱不堪，"如何压制这种新颖的价值观——个人主义并继续循着共同的模式来发展城邦公民的角色和认知"① 终于成了希腊教育的一个重大社会问题。而发生于公元前431年至前404年的伯罗奔尼撒战争给了雅典等城邦致命的最后一击，城邦制度的基础发生了根本性动摇，引人骄傲的城邦公民身份的观念和实践与城邦一起走到了尽头。随着西方政治史和社会史进入后城邦时代，共和主义公民身份发生了根本的视域转换。道德型和政治型公民身份消退，法律型公民身份成为新的共同体形式和公民个体的一致追求。

（二）古罗马②时期的共和主义公民身份

上已述及，城邦社会结构的变迁导致公民身份制度的动摇与革新。从历史事实叙述上看，公元前338年，希腊城邦被马其顿征服，成为庞大的马其顿帝国版图内享有一定自主权的城市和地方政府，城邦时代终结。在罗马文明一枝独秀之前，欧洲历史进入希腊化时期（Hellenistic Age）。古罗马时期共和主义公民身份在理论和政治实践两个层面上都继承了城邦时期和希腊化时期的优秀遗产，尤其是形成于希腊化时期的斯多葛学派（school of stoicism）经由西塞罗形塑了古罗

---

① Peter Riesenberg, *Citizenship in the Western Tradition: Plato to Rousseau*, Chapel Hill: The University of North Carolina Press, 1992, p. 38.

② 此处的"古罗马"主要是指古罗马共和国时期（约公元前510年—前27年）。从共和国开始，罗马人成了自由人（李维语）。但仍兼及共和国之前的罗马王政时代和共和国之后的罗马帝国时代，因为前者为共和国的公民身份奠定了基础，而后者则赋予共和国公民身份以新的特征，并与基督教世界的公民身份议题紧密相关。

马时期公民身份的图式。因此，需要扼要介绍这一时期的公民身份情况。

1. 希腊化时期共和主义公民身份的最显著变化是公民身份从一种特权和责任过渡到一种对平等的权利要求，并且从道德世界和政治世界"下沉"到物质世界，这两个要求相互促进，构成共和主义公民身份现代化的开端。与此同时，城邦组织结构的瓦解和帝国作为新兴的国家组织形式代替城邦成为人们生活于其中的共同体。公元前334年，马其顿的亚历山大大帝（Alexander, the Great）建立了横跨欧亚非的世界帝国，从公元前301年开始，在短暂的马其顿帝国的废墟上成立了三个共和国：以埃及为中心的托勒密王国、以叙利亚为中心的塞琉古王国和以马其顿本土为中心的马其顿王国。它们三个国家虽然因各自地区的地理和社会历史条件而有所差异，但无一例外的都是地域广阔的专制国家，而且还都受到东方专制主义文化的影响。国王是国家的最高统治者，独揽全国的财政、司法和军事大权，利用宗教等神秘仪式为自己的权威和统治服务，建立庞大的职业化的官僚机构和常备军作为维持政权稳定的物质力量。在这一时期，雅典等城邦由原来独立自由的国家沦为帝国内部具有一定自治权的地方政府，多元化的城邦古典格局彻底消失，公民身份的生存环境发生根本改变。

新的国家组织形式——帝国形成之后，不同种族、民族、文化、宗教和习俗等诸多差异性因素存于一体，地理地形条件也十分复杂，不同发展层次的城邦等共同体开始深层次交融。然而依据当时的交通工具和信息传播手段，帝国内部无法形成一个自成一体的整体，只能依靠官僚机构和军事力量维持表面上的统一。在这种背景下，维持曾经贯穿城邦始终的公民直接参与公共生活的样式变得十分困难。面对职业化的官僚组织和庞杂的行政、司法事务，公民的政治参与亦失去了意义和作用。界分公民与非公民的樊篱逐渐消失，公民的政治自由完全成为一种消极性的存在，它不再需要从参与中获得证明，而只能在国家中被给予，因此也就不再具有独立的意义。由于公民群体的界限急剧扩展到自由民群体，作为一种特权和责任的公民身份让位于

"法律和民事上的权利"①，城邦时期的公民与非公民的差别转换为帝国时期臣民与专制君主的对立。在都是君主的臣民这一意义上，所有人都获得了平等。这种平等既是推动政治秩序继续调整的动力，又是城邦理想破灭、公民不自由的表征。

希腊化时期重新发现了"个人"。换句话说，个人不再局囿于公共生活，而开始主动积极地进入到个人的私人生活世界，城邦时期对共同体的忠诚失去了原有的前提，公民的爱国主义和集体主义情感无处寄托。个人从政治生活退回到个人生活，更多地关注个人精神世界的完善和伦理意义的追求。在这个时期，"作为政治动物和城邦国家或自治国家的有机部分的那种意义上的人已经同亚里士多德一道结束，而作为一种个人的人则与亚历山大一道出现"。② 一种具有完全不同于城邦时期精神状态和价值观念的人出现在历史舞台上，成为共和主义公民身份新的承载者。

与上述变化相适应，思想家们转而广泛探讨人的伦理存在意义和精神世界状况，而影响最大的思想家群体当属斯多葛主义者。经由古罗马思想家西塞罗的研习和实践，斯多葛主义在罗马广泛传播，并深刻影响了罗马共和国后期和罗马帝国时期的公民身份的内容和特征，为法律型公民身份的确立准备了前提。

斯多葛主义者发现并确立自然法作为宇宙运行的最高准则，它将宇宙中的万事万物都纳入其不可抗拒的力量之下，也成为人的行为的最高准则。人的本性与自然法相一致，或者说人的本性就是自然的一部分，自然的生活方式就是至善的。斯多葛主义的创始人芝诺说："自然法是神圣的，拥有命令人正确行动和禁止人错误行动的力量。"③西塞罗吸收并充分阐释了自然法思想并把它从伦理领域扩及至政治领域和法律领域，作为人定法之上的最高法律。西塞罗说："真正的法

---

① 丛日云:《西方政治文化传统》，吉林出版集团有限责任公司2007年版，第196页。
② William W. Tarn, *Hellenistic Civilization*, 3rd, London: Edward Arnold, 1952, p.79.
③ 参见［苏］涅尔谢相茨《古代希腊政治学说》，蔡拓译，商务印书馆1991年版，第215页。

律是与本性（nature）相合的正确的理性；它是普遍适用的、不变的和永恒的；它以其指令提出义务，并以其禁令来避免做坏事……试图去改变这种法律是一种罪孽，也不许试图废除它的任何部分，并且也不可能完全废除它……罗马和雅典将不会有不同的法律，也不会有现在与将来不同的法律，而只有一种永恒、不变并将对一切民族和一切时代有效的法律；对我们一切人来说，将只有一位主人或统治者，这就是上帝，因为他是这种法律的创造者、宣告者和执行法官。无论谁不遵从，逃避自身并否认自己的本性，那么仅仅根据这一事实本身，他就将受到最严厉的刑罚，即使是他逃脱了一般人所认为的那种惩罚。"① 自然法因此就是人们行为正义与否的标准，也是判断任何国家的法律是否是"真正的法律"的标准。自然法把人从对共同体的忠诚拉拽到对人的本性的服从上来，拉拽到对上帝的服从上来。依此，人成为平等的存在者，城邦中公民与非公民、文明人与野蛮人、富人与穷人的差别不见了，人之为人的根据不再是参与公共生活，只是因为人是人，所以他就具有人所具有的一切特征和价值。同时，人的自由当然也就不再存于政治生活领域，而是存于自己的精神生活和伦理追求之中。经过斯多葛主义的"洗礼"，共同体中的个人把目光转向个人世界和物质世界，标志着古老城邦时代的价值观念发生了一种根本上的转变，为共和主义公民身份的现代化提供了最初的思想养料。

2. 对于古罗马时期的共和主义公民身份，雷森博格强调它作为不同于古希腊公民身份的一种模式之意义。他认为，罗马留给我们的公民身份遗产虽然不同于古希腊的参与式的民主模式，但它也是同等重要的，它是一种建于公民身份法律基础上的颇为有效的政治制度。而且它创造了帝国和普世主义理论，为公民身份的巨大转型提供了背景。因此，如果说希腊化时期是从道德型公民身份和政治型公民身份向法律型公民身份的过渡阶段，那么，古罗马时期就是法律型公民身

① ［古罗马］西塞罗：《国家篇 法律篇》，沈叔平、苏力译，商务印书馆1999年版，第104页。

份的确立阶段，而且经由基督教的中介，至今它依然影响我们思考公民身份的方式。

罗马共和国时期的公民身份是罗马王政时代公民身份改革的直接结果，尤其是塞尔维乌斯·图利乌斯（Servius Tullius）改革①更是使罗马共和主义公民身份开始具有城邦时期公民身份不曾有的面貌。到公元前6世纪末期，由于工商业和农业的发展，罗马人口有所增加，而且平民数量明显超过贵族，并成为罗马军队的主力。可以说，平民已经成为罗马社会中不可忽视的社会力量。以塞尔维乌斯·图利乌斯为代表的贵族上层显示了高超的政治技巧，把"公民身份"作为一种手段和工具，通过授予平民以公民身份，强化他们对罗马的积极作用。这样做，一方面满足了国家自身的政治和军事需求，另一方面，吸收和容纳了公民身份的扩张。② 公民身份不再成为共同体中个体由于血统和出身而享有的特权和荣誉，它转变成统治者的统治策略，可以根据现实状况而授予可能的群体。塞尔维乌斯的改革为罗马共和国提供了巨大数量的公民，也成为罗马帝国时代卡拉卡拉皇帝（Emperor Caracalla）改革公民身份的先兆。

公民身份的扩展激发了人们更强地参与政治权利的欲望，也推动了罗马社会的进步。公元前510年罗马人在结束了王政时代的专制统治后，选举产生了两名权力相等且任期为一年的行政长官，并使之处于人民的监督和控制之下。行政长官职务的出现，被认为是罗马共和国开始的标志，也成为共和主义公民身份的鼎盛时期。从公元前27年罗马帝国称霸欧洲开始直至中世纪后期意大利城市共和国时期，共和主义公民身份被剥离了古典含义，披上了皇帝的臣民和上帝的选民的外衣，进入到长达数世纪的"休眠期"。

---

① 公元前578年到前534年，塞尔维乌斯·图利乌斯推行改革，内容大致包括：将能服兵役的公民按财产划分为5个等级，组建193个百人队；取消库里亚大会，创立森都里亚大会，每个百人队有一票表决权；按照地区把氏族部落划分为4个，等等。图利乌斯的改革完成了古罗马由氏族制向国家的过渡。

② 罗马的公民身份再次与个体的军事义务相联系，公民—战士模式得到前所未有的推崇。这是罗马对外扩张和对内相互斗争的历史传统和现实的必然结果。

　　如果说在政治哲学的创立和抽象思辨方面，希腊人是罗马人的老师，那么，在共和政制的实践方面，罗马人则比希腊人更加成功，对后世如对美国立宪运动的影响也更加深刻。德国古典学者特奥尔多·蒙森（Theodor Mommsen）认为，只要看看罗马人全用拉丁文字表述其政制观念，便可断定这就是他的独创。① 罗马共和国实现了在较大规模的国家中使共和制度有效运转的创举，他把公民的政治权利要求与君主和贵族的领导能力二者巧加平衡，既保障了公民的政治自由，又使共和国的效率不因为公民的全面参与而降低。罗马共和国时期共和主义公民身份的内核理想就体现在共和政制的实践智慧中，而这主要通过波利比乌斯和西塞罗在各自的著作中，运用希腊政治哲学方法对罗马共和国的政治传统进行总结和阐发而流传至今。

　　波利比乌斯在罗马共和国的黄金时代以人质的身份客居罗马。在40 卷的《历史》中，他描述了罗马从公元前 264 年到前 146 年不断强大并征服世界的过程，其中在第 6 卷专门研究罗马的政治制度，试图找到罗马成功的秘诀。波利比乌斯发现，罗马共和国的成功主要得益于它的国家制度形式，即以强调公民平等和自由的古典共和精神为动力的共和制度。他认为，公民的平等和自由之价值能"使所有人都过上正直而又秩序优良的私人生活，而且还能使每一个国家都倾向于和平与正义"。② 罗马共和国的辉煌离不开共和制度对公民权利的保护和公民义务的积极履行。波利比乌斯还注意到公民身份的物质层面。他看到私人利益与公共利益之间的联系，强调它在团结人类社会的各种纽带中的积极作用。在这里，波利比乌斯隐藏着对自利的社会性的肯定。他观察到，罗马人通过为国家提供物质保障的方式而与政府形成良好的合作与期望体系，由此形成一种"契约关系"，国家可以把"公民身份"作为补偿物（quid pro quo）授予那些在契约关系中的人。共和主义公民身份的世俗化和普遍化趋向得到增强。

---

　　① ［德］特奥尔多·蒙森：《罗马史》第 1 卷，李稼年译，商务印书馆 1994 年版，第 76 页。

　　② Quoted in Peter Riesenberg, *Citizenship in the Western Tradition*：*Plato to Rousseau*, Chapel Hill：The University of North Carolina Press, 1992, p. 69.

波利比乌斯眼中的共和制度不仅涵容公民平等和自由的共和精神，还明确指向一种混合均衡政体。他把古希腊哲人关于城邦政制的思考与古罗马共和国的政治实践两相结合，认为在罗马共和国的政治结构中，君主制、贵族制和民主制三种因素的恰当混合是罗马成功的主要原因。罗马的共和国政制集合了君主制、贵族制和民主制的优点，又不使其中任何一个因素过分地膨胀。"每一种力量都被其他两个所冲抵，任何一个都不能压倒和超过另外两种力量。故而，这个政体保持了长时期的均衡和稳定。"① 波利比乌斯的混合政体学说经由西塞罗的强力阐发，融入西方的政治传统之中，在孟德斯鸠那里得到进一步的精炼，被美国立宪运动时期的思想家和革命者化为政治现实。

西塞罗生活的时代与波利比乌斯根本不同。他的主要思想和活动时间都与罗马共和国即将倾颓而专制独裁统治死灰复燃这一历史事件相伴随。西塞罗青年时代经历了苏拉的独裁，进入元老院从事政治事务时又适逢凯撒独裁，最后他目睹凯撒被刺身亡，自己也被另一独裁者安东尼杀害。可以说，他生活在从共和国到专制的"退化"阶段，这与亚里士多德的境遇颇有几分相似。他们都在不适当的时间做着张扬共和精神、阐发共和主义的工作，这就注定他们是悲剧性的人物。然而正如菲利普·佩迪特认为的那样，西塞罗、波利比乌斯和普鲁塔克（Plutarch）等人确定无疑是罗马时期共和主义的伟大思想家，为后世共和主义的繁荣和复兴积累了丰富的思想资源。其中，他关于公民身份的性质和特征的论述更是预示了其后公民身份的发展方向。罗马帝国时代和基督教时代的公民在皇帝的臣民和上帝的选民的意义上获得了平等。

前已有论，西塞罗深受斯多葛学派的影响，尤其是接受并深化以及扩展了自然法思想的运用领域。自然法不仅仅是国家法律正义与否的最高理据，不仅仅是人的行为的最高准则，而且它还是公民公共服

① Polybius, *The Histories* (*Books*5—8), Trans. by W. R. Paton, Cambridge: Harvard University Press, 1923, p. 331.

务和人人平等的终极来源。① 自然法是在国家的人定法之前就自然地
存在着，是理性的显现，"是与神的心灵同时出现的"。② 因此，它就
是人定法律的基础，而且，它还"是一些永恒的东西，以其在指令和
禁令中的智慧统治整个宇宙"。③ 现实世界的人都要受到永恒自然法的
支配，因而人与人之间就应该是平等的。西塞还把人人平等的观念运用
到罗马人与外国人之间，批评了罗马人当时的共同观点。他说，把外国
人当作敌人而为所欲为，"是想破坏人类普遍的友善之情。这种情感一
旦泯灭，仁慈、慷慨、善良和公正必然会衰败无遗。所以，凡是破坏这
种人类普遍的友善之情的人，肯定会被认为是邪恶地反叛不朽的神
祇"。④ 相反，我们应当遵从自然法的教导，它"规定一个人应当想望
增进他人的利益（不管他是谁，只是因为他也是一个人）……可以作
出这样的推论：所有人的利益都是一致的"。⑤ 我们不应该彼此损害。

　　既然所有的人都是同一个自然法⑥支配下的平等个体，那么，他
们就应该在共同体中实现这种平等。即是说，他们的平等存在于共同
体的事业之中，而不是存在于私人活动之中，共同体为人人平等提供
了绝好的实现舞台。所以，公民的公共服务就是有理性的个体所应做
的正确的事情。在西塞罗看来，自然法"依靠理性的力量，用共同的
言语和生活把人与人联结在一起；尤其是，她向人们灌输一种可以说
是异常温柔地对自己后代的爱。她还敦促人们合群聚居，组织并亲自

---

　　① 初看起来，西塞罗的主张与斯多葛主义相矛盾。斯多葛主义并不支持政治，它着力强调
德性的内在价值，在此之外的任何东西都是无所谓的。但处在现实罗马政治活动中的西塞罗却对
此作了自己的阐释。他不仅强调公民公共服务的价值，并把它看作是一种公民美德，而且还论述
了私人财产的正面意义。

　　② ［古罗马］西塞罗：《国家篇　法律篇》，沈叔平、苏力译，商务印书馆1999年版，第188
页。

　　③ 同上书，第187页。

　　④ ［古罗马］西塞罗：《论老年　论友谊　论责任》，徐奕春译，商务印书馆1998年版，第
222页。

　　⑤ 同上书，第221页。

　　⑥ 西塞罗认为，自然法对人类是普遍适用的，它不因时间和空间的改变而变化，它是永恒
不变的法律，是任何一个民族在任何时候都必须遵守的法律。具体可参见［古罗马］西塞罗《国
家篇　法律篇》，沈叔平、苏力译，商务印书馆1999年版，第91—112页。

参加公共集会"。① 它意味着积极参加到公共事务中对个人是有利而无害的。那种为了自私的目的而不是为了公共利益而斗争，"是邪恶的"，"不仅没有美德的成分，而且其本质上是野蛮的，与我们一切美好的情感大相径庭"。② 在各种公共利益中，首先为祖国服务是"我们所负有的最重大的责任"，因为祖国从根本上"包容了我们所有的爱"。③ 西塞罗赋予积极生活以高度的道德优先性，但同时，他还给予积极生活的公民两条诫令："第一条，要一心只考虑人民的利益，不计较个人的得失，使自己的一切行为都符合于人民的利益；第二条，要顾全国家的整体利益，不要只为某一部分人的利益服务而辜负其余的人。"④ 西塞罗所强调的公共精神成为把一个共同体坚强团结起来的有力纽带，也成为自然法支配下的公民应该具有的美德。

特别指出以下一点是有意义的。一方面，西塞罗根据自然法的律令主张人人平等，这种平等必然是实质平等，从而走上不同于城邦时期共和主义思想家关于公民与非公民的截然区分的"现代化"轨道，但是另一方面，他又认为在涉及物质利益时，重新分配是"最大的不正义"，也没有比对财产进行平均分配危害更大的事情。这应该怎么理解呢？本书认为，如果从西塞罗关于共和国的性质和他所处时代的实情考虑，这个矛盾可以得到合理解决。西塞罗在政治学史上第一次给"国家"下了一个正式且明确的定义。他说："国家是一个民族的财产。但是一个民族并不是随随便便一群人，不管以什么方式聚集起来的集合体，而是很多人依据一项关于正义的协议和一个为了共同利益的伙伴关系而联合起来的一个集合体。这种联合……更多的是出自自然植于人的某种社会精神。因为人并非一种独居的或不合群（unso-cial）的造物，他生来便有这样一种天性，即使在任何一种富足繁荣

---

① ［古罗马］西塞罗：《论老年　论友谊　论责任》，徐奕春译，商务印书馆 1998 年版，第 95 页。

② 同上书，第 119 页。

③ 同上书，第 116 页。

④ 同上书，第 129 页。

的条件下，他也不愿孤立于他的同胞。"① 从这段话中可以看出，国家的主体是人民，它遵循正义的原则，目的则是为了共同体的利益，而不是某部分人的私利。人们是出于"植于人的某种社会精神"而集合起来组成国家的，他们是平等的集合者，是国家主权的共同拥有者。按照斯科菲尔德（M. Schofield）的观点，西塞罗在这里提出了国家正当性的问题，它就存在于以正义为原则的人民共同体中。② 共和国是全体人民的共同事业。西塞罗在《论责任》中明确把重新分配财产看作是一场"瘟疫"，坚决反对取消债务的政策。③ 他说："如果一个政府不用法律的手段迫使债务人偿还债务，它就不可能有信誉。"④ 西塞罗坚定保护每个人的财产所有权，并把它看作是对国家利益负责任的人应该做的事情。这可能是源于他观察到在现实罗马政治中有这么一群人，他们占据国家要职，却贪婪无比，为了一己野心，"装出一副民众之友的样子，他们为了讨好百姓，或者试图使土地改革法得以通过，以便把土地占有者逐出他们的家园，或者建议以前的债务应当一笔勾销"，⑤ 他们如此行为表明他们是潜在的专制者，丝毫不顾国家的共同利益，把个人私利凌驾于公共利益之上，这不仅损害了财产所有者的利益，而且还在"毁害国家的基础"，他们使和谐与公平不复存在，最终伤害了"人民共同的事业"，是全体人民的敌人。西塞罗的上述论调也是符合共和主义观念的，即共同利益高于个人利益，且个人只有在共同体中才能获得保护。

西塞罗在共和国被帝国严重威胁的时刻，以雄辩家的胆识大力宣扬共和精神和共和政制，虽然未能阻滞帝国的胜利，但他的思想成为

---

① ［古罗马］西塞罗：《国家篇 法律篇》，沈叔平、苏力译，商务印书馆1999年版，第35页。

② M. Schofield, "Cicero's Definition of Res Publica", *Cicero: The Philosopher*, Oxford: Oxford University Press, 1995, pp. 69ff.

③ 在雅典，梭伦改革的其中一项内容就是取消穷人的债务。同样，在罗马王政时代，塞尔维乌斯也通过取消债务把公民身份赋予那些人。

④ ［古罗马］西塞罗：《论老年 论友谊 论责任》，徐奕春译，商务印书馆1998年版，第208页。

⑤ 同上书，第204页。

当代共和主义复兴可资借鉴的宝贵资源。

之所以说罗马时期（尤指帝国时期）是法律型公民身份的确立阶段，至少有两个原因。

第一，经历了共和国时期思想家对公民身份范围的有效扩展，到帝国时期，"一个'公民'开始意指某个根据法律自由行动、自由提问和预期可获得法律保护的人。一个'公民'就意味着这样一个公民，这样一个由如此公民所组成的法律共同体，以及这样一个在该共同体中的法律地位……公民身份变成了一种法律地位，拥有对某些事物（可能是所有物、可能是豁免权、可能是期望）的权利"。① 正是罗马法使法律型公民身份成为现实，同时也就否定了雅典式的"理想"公民身份。公民身份的政治话语让位于法律话语，或者说它采取了"法学的论证"形式。

波考克指出，法律的概念深刻地改变了政治的含义，罗马法理学的发展使"公民"概念从政治动物转向法律人，从公民或者城邦人转向经济人或者城市人。公民成为共享共同法律的共同体中的成员，他不再被唯一地锁定在政治生活中，"人天生就是政治动物"也失去了在这个时期理解公民身份的正当逻辑前提的意义。依据于罗马帝国早期法学家盖尤斯（Gaius）的表述，人们生活于其间的宇宙被划分为"人、行动和事物"，事物的世界是人们生活的媒介，人通过行动作用于事物，从而获得或者保持事物。人的各种关系在事物的世界里形成并依从法理而调整，公民从政治性存在转变为法律性存在。波考克总结说："通过事物的占有和法理学的实践，个人成为了一个公民——此处的'公民'一词同亚里士多德主义的重要定义不断分道扬镳。"② 公民身份成为一种法律地位，成为法律规定下的各种权利的总称。拥有它，就意味着个体拥有法律权利，而与公共服务或参与公共事务脱

---

① ［美］J. G. A. 波考克：《古典时期以降的公民理想》，吴冠军译，载许纪霖主编《共和、社群与公民》，江苏人民出版社2004年版，第38页。耶稣的使徒保罗就以自己是罗马公民的事实避免了专断的惩罚。

② 同上。

离了必然联系。

第二，罗马法通过对"权利"的着重强调，赋予公民身份以法律的含义。所有物（如财产、土地等）成了公民身份的形式中心，而法律则定义了公民对所有物的权利。"权利"构成公民身份新的辨识标准，除了奴隶，其他自由人，包括外邦人、妇女，因为拥有权利而成为公民。这在古希腊是不曾出现的。美国现代著名法学家罗斯科·庞德（Roscoe Pound）明确指出："希腊哲学家们并不议论权利问题，这是事实。他们议论的是，什么是正当的或什么是正义的。"① 希腊城邦公民身份的关键不在于权利的持有，而在于他能保持参与公共生活的地位和机会。政治学史家乔治·萨拜因（George Sabine）也说："对于一个希腊人来说，公民身份始终意味着对政治活动或公共事务的某种参与，只是参与的程度有所不同罢了。因此，这种理念与现代的公民身份或公民资格理念相比较，其情感上的成分要大很多，而法律上的依据则少得多"，而与希腊人不同，罗马人持有一种"公民乃是意指一个人的某些权利为法律所保障的观念……因为拉丁语 ius 这个术语确实部分地涵括了个人享有权利的意思"。② 或者更准确地说，希腊公民的权利其实就是义务，是不能免除的，也是不能放弃的，参与公共事务不仅仅是行动，其本身就是目的，公民也只有在政治的世界里才是自由的。罗马的公民身份观念与此截然不同。正如波考克的论述所表明的那样，罗马的公民身份是权利的语言，是"权利的实践，在出于这种目的而形成的法律的、政治的、社会的、甚至文化的共同体内追寻自己的权利并且假定其他人的权利的实践"。③ 权利规定了公民的应得物，公民身份的物质层面由于权利概念的引入而具有了确定的意义。经过罗马帝国，"权利"观念深入人心，以此为特征的法律型公

① ［美］罗·庞德：《通过法律的社会控制　法律的任务》，沈宗灵、董世忠译，商务印书馆1984年版，第44页。
② ［美］乔治·萨拜因：《政治学说史》（上卷），邓正来译，上海人民出版社2008年版，第33页。
③ ［美］J. G. A. 波考克：《古典时期以降的公民理想》，吴冠军译，载许纪霖主编《共和、社群与公民》，江苏人民出版社2004年版，第51页。

民身份与近代自由主义公民身份存在隐约的一致性。换言之，由于法律型公民身份以权利为构成性诉求，它在某种意义上成为自由主义公民身份的"前见"。①

二　共和主义公民身份在中世纪和意大利城市共和国的独特呈现

公元476年，西罗马帝国完全覆灭，西欧进入中世纪。它是属于基督教的世界，是一个"神圣秩序"的时代。基督教虽然不是一种哲学或者政治理论，而是一种救世学说，但它能够统摄各种哲学或政治理论数百年。如萨拜因所言，它的兴起确实是西欧历史上"最具革命性的事件"。② 就共和主义公民身份的论题来说，由于中世纪上帝之城与世俗之城的二元界分，它展现了根本不同于古典时期的公民身份理想与现实。或者说，共和主义公民身份在这个时期虽然没有彻底消失，但它确实被中世纪基督教世界的各种封建的和宗教的身份所遮蔽。③ 基督教造设一种新的公民身份理论，用以解释和说明公民身份的背景转换史实，并从超验层面上进行论证。一直到12世纪中叶，共和主义的公民身份才又在意大利北部各城市共和国被思想家重新检视，构成16世纪马基雅维里为共和主义公民身份做出影响深远的努力之历史事实的背景。

（一）以灵魂得救为目的的上帝的选民

基督教在中世纪一统天下并非一日之功。它从公元1世纪开始形成直到公元391年被宣布为罗马帝国的国教，经历了长达300余年的磨难与压制，然而这个"纯朴而谦卑的宗教，却不动声色潜入人心，在平静隐蔽的掩护下成长苗壮，忍受反对和制压，激起奋斗的精神，终于在朱庇特神庙的废墟上竖立十字架的胜利旗帜"。④ 自此，基督教

---

① 有关此在本书第二章第一节有详细讨论。

② ［美］乔治·萨拜因：《政治学说史》（上卷），邓正来译，上海人民出版社2008年版，第227页。

③ Rogers M. Smith, "Modern Citizenship", *Handbook of Citizenship Studies*, London：Sage Publications, 2002, p. 107.

④ ［英］爱德华·吉本：《罗马帝国衰亡史》（Ⅰ），席代岳译，吉林出版集团有限责任公司2011年版，第357页。

逐渐加大对世俗社会的影响力，并最终成为凌驾于世俗政权之上的精神组织。它以自己的方式和信念重塑西欧社会的伦理道德生活和政治生活的图景。基督教抛弃了亚里士多德和西塞罗最为看重的公民身份的解释模式，代之以一种自成一体的和不可置疑的替代性体系，这个体系表现出全新的迥异于古典时期的道德和社会生活的面貌。

在基督教看来，人生活在两个世界里：天国（上帝之城）和国家（世俗之城）。前者是善和高尚，是正义的终极来源，它关注的是精神的升华和对来世的期待；后者是恶和卑贱，是暴力统治，它关注的是对物质的占有。上帝之城的人选择的是精神生活，而世俗之城的人选择的则是肉欲的生活。上帝之城和世俗之城的界分预示了国家中个人的二分。他既属于上帝，又属于皇帝，具有双重性特征。既然上帝之城必然战胜世俗之城，是最终的归宿，那么，个人的理想就应当在天国而非在国家。圣奥古斯丁（St. Augustine）对国家的界定代表了基督教一致的心理取向。他说："你们（指国家——引者注）渴望和平、繁荣与富足，但你们的目的绝不是公平的，也就是说，适度地、清醒地、有节制地、虔诚地利用这些福祉。你们的目标毋宁说是对各式各样无穷无尽的低级享乐的狂乱的满足，因此在你们的繁荣中将滋生出一种道德的瘟疫，它比最残暴的敌人要坏一千倍。"[1] 那么，生活在现实国家中的人又该如何做才能在灵魂上远离世俗的恶而朝向上帝的善呢?[2] 答案就在于灵魂得救，而这又是在对上帝和皇帝的双重忠诚中实现的。

首先，基督教的公民身份理论背离了城邦时期的公民身份传统，它强调现实人的两种属性：上帝的选民和公民。共同体中的个人在古代世界之后第一次被分立，成为二分的存在。城邦时期，公民的本质和价值完全依赖于城邦，公民的忠诚对象只有城邦，而很少或基本不顾及私人。公民也把城邦作为精神支柱和真正的生活场所，把积极参

---

[1] 参见唐士其《西方政治思想史》，北京大学出版社 2008 年版，第 143 页。

[2] 基督教认为国家虽然是恶的，但它由于是上帝实现拯救计划的工具，那它就是不可避免的恶，最终要在审判日归于上帝之城。所以，个人只能乞求通过肉体的磨炼而在灵魂上远恶近善。

加公共事务当作自己最大的权利和义务，集体主义意识从此而来，爱国主义也极度彰显。但是，在基督教看来，这些都不值一提。他们信仰来世，信仰天国的福音，他们不再是政治的共同体的成员，而是信仰的共同体的一分子，是爱、信仰和兄弟般的团结把他们联结起来，共同忏悔和祈祷，并在上帝的指引下行善，最终企求能够进入天堂，使灵魂得救。

　　基督教灵魂得救追求和推崇的是拒绝积极生活，离群索居过着沉思生活的隐士。尽管在基督教成为国教之后，这个现状有所改变，但耶稣的教导——我的国不属这世界——仍是基督徒心中永恒的诫令。古代城邦世界的公共道德遭到废弃，公共广场、剧场、法庭等场所具有的教育功能消失殆尽。好公民就是尽心尽力服侍上帝、为上帝之城做贡献的人。公元 4 世纪的圣克里索斯托（St. Chrysostom）宣称："如果你是基督徒……我们的名字已经在天国了；我们的公民身份当然也在那里。"①

　　其次，基督教同时把"基督徒尊重合法当局的义务深深地植入了基督教教义之中"，② 服从世俗权威是上帝已经设定的义务，不过服从的对象是那个职位，而非占有那个职位的具体的人。③ 耶稣教导道："凯撒的物当归给凯撒，神的物当归给神。"④ 上帝的权威与世俗的权威同时存在，二者相互给彼此留下了空间，这就给基督徒留下了双重忠诚的义务。而世俗权威无疑低于上帝的权威，因为皇帝的权力来自上帝的授予，他是上帝在尘世的指定者。"凡掌权的都是神所命的。所以拒绝掌权的，就是抗拒神的命；抗拒的必自取刑罚……因为他是

----

　　① Quoted in Peter Riesenberg, *Citizenship in the Western Tradition*: *Plato to Rousseau*, Chapel Hill: The University of North Carolina Press, 1992, p. 90.

　　② ［美］乔治·萨拜因：《政治学说史》（上卷），邓正来译，上海人民出版社2008年版，第228页。

　　③ 这种状况在中世纪后期有所改观。基督教教会与世俗国家相互妥协，服从世俗权威最终变成服从某个皇帝本人，基督教坚持的独立和对政治的疏远与冷漠在一定程度上被世俗政治消解了。

　　④ 《圣经·马太福音》第 22 章第 21 节。

神的用人，是与你有益的……所以你们必须顺服，不仅是因为刑罚，也是因为良心。"① 如此，基督徒成了双重的存在者，既是上帝的选民，也是皇帝的臣民；同时面对两种制度，即宗教的制度和政治的制度；同时担负两种义务，忠诚于两个对象。很显然，基督徒被赋予"二主一仆"的身份（a diversity of loyalties），这是古代城邦世界的公民身份理念并不涵括的一个内在判断。围绕这个问题形成了教权与王权之争论以及由基督教原初的宗教自治思想萌发出了个人私人生活领域和自由思想，并最终发展出现代广为传播的公民身份。

（二）意大利城市共和国共和主义公民身份的特殊形式

共和主义公民身份在中世纪的漫长历史上，被各种封建和宗教的身份所"遮蔽"，但它在理论叙述和政治实践两个方面并未彻底消失。最晚到 12 世纪中叶，意大利北部城市共和国重新发现并明晰化了"非常清晰而不是模棱两可的"共和主义公民身份传统。② 关于"现代城市"，比利时历史学家亨利·皮雷纳（Henri Pirenne）在其代表作《中世纪的城市》中做了精彩的分析。他认为，现代城市最晚出现于 11 世纪初期的威尼斯、热那亚和比萨等意大利北部地区。它是 10 世纪商业复兴作用于城堡（burgus）的结果。自此以后，"在那个令人神往的平原上，城市像庄稼一样茁壮成长。土地之肥沃使城市能够无限发展，同时销路之易得又利于原料的进口和产品的出口。商业促使那里工业的出现，随着商业的发展……所有古罗马的'城镇'，所有古罗马的'自治市'（municipes），重新出现了新的生机，比之它们在古典时代所曾具有的生机更加蓬勃得多"。③ 商业、工业、人口增长、自由的劳动力、资本以及"享有特别法和自治"的市民阶级等因素都使 11 世纪及其后的城市不同于古典时期的城邦共同体。而事实上，城邦（po-

———

① 《圣经·罗马书》第 13 章第 2—5 节。

② Peter Riesenberg, *Citizenship in the Western Tradition*: *Plato to Rousseau*, Chapel Hill: The University of North Carolina Press, 1992, p. 112.

③ ［比利时］亨利·皮雷纳：《中世纪的城市》，陈国樑译，商务印书馆 2006 年版，第 60 页。

lis）被译为"城市国家"（city-state）是一个多少带有误解的认识，因为它"从来就不仅仅指一个城市，一个都市地区"。① polis 的最初含义是要塞，目的是防卫而非聚集以参加公共事务，它也不是独立存在的。城邦意指城市与其周边城郊农村的同在，二者组成一个整体，城市是政治、经济和文化活动的中心，农村则提供农产品和原材料，人们的主要活动区域在农村，只是在公共事务有所需要的时候才会到城市的广场。说到底，城邦是一个农业共同体，商业的商品交换作用微乎其微。公民自治也就只能在有限的范围内展开。而 12 世纪中叶以后，城市共和国开始成为一种新的生活、政治和社会组织形式，不再具有封建性质，它们转而追求独立和自治，在法律上虽然还是神圣罗马帝国的附庸，但已经呈现出一定程度上的独立事实。② 城市与公民实践相互关涉，共同复活了共和主义的公民身份。③

随着手工业从农业中的大分离以及国内和远距离贸易活动的空前频繁，商人在社会中的地位和作用得到显著增强。中世纪晚期，组织健全的商人和手工业者团体，已经控制了欧洲城市的生活。他们在政治上开始扮演独立角色，与君主及封建领主在平等基础上互相抗衡。而且，他们还在创立现代国家官僚体制的过程中扮演着领导角色。他们的活力与奉献成为日后民主发展的起点。④ 商人聚居在城市中，成为城市的主体，并寻求城市的积极保护。作为交换，他们努力追求经济利益，为城市积累更多的财富。更进一步，他们还要求能够摆脱封

---

① ［英］杰弗里·帕克：《城邦：从古希腊到当代》，石衡潭译，山东画报出版社 2007 年版，第 14 页。另可参见 ［英］杰弗里·托马斯《政治哲学导论》，顾肃、刘雪梅译，中国人民大学出版社 2006 年版，第 112—114 页；Elie Kedourie, *The Crossman Confessions and Other Essays in Politics, History and Religion*, London：Mansell, 1984, pp. 210-212.

② Quentin Skinner, *The Foundations of Modern Political Thought*, Vol. 1, Cambridge：Cambridge University Press, 1978, p. 3.

③ 马克斯·韦伯甚至认为，只是因为西方国家而非东方国家中有特定意义的城市，才能生成公民（civis Romanus, citoyen, bourgeois）的概念。Quoted in Bryan Turner, Outline of a Theory of Citizenship, *Sociology*, Vol. 24, No. 2, 1990.

④ ［美］弗里德里希·沃特金斯：《西方政治传统——现代自由主义发展研究》，黄辉、杨健译，吉林人民出版社 2001 年版，第 73 页。

建领主权力的人身自由，以及"相当广泛的政治自治和地方自治"。①
这在客观上不能不激活沉睡数百年的关于积极生活的态度和意义。商
人与公民身份出现合流，在对有限资源的竞争上，占有公民身份的充
分权利成为获得更多利益的前提。附带的结果是，公民身份为商人涂
抹上温情脉脉和关心公共事务的色彩，而商人的平等竞争和自由联合
则为公民论证了公众参与和服务于共同体公共利益的合理性。中世纪
强调灵魂救赎的个体要求被各种现实的力量慢慢摧毁，城市正在进行
古典文化的普遍复兴，通过公民行动（商业活动）而成为合格公民的
理念再一次显现于人们的意识形态领域。如果说，公民—战士构成城
邦时期公民身份的典范，那么，在城市共和国，公民—商人就是共同
体树立的适时的公民身份榜样。

被比喻为"封建沙漠里的绿洲"的意大利城市共和国在中世纪再
次把自由视作共和国的首要目标。这既意味着要从基督教会的无边控
制中独立出来，又意味着要实现城市自治。共和国的思想家认为，自
由（liberta）"是与其他任何东西相比都最想得到的天赐之物"。② 为
了维持自由，诸城市共和国普遍实行选举，并且严格规定任期。帕多
瓦的马西利乌斯（Marsilius of Padua）比较了选举产生的政府与君主制
政府。他认为，国王统治的对象总是不情愿的臣民，而"只有通过选
举的方式，人们才能指望得到'最好的统治者'，从而保证把公正维
持在适当的水平之上"。③ 参与型政治成为共和国自由和"光荣与强
大"的有利凭借。这再一次表现出政治参与与政治自由之间的直接
联系。

可悲的是，城市共和国仅仅是昙花一现。到13—14 世纪之交，它
们便由于阶级对立和内部分化而四分五裂，在自治的共和国里，被排

---

① ［比利时］亨利·皮雷纳：《中世纪的城市》，陈国樑译，商务印书馆 2006 年版，第 108
页。

② Quoted in Anthony Arblaster, *The Rise and Decline of Western Liberalism*, Oxford：Basil Black-
well, 1984, p. 99.

③ 参见 ［英］约翰·邓恩《民主的历程》，林猛等译，吉林人民出版社 1999 年版，第 74
页。

斥在政治权力之外的新兴阶层（比如商人）不满贵族把持最高权力的现状，纷纷自行组织"社团"并建立自己的委员会或"议会"以同贵族相抗衡。长期反复的党派倾轧致使共和国高度不稳定，加之法国和西班牙王室对意大利的大规模入侵，黑死病、鼠疫、饥饿导致城市共和国的人口急剧减少等因素的综合影响，结果使得公民被激活的忠诚再次失去了对象，共和国便一个接一个地"放弃它们的共和制度，转而接受'绅士'（signore）的强有力的领导，并以实现更多的城市和平的名义，用专制政府形式取代自由政府形式"①。城市共和国宣告终结。② 在此后数个世纪中央集权制的封建统治下，共和主义公民身份虽然在文艺复兴时期的公民人文主义思想家那里再度复活，但 18 世纪末的法国大革命宣告了它的终结，开启了自由主义公民身份兴起的大幕。

三　共和主义公民身份的衰退与自由主义公民身份的确立

当西欧社会进入 15 世纪的时候，在上层建筑领域，基督教的阴霾正在被肇始于意大利的一场思想文化领域的运动所激荡，这即是被冠之以"文艺复兴"名号的西方历史上的一次伟大的思想解放运动。这场运动在政治和道德论题上集中表现为公民人文主义的声张和呐喊。雷森博格认为，公民人文主义深刻影响了此后三个世纪的共和主义公民身份的理论面貌和制度实践，并表现出文艺复兴的整体性格特征。但随着资本主义因素由弱到强的快速发展，严重冲击着中央集权的封建制度，并带来了不同于以农业为基础的传统文明的现代商业文明。社会结构的根本变动必然重塑社会中的个人品质及其行为。因此，不

---

① Quentin Skinner, *The Foundations of Modern Political Thought*, Vol. 1, Cambridge: Cambridge University Press, 1978, p. 23.

② 当然，共和国的终结不是一夜之间全部完成的，它经历了一个反复但确定的过程。具体可参见 ［美］罗伯特·帕特南《使民主运转起来——现代意大利的公民传统》，王列、赖海榕译，江西人民出版社 2001 年版，第 5 章，尤其是第 152—159 页；［英］约翰·邓恩编：《民主的历程》，林猛等译，吉林人民出版社 1999 年版，第 4 章；Quentin Skinner, *The Foundations of Modern Political Thought*, Vol. 1, Cambridge: Cambridge University Press, 1978.

可避免的是，在旧制度行将枯朽的世纪，共和主义公民身份与共和主义一道衰退，自由主义公民身份登上政治的和道德的舞台，成为至今主导西方公民身份解释模式的理论。

（一）马基雅维里和卢梭对共和主义公民身份的理论努力

城市共和国末期，① 公民人文主义已经在意大利地区展开，并表现出独特的面目。20 世纪的奥地利思想史家弗里德里希·希尔（Friedrick Heer）认为，公民人文主义是"乌托邦式狂想和冷静的现实主义的奇特结合，同一个人，可以既热衷于党派政治，又醉心于世界改革"。② 同一个人表现出来的既积极投身现实政治生活，又对其不满甚至憎恶的对立与矛盾的情状是与共和国末期的政治形势以及公民人文主义思潮运动本身的影响分不开的。对此，昆廷·斯金纳（Quentin Skinner）有一个恰当的判断："（公民人文主义者）面对的是各城市共和国贵族统治迅速发展，以及相伴随的对政府的选举制度丧失信心的局势。在整个政治传统极有可能断绝的形势下，他们的反应是对城市共和国特有的政治价值进行不遗余力的辩护……他们发展出一种意识形态不仅致力于维护共和自由的中心价值，而且还试图找到它衰弱的原因以及防止衰弱并延续共和政体生命的最佳途径。"③ 具有"普洛透斯④般的面孔"的马基雅维里无疑是这一时期"双面人物"的典型代表，因此他就是共和主义公民身份最强有力，也是影响最为深远的思想家与实践家。他既被斯金纳称为古典共和主义传统的最杰

———————————

① 前已有论，13 世纪末 14 世纪初，城市共和国一个接一个地瓦解。最晚消失的是佛罗伦萨共和国，它直到 16 世纪早期臣服于美第奇（Medici）家族的统治，才彻底失去了独立地位。虽然威尼斯共和国直到 18 世纪才崩溃，但它早已丧失了共和国的内在精神，成为一座"助长虚华，滋生罪恶"的渊薮之城。

② ［奥地利］弗里德里希·希尔：《欧洲思想史》，赵复三译，广西师范大学出版社 2007 年版，第 209 页。

③ Quentin Skinner, *The Foundations of Modern Political Thought*, Vol. 1, Cambridge：Cambridge University Press, 1978, p. 41.

④ 普洛透斯（Proteus）是希腊神话中的一个早期海神，荷马所称的"海洋老人"之一。他有预知未来的能力，但他经常变化外形使人无法捉到他，因为他只向捉到他的人预言未来。后人就以"普洛透斯般的面孔"来表示一个人的变化多端及不可捉摸。

出代言人，又被保守主义大家埃德蒙·伯克（Edmond Burke）评价为"邪恶的马基雅维里"，他的政治准则成为法国大革命"民主暴政"的基础。① 深受马基雅维里影响的卢梭提出的公民身份观念被雅各宾派的领导人罗伯斯庇尔（Robespierre）狂热地运用于法国大革命的实践，加之自由主义思潮在文艺复兴和启蒙运动的催化剂作用下的凸显，共和主义公民身份在现代史早期以极端形式完成了最后的短暂重现，留给后世颇多感怀的情节。

　　1. 马基雅维里在共和主义公民身份的解释史上之所以非常重要，很大程度上是由于他扭转了与公民身份相关的概念及论题的讨论方向。其中包括国家权力的组织形式、公民品质、雇佣兵与爱国主义、派别斗争，等等。必须说明的是，有些问题在本章第一节的相关部分已有论述，此处仅围绕公民品质深入展开。其余问题将在第三章第二节得到解释。

　　马基雅维里接受了公民人文主义先驱关于共同体自由的传统定义：既要保持共和国的政治独立，又要保证公民在自由的政体下平等参与公共事务的机会。他强调，一个成功政府的持久运转，绝对离不开共同体的公民毫不退缩的军事精神。彼时，各城市共和国依赖雇佣兵的做法使它们永远失去了独立和稳定，造成最终的毁灭。相比之下，一支由本国公民组成的受过充分训练的公民民兵队伍却能够时刻以共和国的荣耀和名声为最强劲的激情，为自由而战斗。马基雅维里积极主张公民行动对于共同体自由的重要意义，在中世纪之后创造了一种更为积极向上的公民身份概念。

　　然而，马基雅维里还对古典时代和同时代的公民人文主义提出了"简单而又有摧毁性"的批评。② 这主要是就他们对美德的认识而言的。公民人文主义者都抱有一个人所共知的假设：美德是真正的高贵，衡量公民价值的不是其财富和家族的荣耀，而是看其是否具备公共精

---

　　① ［英］昆廷·斯金那：《马基雅维里》，王锐生、张阳译，中国工人出版社 1985 年版，第 12、15 页。

　　② 同上。

神并用于公共事业。公民美德是一种创造性的社会力量，它能够使人达到"光荣的最高点"，并完成"最伟大和最崇高的事业"。① 马基雅维里在《君主论》第十五至十九章以"君主的品质"为例，对上述观念进行了反驳。他首先提出告诫："一个人要是为了应该怎样办而把实际上是怎么回事置诸脑后，那么他不但不能保存自己，反而会导致自我毁灭。"② 因此，一个君主要达到保存国家的目的，就不能充分实践那些"应该是好的"品质。这是因为，他厕身于许多不善良的人当中，他们是"忘恩负义、容易变心的，是伪装者、冒牌货，是逃避危难，追逐利益的"。③ 君主在这样的环境下，应该顺应必然，依时而动，"必须有足够的明智远见，知道怎样避免那些使自己亡国的恶行（vizii），并且如果可能的话，还要保留那些不会使自己亡国的恶行，但是如果不能够的话，他可以毫不踌躇地听之任之"。④

在考察了历史上取得丰功伟绩的君主的事迹后，马基雅维里坚持认为，君主不能够实践那些被认为是好人应该做的所有事情，也没有必要具备那些好的品质，仅仅有必要做的是"显得具备这一切品质"。为了保持国家，"背信弃义，不讲仁慈，悖乎人道，违反神道"⑤ 不仅必须而且极其有利。在政治实践中，君主就应该同时效法狐狸与狮子，以半人半兽的怪物为师，平衡人性与兽性，"用不可缺少的强力和欺诈的艺术来补充有男子气概的体面的理想，那么他将成为贤明的君主"。⑥

马基雅维里得出的这一惊世骇俗的结论，完全背离中世纪基督教的道德观和公民人文主义的主张，为他自己赢得了"魔鬼般邪恶的

---

① Quoted in Quentin Skinner, *The Foundations of Modern Political Thought*, Vol. 1, Cambridge：Cambridge University Press, 1978, p. 98.

② ［意］尼科洛·马基雅维里：《君主论》，潘汉典译，商务印书馆1985年版，第73页。

③ 同上。

④ 同上书，第74页。

⑤ 同上书，第85页。

⑥ 参见［英］昆廷·斯金那《马基雅维里》，王锐生、张阳译，中国工人出版社1985年版，第83页。

人"的名声。他"恶名昭著,成为政治思想和政治行为中弃义悖理、不择手段的经典化身"。① 与施特劳斯(Leo Strauss)相反,斯金纳提出了截然相反的意见。他认为,马基雅维里其实并不十分愿意放弃传统的道德规范,如果把他描绘成完全邪恶的人,有庸俗化他的主张的嫌疑。马基雅维里没有完全颠倒善恶,甚至以恶为善。斯金纳辩论道:要合理解释马基雅维里思想中这一显而易见的自相矛盾的论点,关键是要理解他所使用的"virtù"一词的真正革命之处。斯金纳认为,马基雅维里的 virtù 实现了与古典共和主义美德的"出人意料的"和"完全彻底"的"划时代决裂"(epoch-making break)。他同意沙博(F. Chabod)的判断,即马基雅维里使用的 virtù 并非是我们经常谈论的那种"美德",而是指我们具有的一种作出决定和采取行动的活力或者能力。② 对马基雅维里而言,品质(virtù)不同于美德(virtue)。virtù 仅指君主为保持他的国家而可能需要具备的那些品质(qualities),它同主要的、君主的美德并无任何必然联系。如果认为它们之间有任何必然的甚至是相近的等同关系,那将是谬之千里的结论。③ 马基雅维里一般强调具有美德的名声(他多次使用"显得""让人觉得"等词语)而不是强调美德本身。④ 但他也能坚持说,如果君主表现出那些好的品质,"是值得褒扬的","君主守信,立身行事,不使用诡计,而是一本正直"也是会得到所有人的称赞的。并且,"如果可能的话,他还是不要背离善良之道"。⑤ 同时,他坚持把西西里暴君阿加托克雷之类的人排除在"大名鼎鼎的最卓越的人物之列"。尽管

---

① [美]利奥·施特劳斯:《关于马基雅维里的思考》,申彤译,译林出版社2003年版,第2页。

② Quentin Skinner, "The Idea of Negative Liberty: Philosophical and Historical Perspectives", *Philosophy in History*, Cambridge: Cambridge University Press, 1984, p. 216.

③ Quentin Skinner, *The Foundations of Modern Political Thought*, Vol. 1, Cambridge: Cambridge University Press, 1978, p. 138.

④ 哈维·曼斯菲尔德亦恰当地称马基雅维里的美德概念是"作为印象的德性"(virtue as impressive)。See Harvey C. Mansfield, *Machiavelli's Virtue*, Chicago: The University of Chicago Press, 1996, p. 16.

⑤ [意]尼科洛·马基雅维里:《君主论》,潘汉典译,商务印书馆1985年版,第74、83、85页。

这些人从平民的地位崛起而获得巨大的成就，但依靠的却是"屠杀市民，出卖朋友，缺乏信用，毫无恻隐之心，没有宗教信仰"等罪恶的手段，因此，他们就"只是可以赢得统治权，但是不能赢得光荣"。① 马基雅维里异常明晰地区分了品质与美德（virtù 与 virtue）。他对君主的品质给出的最后忠告是："一位君主必须有一种精神准备，随时顺应命运的风向和事物的变换情况而转变"，② "必须知道怎样做不良好的事情，并且必须知道视情况的需要与否使用这一手或者不使用这一手"。③

2. 文艺复兴开启了把人从神那里解放出来的历史进程，民族国家在西欧也开始形成并逐渐成熟。强大的中央集权制国家成为民族国家普遍采纳的组织形式，公民身份的臣民化趋势在新的背景下得到了中世纪之后的又一次增强。另外，由于自由主义的普遍化和世俗化的吸引力，由马基雅维里等共和主义者发出的共和主义公民身份的理论与实践诉求迅速黯淡，共和主义公民身份的价值被遗忘乃至被抛弃。1750 年，卢梭悲叹地说："今天，我们有大量的物理学家、几何学家、化学家、天文学家、诗人、音乐家和画家，然而，我们中间却没有一个公民。"④ 探究卢梭关于公民身份的观点可以把他的上述悲叹准确地理解成他计划满怀信心地复活共和主义公民身份的愿望。在历史叙述上，卢梭确实重新阐述了共和主义公民身份的话题，这主要体现在他通过主权在民思想而孕育出现代社会之"主体性公民"的理论尝试中。⑤

---

① ［意］尼科洛·马基雅维里：《君主论》，潘汉典译，商务印书馆 1985 年版，第 41 页。

② 同上书，第 85 页。

③ 同上书，第 74 页。

④ Quoted in Richard Dagger, "Republican Citizenship", *Handbook of Citizenship Studies*, London: Sage Publications, 2002, p. 148.

⑤ 彼得·雷森博格倾向于认为，卢梭做出的共和主义公民身份的努力确立了一个极具吸引力的目标，但它是一个虚无缥缈的目标。Peter Riesenberg, *Citizenship in the Western Tradition: Plato to Rousseau*, Chapel Hill: The University of North Carolina Press, 1992, p. 272. 罗伯斯庇尔的"美德的恐怖政治和恐怖的美德政治"证实了这一点。

卢梭明确指出，主权"不外是公意的运用"。① 公意作为普遍意志，它必定来自于共同体中的所有人，但仅仅来自于所有人并不足以构成公意，它还必须在目的和本质上都是为了所有人并且照顾所有人的利益。"公意若要真正成为公意，就应该在它的目的上以及在它的本质上都同样的是公意。这就证明了公意必须从全体出发，才能对全体都适用；并且，当它倾向于某种个别的、特定的目标时，它就会丧失它的天然的公正性，因为这时我们判断的便是对我们陌生的东西，于是便不能有任何真正公平的原则在指导我们了。"② 公意是普遍的，它是公正的，永远以公共利益为归宿。公意本身构成对共同体成员普遍有效的道德标准。为此，第一重要的就是在一个国家之内不允许出现派系，每个公民都只能是自己，并表达自己的意见。假若共同体中除了国家还允许别的团体存在，不可避免的就是每个集团的意志对其成员来说是公意，但对国家来说则成为个别意志，真正的公意也就不再可得。卢梭甚至走得更远。他直接否定"代表的观念"，认为它"起源于封建政府，起源于那种使人类屈辱并使'人'这个名称丧失尊严的、既罪恶又荒谬的政府制度"。而自以为自由的英国人，不过是在选举国会议员的时期内是自由的，除此之外，"他们就是奴隶，他们就等于零"。③ 就此而论，公民与国家之间的任何中间形式都是有害的。现代法国社会学家爱弥尔·涂尔干（Emile Durkheim）认为，卢梭的公意理论表达出来的社会一元论，恰恰是法国大革命的特征之一。④ 卢梭与法国大革命实现了某种联姻，而其结果是充满遗憾的。这不能不说是对卢梭的公意理论的深刻把握。

建立在公意基础之上的主权有三个特征：第一，主权是不可转让的。这就是说，任何个人或者集体都不能取代公民整体而成为主权者。

---

① ［法］卢梭：《社会契约论》，何兆武译，商务印书馆 2003 年版，第 31 页。
② ［法］卢梭：《社会契约论》，何兆武译，商务印书馆 2003 年版，第 39 页。
③ 同上书，第 121 页。
④ ［法］爱弥尔·涂尔干：《孟德斯鸠与卢梭》，李鲁宁、赵立玮、付德根译，上海人民出版社 2006 年版，第 75 页。

因为只有公民整体的意志才是公意，既然公意是普遍的，那么，公民整体就是自成一体的，就是一个"公共人格"和"道德人格"。在它自身还没有消失的情况下，没有任何别的存在能够代表它。第二，主权是不可分割的。自以为主权可以分割的人犯了一个大大的错误，他们把主权派生出来的东西看成是主权的构成部分。而事实上，那些"被人认为是主权各个部分的那些权利都只是从属于主权的，并且永远要以至高无上的意志为前提，那些权利都只不过是在执行最高意志而已"。① 公意的整体性也不允许分割主权，它只能被公民整体拥有。在这一意义上，卢梭的主权不是有机的，不是由分化和相互依赖的力量体系构成的，而是由同质的力量构成的统一体。行政权、执行权等只是主权整体的"流溢"，他们服从最高权力。② 第三，主权是不受制约的。因为主权是共同体的最高权力，是公意的普遍运用，那它就不可能想要去伤害它的全体成员，因而也就无须对他们提供任何保障。主权能够按照国家创制的目的，即公共幸福，来运用国家的各种力量。但必须注意的是，不受制约不等于说没有界限。因为，虽然人们总是意欲幸福，且绝不会被腐蚀，却"往往会受欺骗"。③ 尤其是当国家内形成特殊集团的时候，公意更容易变质，不会再考虑共同的目标而代之以个别的目标。所以，卢梭坚持以下观点，即主权虽然是完全绝对的和不可侵犯的，却"不能超出公共约定的界限"。④ 这个界限就是公共幸福。在界限之内，每个人永远没有权力要求比另外一个人更多，人与人是平等的，他们"都可以任意处置……留给自己的财富和自由"。⑤

卢梭的主权在民思想把主权的合法性和正当性之源泉归于人民而不是任何君主或者贵族阶层，更不是什么天启宗教，人民的普遍意志

---

① ［法］卢梭：《社会契约论》，何兆武译，商务印书馆2003年版，第34页。
② ［法］爱弥尔·涂尔干：《孟德斯鸠与卢梭》，李鲁宁、赵立玮、付德根译，上海人民出版社2006年版，第78页。
③ ［法］卢梭：《社会契约论》，何兆武译，商务印书馆2003年版，第35页。
④ 同上书，第41页。
⑤ 同上书，第41页。

即公意成为唯一有效的法律。卢梭把人民置于空前的和绝对的地位上，便与国家主权不可避免地在现代政治论述结构中发生对立。台湾地区学者蔡英文认为，人民主权与国家主权的对立"尖锐地出现于法国大革命的处境当中"。① 经由法国大革命的极端阐释，共和主义公民身份彻底丧失了话语权，而自由主义公民身份日渐成熟。它彻底变换了公民身份的叙述方式，并赋予其现代性的含义，主张一种消极公民身份的理念，这更契合现代政治话语从权力到权利转换的趋势，开启了公民身份的新的解释方向。

（二）自由主义公民身份的确立

德里克·希特（Derek Heater）用一段话准确刻画了自由主义公民身份的起始图景。他说："自由主义的公民身份是革命暴动与契约主义的权利理论相结合的产物，英国是催生这一传统的助产婆。这也就是说，法国大革命首先建立起公民身份的原则和实践，使之成为社会政治结构的核心特征，英国（很大程度上也包括美国在内）则在1789年以前的一个半世纪里，为从君主—臣民的关系转变为国家—公民的关系打下了基础。"② 质言之，在西欧现代史上，自由主义公民身份最先在法国大革命时期得到彰显，但这并不是孤立的和突如其来的事件。它既与自由主义思潮的兴起相关，又与资本主义经济的成熟和发展有密切关系。可以说，自由主义公民身份是一连串历史事实综合作用的结果，法国大革命则确证并发扬了这一结果。

必须说明的是，自由主义同共和主义一样，不仅仅是思想史领域和观念史领域的运动，同时还是实践史领域的运动。由此，仅仅从抽象的价值层面理解自由主义是不够的，我们还需要在历史的演

---

① 蔡英文：《公民身份的多重性——政治观念史的阐述》，载许纪霖主编《公共性与公民观》，江苏人民出版社2006年版，第88页。

② ［英］德里克·希特：《何谓公民身份》，郭忠华译，吉林出版集团有限责任公司2007年版，第1页。

进中把握它的核心要义。但本书无意也无力于遵循历史发展脉络全面展开对自由主义的深入探查，① 只能就与公民身份相关的课题论述一二。

自由主义公民身份的始基存于现代政治哲学关于自然权利学说和社会契约论的论证。这预设了自由主义公民身份的权利导向。② 现代政治哲学的奠基人之一，同时也是现代自然权利学说的首创者是英国的霍布斯。施特劳斯认为，霍布斯的政治哲学相当清晰地体现了"近代自然法的精髓及其所有的本质含义"，③ 即不同于以客观的"法则和尺度"和先于并独立于人类意志的秩序为特征的传统自然法，近代自然法首先是一种权利和一系列的主观诉求。霍布斯通过这种全新的与古代政治哲学决裂的方式，成功地把"自然权利"概念作为道德哲学和政治哲学的基础。在霍布斯那里，自然权利就是自由，"就是每一个人按照自己所愿意的方式运用自己的力量保全自己的天性——也就是保全自己的生命——的自由"，④ 它的首要基础就是"每个人都尽其可能地保护他的生命"。⑤ 自然权利产生自人的本性。在"不存在公民社会"时的状态中，所有人天生彼此平等，自然赋予每一个人拥有万物的权利，也就是说，每一个人都允许对另一个人做任何事情。在自然状态中，"权利的尺度是利益"，⑥ 对利益的追逐导致自然状态成为无约束的竞争状态，成为每个人对每个人的战争。所有的人都处在暴

① 对自由主义的全面考察，以下著作十分有益：Anthony Arblaster, *The Rise and Decline of Western Liberalism*, Oxford: Basil Blackwell, 1984; Walter Simon. ed., *French Liberalism*, *1789-1848*, New York: John Wiley & Sons, 1972; J. Salwyn Schapiro, *Liberalism: its Meaning and History*, Princeton: Van Nostrand, 1958; David Miller. ed., *Liberty*, Oxford: Oxford University Press, 1993; Quentin Skinner, *Liberty Before Liberalism*, Cambridge: Cambridge University Press, 2001.

② 这与法国政治学教授阿兰·博耶（Alan Boyer）关于自由主义的定位相一致。他在《论古代共和主义的现代意义》一文中明确提出，自由主义只能是一种个人权利学说。See Alan Boyer, "On the Modern Relevance of Old Republicanism", *The Monist*, Vol. 84, No. 1, 2001.

③ ［美］列奥·施特劳斯：《霍布斯的政治哲学》，申彤译，译林出版社 2001 年版，第 2 页。

④ ［英］霍布斯：《利维坦》，黎思复、黎廷弼译，商务印书馆 1985 年版，第 97 页。

⑤ ［英］霍布斯：《论公民》，应星、冯克利译，贵州人民出版社 2003 年版，第 7—8 页。

⑥ ［英］霍布斯：《论公民》，应星、冯克利译，贵州人民出版社 2003 年版，第 9 页。

力、死亡的恐惧和危险中，没有法律，也不存在正义和是非观念。保全生命受制于对死亡的恐惧而成为人的最低限度的理性诉求，随之，作为"法律现实和道德现实"的自然权利就产生了。可以得出结论，对个人存在（生命）的关注成为人的自然权利的最基本核心和人的最基本自由。

在自然状态中，人对死亡的恐惧和保全生命的天性，使人们愿意从中走出来，选择"把大家所有的权力和力量付托给某一个人或一个能通过多数的意见把大家的意志化为一个意志的多人组成的集体。这就等于是说，指定一个人或一个由多人组成的集体来代表他们的人格，每一个人都承认授权与如此承当本身人格的人在有关公共和平或安全方面所采取的任何行为，或命令他人作出的行为，在这种行为中，大家都把自己的意志服从于他的意志，把自己的判断服从于他的判断"。① 这就是人们通过权力的相互转让而达成的契约，就是"活的上帝"，就是国家的诞生。经此，自然状态下的"人"的权力转换为国家状态下的"公民"的权利，而且国家还成为保障公民权利的力量。与古典共和主义公民身份理论相比较，现代的公民不再是亚里士多德意义上的政治动物和参与公共审判和司法事务的政治人，而主要是权利的拥有者，权利角色压倒性地构成现代公民的特征。随着洛克等自由主义思想家的阐释和充分发展，公民的权利属性日见具体和充实，权利要求亦更加坚固。

霍布斯的个人主义的自由主义②在理论上使自由主义公民身份走向权利之路，而资本主义则为自由主义公民身份的权利吁求提供了物

---

① ［英］霍布斯：《利维坦》，黎思复、黎廷弼译，商务印书馆 1985 年版，第 131 页。

② 安东尼·阿巴拉斯特把体现在霍布斯政治学说中的对个人的至高关注作为他对自由主义理论的重要贡献之一。Anthony Arblaster, *The Rise and Decline of Western Liberalism*, Oxford: Basil Blackwell, 1984, p. 136. 克劳福德·B. 麦克弗森在他的代表作中也有相同的观点。Crawford B. Macpherson, *The Political Theory of Possessive Individualism: Hobbes to Locke*, Oxford: Clarendon Press, 1962, p. 1.

质的推动力。

萌芽于14—15世纪，扩张于其后世代的资本主义为欧洲及整个人类带来了根本性的变革。历史学家斯塔夫里阿诺斯（L. S. Stavrianos）正确地指出，资本主义的出现是划时代的。它不仅影响了经济，还影响了人们的方方面面。① 其中就包括，它极其明显且深刻地促进了个人的独立性，以及自由主义公民身份的确立。我们虽然"不能武断地指出，如果资本主义市场经济和日益成长起来的资产阶级没有出现，现代自由主义公民身份就不可能发展"，但毫无疑问的是，资本主义"即使没有起到更多的作用，至少也有益于自由主义形式的公民身份的出现"。② 这种有益性至少体现在以下三个方面。

第一，资本主义"呼唤"出巨大的生产力，从而影响到社会结构的稳定，把个人从对领主和君主及行会组织的附属地位中解放出来，允许个人自由地发挥创造力，尽其所能地积累财富，由此生成了一个新的阶级——中产阶级。到17世纪末，西欧中产阶级已经成为具有影响力与自尊心的群体，这构成现代自由主义史的第一个伟大里程碑。③伴随中产阶级而来的是对个人权利和自由的向往和强调，每个人都可以基于自然的权利而运用理性去追求自己的合理利益。正如希特指出的那样，自由主义公民身份就"起源于个人权利的抽象"。④

第二，资本主义的急剧发展，使欧洲社会冲破了封建制度封闭和僵化的樊篱，社会的流动性更强，人与人之间的关系失去了昔日的道德和义务的基础。很显然，封建社会严密的等级制已经不能适应变化

---

① 参见［美］斯塔夫里阿诺斯《全球通史：从史前史到21世纪》（下），吴象婴等译，北京大学出版社2006年版，第393页。

② ［英］德里克·希特：《何谓公民身份》，郭忠华译，吉林出版集团有限责任公司2007年版，第4页。

③ 参见［美］弗里德里希·沃特金斯《西方政治传统——现代自由主义发展研究》，黄辉、杨健译，吉林人民出版社2001年版，第73页。

④ ［英］德里克·希特：《何谓公民身份》，郭忠华译，吉林出版集团有限责任公司2007年版，第5页。

了的社会经济现实，越来越常见的是"贵族与平民共同从事同样的事务，选择同样的职业，而更有意义的是，贵族与平民间通婚"①。阶级之间的相互渗透加剧了公民身份的平等化趋势，在此之后，公民就是其所是，彼此没有差别。

第三，资本主义的扩张本性要求建立统一、开放和自由的市场经济，破除封建制度对商品贸易的重重障碍，由此促进了民族国家的整合及个人对国家的认同。封建时代以同业行会的成员资格为表征的公民身份被新兴的没有边界的力量——市场——所否定，公民身份概念也开始越出条块分割、界线分明的城市范围而成为一种国家认同。希特把同业行会的公民身份看作是"地方性和碎片化的政治角色"，资本主义的发展破坏了它在民族国家中的作用，自由主义公民身份生于其中，并且顺乎自然地"与国家而不是城市联系在一起"。②

必须承认的事实是，资本主义与自由主义公民身份并非单向的作用过程，也并非仅有彼此促进的一面。自由主义公民身份的确立反过来促进了资本主义的发展，这尤其体现在公民对财产的重视和对财富的无限追求上，此待后言。另外，自由主义公民身份内涵的平等诉求也被由唯利是图的资本主义带来的经济不平等所撞击甚至淹没，结果就是"使法律意义上的地位不平等落实为事实上的不平等，而这种不平等纯粹是市场力量的结果，在市场中，劳动者是以'自由人'的身份存于其中"。③ 因此，自由主义公民身份与资本主义之间充满着矛盾。现状正如 20 世纪英国著名社会学家托马斯·马歇尔（Thomas Humphrey Marshall）所言，在 20 世纪，自由主义的公民身份与资本主

---

① ［法］托克维尔：《旧制度与大革命》，冯棠译，商务印书馆 1992 年版，第 124 页。
② ［英］德里克·希特：《何谓公民身份》，郭忠华译，吉林出版集团有限责任公司 2007 年版，第 6 页。
③ Bryan Turner, *Citizenship and Capitalism：The Debate over Reformism*, London：G. Allen & Unwin, 1986, p. 136.

义的阶级体系持续处于敌对状态之中。① 后文将表明，在当前社会现实中，自由主义公民身份受到内外双方面的批评，使得共和主义公民身份（特别是 20 世纪 50 年代以来复兴的共和主义公民身份）成为它的有效替代。

---

① T. H. Marshall, *Class*, *Citizenship*, *and Social Development*, Westport：Greenwood Press, 1964, p. 84.

第三章　共和主义公民身份的核心理论特质及其意义

　　第二章通过历史回溯对共和主义公民身份的普遍共识进行了初步概括，为总结和提炼共和主义公民身份的核心理论特质提供了材料上的支撑。然而正如第二章的叙述结构所揭示的，对共和主义公民身份的把握首先离不开对自由主义公民身份的认知，这不仅因为自由主义是当今政治哲学和实践领域的主流意识形态和主导话语体系，[①] 任何政治理念如果不放置于与自由主义的关联中加以辨识，就无法确定其在政治系谱中的位置和本质，更是因为 20 世纪 50 年代以来共和主义公民身份复兴的历史前提就是公民身份的自由主义解释模式的危机和社会现实的巨大变革。基于此，本章从分析自由主义公民身份入手，在比较中确定共和主义公民身份的三个核心理论特质，最后对它的价值意义进行说明。

第一节　自由主义公民身份

　　上文已经指出，自由主义公民身份不过是近代以来伴随自由主义

---

　　① 弗里德里希·沃特金斯甚至认为，自由主义是西方政治一切具有代表性传统的现代表现。整个西方的政治传统就是自由主义的发展历史，如果说自由主义无法生存，毋宁说西方政治传统也便宣告终结。可参见［美］弗里德里希·沃特金斯《西方政治传统——现代自由主义发展研究》，黄辉、杨健译，吉林人民出版社 2001 年版，第 1 页。

的确立和扩展而出现的公民身份的解释范式。它一开始就以自然权利和社会契约为理论基石。本节择取自由主义公民身份解释史上最具代表性的三名思想家：洛克、T. H. 马歇尔和罗尔斯，在对他们的公民身份主张的剖析与阐发的过程中，抽取自由主义公民身份的核心理念。之所以如此行文，主要是因为洛克的财产权公民身份第一次彻底地把公民身份的关注点集中在权利概念上，而且还不同于霍布斯式的自然权利，它更进一步，确立了权利在公民身份中的重要的甚至是核心的地位。T. H. 马歇尔则总结了时至 20 世纪 50 年代英国公民身份的权利发展史，形塑了此后自由主义公民身份的支持者与批评者和反对者讨论与交锋的话语形式。罗尔斯的平等权利的公民身份理论则承袭了洛克一脉的自由主义权利面向的传统。但基于当代的宪政民主社会事实和他本人的理论关怀，罗尔斯还特别强调权利的平等，尤其是在由社会合作产生的利益之分配方面的权利平等。本书将表明，自由主义公民身份由于把公民权利置于关键位置，更适应当下社会公共领域衰退而私人领域勃发的处境。也正由于此，自由主义公民身份遭到复兴的共和主义公民身份的猛烈抨击，后者试图努力重构式地再现古典共和主义公民身份的核心理念，为现代社会的私人化和碎片化症状提供另一种可能的"药方"。

一　洛克的财产权公民身份①

对财产权的重视是自资本主义经济因素萌芽以来思想家就予以注意的。马基雅维里一贯主张，谨慎精明的统治者不应该占有臣民的财产，因为这会引起他们的记恨，甚至反抗。18 世纪的洛克对财产权的强调更是不遗余力。他甚至自诩："就我所见，对财产最为浅显明白的解释，莫过于那本题为《政府论两篇》的书。"② 乔治·萨拜因指

---

① 若如无特别说明，本节使用的"公民身份"皆指自由主义公民身份。

② ［英］彼得·拉斯莱特：《洛克〈政府论〉导论》，冯克利译，生活·读书·新知三联书店 2007 年版，第 3 页。

出，洛克整个政治哲学的基础就是财产权理论。施特劳斯在《自然权利与历史》中也明确说，洛克政治学说中最核心和最具特色的部分，就是他的财产学说。回到洛克《政府论》文本本身，我们可以发现，他对财产权的论证围绕三个问题展开：财产权从哪里来；财产权是什么；如何保障财产权。洛克经过层层递进的论证得出结论，个体作为财产权的主体和拥有者，在自然状态中，财产权是人的自然权利的典型表现，而在公民社会中，财产权则是人的公民权利的典型和核心特质。"洛克的财产权理论解释了自然状态到公民社会的过渡的必然性"，① 洛克关于公民身份的独特主张正体现在他的财产权理论上。

洛克认为，自然状态是理解财产权从哪里来的前提和逻辑起点。财产权是个人对财产的一种权利，它至少应该与自然状态中的人类同时出现。洛克作为虔诚的基督徒，他把人类和财产的起源归之于全能的创世主，是上帝创造了人类和世界。洛克说："上帝既创造人类，便在他身上，如同在其他一切动物身上一样，扎下了一种强烈的自我保存的愿望，也在这世界上准备了适于人类衣食和其他生活必需的东西……人类根据上帝的旨意和特许就已经有了使用万物的权利……人类对于万物的'财产权'是基于他所具有的可以利用那些为他生存所必需，或对他的生存有用处之物的权利。"② 洛克财产权的第一任务并非是为财产权的私有性论证，而是首先确立财产权的正当来源，这种财产权可以称为共有财产权或者公共财产权。上帝直接把它赐予有理性的人类，为人类共同保有，而不是给予某一个人。"土地和其中的一切，都是给人类用来维持他们的生存和舒适生活的。土地上所有自然生产的果实和它所养活的兽类，既是自然自发地生产的，就是归人类所共有，而没有人对于这种处在自然状态中的东西原来就具有排斥其余人类的私人所有权。"③ 所以，在自然状态中，根据上帝的旨意，

<hr />

① ［美］列奥·施特劳斯、约瑟夫·克罗波西主编：《政治哲学史》（下），李天然等译，河北人民出版社1993年版，第571页。

② ［英］洛克：《政府论》（上篇），叶启芳、瞿菊农译，商务印书馆1982年版，第74页。

③ 同上书，第17页。

人人都是共有财产权的平等所有者，每个个体具有独立和平等存在的价值和意义。而这样的自然状态是"完备无缺的"，是"平等的"，人们无须得到另外任何人的许可或听从于他人的意志，而且，"在这种状态中，一切权力和管辖权都是相互的，没有一个人享有多于别人的权力。极为明显，同种和同等的人们既毫无差别地生来就享有自然的一切同样的有利条件，能够运用相同的身心能力，就应该人人平等，不存在从属或受制关系"。① 然而必须承认的是，从现代财产权观念来说，洛克的共有财产权其实是无财产权。因为它未涉及财产权应该具有的独占性、排他性和完整收益性，必然导致共有财产的荒废。洛克的共有财产权与其说提供了一种财产权理论，毋宁说是为了当时英国内战的革命需要和反对对立者而采取的权宜之计。因为洛克在更为重要的《政府论》下篇中着重谈到了私有财产权，并给出了合乎逻辑的必要性和合法性证明，用以论证从共有财产权过渡到私有财产权的必然性。

私有财产权之必要性在于财产本身的目的性。洛克告诉我们，上帝把万物给予有理性的人类就是"让他们为了生活和便利的最大好处而加以利用"，就是"为了他们的利益，为了使他们尽可能从它获得生活的最大便利"。② 那么如何完成上帝设定的这一目的呢？亦即如何最大程度地发挥财产本身的功用呢？洛克认为有必要对共有财产进行改变，以符合人类的需要。他说，共有财产"既是给人类使用的，那就必然要通过某种拨归私有的方式，然后才能对于某一个人有用处或者有好处"。③ 在洛克看来，财产权只有落实为"你的""我的"权利，才能达致上帝的意旨和财产的本来目的。在自然状态中，财产的私人占有是按照上帝的旨意，即自然法进行的，它成为个人的自然权利，也成为先于公民社会的存在。人类放弃自然状态而形成公民社会

---

① ［英］洛克：《政府论》（上篇），瞿菊农、叶启芳译，商务印书馆1982年版，第3页。
② 同上书，第17、21页。
③ ［英］洛克：《政府论》（下篇），叶启芳、瞿菊农译，商务印书馆1964年版，第17—18页。

的目的也就是为了保全和维护他们在自然状态下取得的财产。

　　每个人都拥有占有一切对他有用的东西的自然权利，所以财产私有权就必须得到限制。洛克强调："同一自然法，以这种方式给我们财产权，同时也对这种财产加以限制。"① 如果强行占有别人已经占有的东西，就违背了自然法。从这里开始，洛克给出了私有财产权的合法性之证明。在洛克那里，唯一正当地占有共有财产的方式是劳动，它也是唯一与自然权利相符合的财产私有的资格。"只要他使任何东西脱离自然所提供的和那个东西所处的状态，他就已经掺进他的劳动，在这上面参加他自己所有的某些东西，因而使它成为他的财产。"② 而人之所以能够凭借劳动占有共有财产，完全是因为劳动以及它的承载者是每个人私有的，是不包括在人类共有的财产之中的。洛克说得明白："每人对他自己的人身享有一种所有权，除他以外任何人都没有这种权利"，"劳动是劳动者的无可争议的所有物"。③ 通过确立个体对自己的所有权，洛克找到了私有财产权合法性说明的关键所在。

　　从洛克对私有财产权必要性和合法性的论证中可以看出：第一，私有财产权是先于公民社会而存在的；第二，劳动是证成私有财产权的关键环节和中介。由此，财产的创始人是个人，而不是社会。个人的财产权也就成为贯穿自然状态和公民社会的永恒权利。继霍布斯之后，洛克再一次把个人置于政治生活的中心。但不可否认的是，在自然状态中，"勤劳和有理性的人们"与"好事吵闹和纷争的人们"在私有财产权方面是不平等的。洛克说："不同程度的勤劳会给人们以不同数量的财产"，而货币的使用则"给了他们以继续积累和扩大他们的财产的机会"，④ 不平等随之出现。最后，正如安东尼·阿巴拉斯特所言，洛克既关注普遍的个人的权利，又捍卫整体上不平等的财产

---

① ［英］洛克：《政府论》（下篇），叶启芳、瞿菊农译，商务印书馆1964年版，第20页。
② 同上书，第18页。
③ 同上。
④ 同上书，第30页。

权，他从平等主义的前提出发反而得出了反平等主义的结论。① 如此
这般，人类脱离自然状态进入公民社会，就不太可能全都是出于保护
财产的动机，因为无产者显然没有财产需要保护。那么，人们还会基
于什么考虑而同意放弃自然权利，组成公民社会，以保障他们彼此的
安定生活呢？这不得不转向对财产权是什么的讨论。很明显，它不应
该仅仅包括物质的和不动的地产或者可增值的财产。

　　洛克研究者彼得·拉斯莱特（Peter Laslett）正确地指出，洛克对
财产起源的说明，并没有打算用来涵盖这一概念的全部含义。② 参见
洛克在《政府论》下篇多次明确提到，他称为财产的东西包括人们的
"生命、特权和地产"。③ 而自然状态在保护它们方面存在种种不合适
的地方或者不便之处，公民社会的原初目的就是为了避免并补救之。
因此，"人们联合成为国家和置身于政府之下的重大的和主要的目的，
是保护他们的财产"，也"是为了人们的和平，安全和公众福利"，④
一句话，保护他们的权利。除此之外，国家或政府别无目的。拉斯莱
特认为，除了在《政府论》（下篇）"论财产"一章以及清楚表明财
产是指物质拥有的地方以外，洛克文本中的"财产"一词都要从上述
含义中解读。⑤ 据此，我们可以合理地认为，洛克是在广义和狭义两
个层面上使用"财产权"。唯有此，我们才能排除以下似是而非的结
论：国家或政府的存在是为了财产所有者而不是为了所有人。因为生
命和自由是所有人都必需的，而它们恰被涵括在"财产权"中。正是
洛克在近代自由主义史上第一次把"生命、自由和财产"作为一种

　　① Anthony Arblaster, *The Rise and Decline of Western Liberalism*, Oxford: Basil Blackwell, 1984, p. 164.

　　② 参见 ［英］彼得·拉斯莱特《洛克〈政府论〉导论》，冯克利译，生活·读书·新知三联书店 2007 年版，第 130—131 页。国内学者梅雪芹也总结出洛克关于"财产"的诸多含义，具体可参见梅雪芹《关于约翰·洛克"财产"概念的一点看法》，《世界历史》1994 年第 4 期；梅雪芹《论约翰·洛克的财产观》，《北京师范大学学报》（社会科学版）1997 年第 1 期。

　　③ 参见 ［英］洛克《政府论》（下篇），叶启芳、瞿菊农译，商务印书馆 1964 年版，第 4、36、37、52、77、80 页等处。

　　④ 同上书，第 77、80 页。

　　⑤ ［英］彼得·拉斯莱特：《洛克〈政府论〉导论》，冯克利译，生活·读书·新知三联书店 2007 年版，第 131 页。

"权利"排列成为一种标准句式。① 随后，美国的《独立宣言》把它应用为"生命权、自由和追求幸福的权利"，而法国的《人权宣言》明确宣布："任何政治结合的目的都在于保存人的自然的和不可动摇的权利。这些权利就是自由、财产、安全和反抗压迫。"权利成为公民身份的本质特征和核心追求。

洛克财产权理论不仅提供了公民身份的权利属性，而且还提供了公民身份的法律属性。这一点集中在他关于如何保障财产权的主张上。当人们尚在自然状态中时，自然法作为上帝意志的直接体现，支配着个体关于财产的共有和私有，成为人人必须遵守的最高准则。自然法给人们规定了两个义务：保存自己和保存他人。洛克说："基于根本的自然法，人应该尽量地保卫自己，而如果不能保卫全体，则应优先保卫无辜的人的安全。一个人可以毁灭向他宣战或对他的生命怀有敌意的人。"② 自己的生命、自由和财产，一句话，自己的所有物，即个人的自然权利都在自然法的保护之列。在这一点上，人人都是平等和独立的存在，没有隶属关系，每个人都有权惩罚违反自然法的人。保存他人与保存自己处于洛克自然法义务的同一层次，具有相同的重要性。"正因为每一个人必须保存自己，不能擅自改变他的地位，所以基于同样理由，当他保存自身不成问题时，他就应该尽其所能保存其余的人类，而除非为了惩罚一个罪犯，不应该夺取或损害另一个人的生命以及一切有助于保存另一个人的生命、自由、健康、肢体或物品的事物。"③ 上帝创造了人类，保存他人就是履行保护上帝的财产的义务。保存自己与保存他人之间具有紧密关系。

然而在自然状态中，总是有人不受共同的理性法则，即自然法的约束，企图将他人置于自己绝对的和任意的权力之下。他们"既已绝灭理性——上帝赐给人类的共同准则——以他对另一个人所施加的不

---

① Quentin Skinner, *Liberal before Liberalism*, Cambridge：Cambridge University Press, 2001, p. 2.

② ［英］洛克：《政府论》（下篇），叶启芳、瞿菊农译，商务印书馆1964年版，第11页。

③ 同上书，第4—5页。

义暴力和残杀而向全人类宣战，因而可以当作狮子和老虎加以毁灭，当作人类不能与之共处和不能有安全保障的一种野兽加以毁灭"，① 这是每个人基于平等的自然权利所拥有的自由。此类场景虽然不似霍布斯笔下的"每个人对每个人的战争"那般恐怖与可憎，但也是混乱和随便的。洛克因此也获得了"隐藏着的霍布斯"的名声。② 避免这种不便，就成为人类组成公民社会的重要原因。

伴随着人类从自然状态进入公民社会，自然的自由就转换为公民的自由。财产权在公民社会中不是被取消了，而是一如在自然状态中那样，是平等的个人的所有物，并且保有和管理财产成为人们进入公民社会的目的。洛克认为，实现这个目的的有效工具和手段就是"那个社会所制定的法律"。公民社会中，除经国家的法律以外，公民权利不受任何力量的支配，人们只服从法律。洛克坚持"每一个个人和其他最微贱的人都平等地受制于那些他们自己作为立法机关的一部分所订定的法律。法律一经制定，任何人也不能凭他自己的权威逃避法律的制裁；也不能以地位优越为借口，放任自己或任何下属胡作非为，而要求免受法律的制裁。公民社会中的任何人都是不能免受它的法律的制裁的"。③ 总之，正如洛克对财产权利理论的论证过程显示的那样，权利不容置疑地被当作是公民社会公民身份的核心追求和本质特征。公民社会正当性的最终来源就是对包括生命、自由和财产在内的公民权利的保障。在洛克的话语世界中，权利成为自由的关键要素，甚至成为自由的根本体现。无权利，即无自由，而洛克理解的"自由并非意味着对公众生活的参与，而是意味着个人的独立、自主——'不要屈从于其他人的反复无常、难以确定和无从知晓的武断意志'。保护自由必须要保证涉及私人生活和个人问题的领域——包括家庭关

---

① ［英］洛克：《政府论》（下篇），叶启芳、瞿菊农译，商务印书馆1964年版，第7页。
② 应该看到，与霍布斯一样，洛克对自然状态的描述同样是一种规定性描述，而非一种历史描述。
③ ［英］洛克：《政府论》（下篇），叶启芳、瞿菊农译，商务印书馆1964年版，第58页。

系、宗教意愿、经济活动——不受国家的干预"。① 公民社会中公民的独立自主又依赖于财产权的获得和维持。只有私有财产权才能赋予公民独立于国家，甚至反抗国家侵犯的能力。对此，意大利学者拉吉多有很深刻的论说。他指出："财产权是个人的天赋人权，独立于国家之外，因为它代表着个人最直接的活动领域，没有这个活动领域，个人的正式独立与自由将完全空洞无物。只有当人成为财产的所有者，他才能自给自足，才有能力抵制其他个人或国家对他的侵犯。"② 把私有财产权作为公民独立自主能力的体现，不能不说是洛克的高明之处。他完全扭转了公民自由的推演方向，放弃了共和主义者以及17世纪英国平等派的理论主张，并不认为公民自由只能在政治参与中获得，而是相反，把政治参与作为公民自由可有可无的一个条件。即使有，也只是最低限度的纳税、积极工作等内容。此后，无论自由主义思想家关于公民身份的言说如何改变和扩充，权利始终都是公民身份的核心特质。这不能不归功于约翰·洛克。

二 T. H. 马歇尔的三维公民身份

1949年，英国社会学家T. H. 马歇尔在剑桥大学的阿尔弗莱德·马歇尔（Alfred Marshall）年度讲座上发表了著名的影响至今的关于公民身份的演讲。他的这篇名为《公民身份与社会阶级》（Citizenship and Social Class）的文章被视为"对二战后作为权利的公民身份概念最有影响力的阐释"，是"战后的正统观念"。③ 马歇尔对英国公民身份演进历史的勾画和公民身份权利的研究，引发了大量和广泛的支持与批评。围绕马歇尔公民身份理论的研究文献在数量上远远超过马歇尔本人的文献。当代西方公民身份研究专家安东尼·里斯（Anthony

---

① ［美］埃里克·方纳：《美国自由的故事》，王希译，商务印书馆2002年版，第30页。
② ［意］圭多·德·拉吉多：《欧洲自由主义史》，R. G. 柯林伍德 英译，杨军译，吉林人民出版社2001年版，第25页。
③ Will Kymlicka and Wayne Norman, "Return of the Citizen: A Survey of Recent Work on Citizenship Theory", *Ethics*, Vol. 104, No. 2, 1994.

Ress）正确地评价道：在第二次世界大战后，马歇尔基本上独立复兴
了公民身份的概念，他的观点（在英国）也逐渐被接受为唯一可行的
解释。①

　　马歇尔认为，公民身份就是共同体中地位平等的成员所享有的一
个庞大的权利体系。这个权利体系具有辨别成员是否是公民的重大作
用。他说："所有人要求享受（文明生活的）条件的权利就是要求被
承认具有分享社会遗产的权利，反过来也就是要求被接纳为社会的正
式成员（full members）的权利，即成为公民的权利。"② 按照历史演
进的顺序，公民身份的权利内容分为三种，每一种都包括具体的权利
要求以及与之相适应的制度。最先在 18 世纪发展起来的是公民权利
（civic rights，也可译为市民权利、法律权利），它由个人自由所必需的
权利组成，包括人身自由，言论、思想和信仰自由，拥有财产和订立
有效契约的权利以及司法权利。它通过法院和审判制度得到保障。政
治权利（political rights）的发展主要在 19 世纪，它是公民作为政治权
力实体成员参与行使政治权力的权利，即选举权、被选举权以及参与
政府的权利。与之相适应的制度是以竞争性政党为主导的议会。第三
种权利是 20 世纪发展起来的社会权利（social rights），主要是指从某
种程度的经济福利与安全到充分享有社会遗产并依据社会通行标准享
受文明生活的权利等一系列权利。其中包括失业救济，享受健康保险
与公共教育等。社会权利在福利国家中被制度化。③

　　可见，马歇尔对公民身份的三种权利问题持有一种进化论的观
点。它们与资本主义经济结构和社会制度的演化进程相一致。他认为，
公民权利的形成最早可以追溯到《人身保护状》（Habeas Corpus）、
《宽容法案》（Toleration Act）和书报出版检查制度的废弃，还包括

---

① Anthony Ress, "T. H. Marshall and the Progress of Citizenship", *Citizenship Today：The Contemporary Relevance of T. H. Marshall*, London：Routledge, 1996, pp. 1-23.

② T. H. Marshall, *Class, Citizenship, and Social Development*, Westport：Greenwood Press, 1964, pp. 69-70.

③ Ibid. , pp. 71-72.

《天主教徒解放令》（*Catholic Emancipation*）和结社法案（Combination Acts）的撤销。这个时期可以更加准确地概括为"从光荣革命到第一次《改革法案》（*Reform Act*）时期"。① 18 世纪，公民权利在经济领域的基本表现就是工作的权利，即根据意愿自由选择职业的权利。这是个人自由的直接表现。到 19 世纪初期，"个人经济自由的原则就已经被当作是一项不证自明的公理被人们接受"。② 马歇尔总结道：公民权利形成时期的历史就是"向已有的公民身份中渐次增添新的权利的历史"。③

对于政治权利发展的历史，马歇尔认为它在时间和特征两个方面与公民权利的发展历史有所不同。首先，18 世纪公民权利的充分发展是政治权利获得普遍性享有的正当性前提，因为政治权利最初的意义就在于它在更大范围内授予人们权利。其次，马歇尔强调说，如果坚持认为"19 世纪时以公民权利（civil rights）为形式出现的公民身份是普遍的话，那么，政治选举权（political franchise）就不是公民身份的一种权利"。④ 因为，选举权还只是被局限在有限的拥有财产的阶级手中。直到 20 世纪，公民身份的政治权利才普及到所有成年男性和成年女性，由经济差异导致的政治不平等才最终被废除。公民身份的实践演进过程反映到马歇尔的三维公民身份理论当中就是，政治权利与社会权利存在着相当大程度的重叠。19 世纪末期，社会权利已经在公民身份中占有了一席之地。

在马歇尔看来，社会权利的最初形式是地方性共同体和功能性组织的成员资格，后来得到《济贫法》（*The Poor Law*）和工资管制体系的补充，最终被后者取代。然而，工资管制的政策实践与体现个人自由精神的契约原则相违背而崩溃，《济贫法》则把市场失败者——穷

---

① T. H. Marshall, *Class*, *Citizenship*, *and Social Development*, Westport: Greenwood Press, 1964, p. 74.

② Ibid., p. 76.

③ Ibid.

④ Ibid., p. 78.

人——的权利看作是对公民权利的"替代"。"（它）不认为穷人的权利是公民权利的内在部分，而是把穷人的权利看作是公民权利的替代，只有当穷人不再是任何真正意义上的公民时才会满足他们的要求。穷人因为被拘禁在救济院而实际上丧失了个人自由的公民权利，而且还会丧失他们可能拥有的法律和政治权利……接受救济的人就是走上了脱离公民共同体加入流浪者团体的人。"① 它最终导致社会权利与公民身份分离的现实。如果就接受公共教育的权利而言，马歇尔认为，"教育是公民自由的必要前提要件"。② 到 19 世纪末期，教育已经成为一项强制性政策，这符合马歇尔关于社会权利的理论目的。因为，社会的良好运转离不开大量受过教育的选民、工人和技师等，提高和教育自己不仅仅是个人的责任，而且还成为社会的责任。马歇尔最后说："19 世纪公共基础教育发展的结果就是，我们迈上了 20 世纪公民身份的社会权利重塑之路上的关键性第一步。"③

在这三种权利中，马歇尔着重谈论的是社会权利，并把它作为公民权利和政治权利的支柱。18 世纪的公民权利和 19 世纪的政治权利确立的仅仅是原则上的公民平等，而没有落实为实质的平等，这要"归咎于社会权利的不在场"。马歇尔说："如果你向一个一无所有的人解释说，他的财产权利与百万富翁的财产权利一样重要，他很可能认为你在痴人说梦。同样的，如果没有接受过教育，言论自由的权利也基本上空洞无物，一来你说不出有价值的东西，二来就算你能说，也不会使人明白。"④ 而 20 世纪的社会权利却在改变社会不平等方面贡献卓著，它给公民身份的平等原则带来了意义深远的转折。"之前被少数人专享的文明的和有教养的的生活内容越来越扩及更多的人，他们也因此被鼓励去寻求更多超出其控制能力之外的东西。至少在社

---

① T. H. Marshall, *Class, Citizenship, and Social Development*, Westport: Greenwood Press, 1964, pp. 80-81.

② Ibid. , p. 82.

③ Ibid. .

④ Ibid. , p. 88.

会福利的要素方面，不平等的减少加强了废除它的意愿。"① 社会权利与公民身份的结合，或者通过社会权利，公民身份的平等原则日益冲击着社会不平等的现实。社会权利也"不再仅仅试图减弱社会最低层由于穷困而带来的明显痛苦感。它开始采取行动修正社会中的整体不平等模式。它不再满足于只是改善作为社会大厦基础的底层而不顾上层建筑。它着力于重建整个社会大厦，即使以低矮的平房取代摩天大楼为结局也毫不含糊"。②

同时，马歇尔的三维公民身份理论并未局限在权利主题上，他也多次提到义务与权利的平等占有。他说："如果公民身份涉及权利的保护，那么就不能忽略与之相应的义务问题。"③ 福利国家政策即是明证。它助长了懒惰与冷漠，权利与义务的分裂增加了而不是减少了社会的不平等。马歇尔所说的义务与洛克的基本一致，都未涉及参与公共生活的义务。总体上看，马歇尔主张的公民身份仍然是消极的公民身份，强调个人对共同体的权利与地位，以至于公民身份的权利给"国家主权当局施加了某些限制"，实际上变成"国家对其成员应尽的责任"。④

必须注意到，马歇尔三维公民身份理论的实践隐藏着对国家的依赖。公民权利、政治权利与社会权利无一例外地全部产生于现代国家，尤其是民族国家确定了主权的唯一性和不可分割性，国家的领土构成公民公共活动和私人活动的场所，领土边界随即成为公民权利施展的界限。马歇尔公民身份理论的时代背景即是 20 世纪 50 年代之前共享着共同社会遗产和文明方式的英国（确切地说是大不列颠，因为他的理论并未触及北爱尔兰的公民身份实践），这使得他的公民身份理论面对着两个紧迫的挑战：全球性因素和现代社会"理性多元论事实"

---

① T. H. Marshall, *Class*, *Citizenship*, *and Social Development*, Westport: Greenwood Press, 1964, p. 96.

② Ibid., pp. 96-97.

③ Ibid., p. 112.

④ ［澳］巴巴利特：《公民资格》，谈谷铮译，台湾桂冠图书公司 1991 年版，第 25 页。

（the fact of reasonable pluralism）。就前者而言，英国学者齐格蒙特·鲍曼（Zygmunt Bauman）认为，当今时代的社会权利已经完全不可能在民族国家范围内解决，因此，马歇尔的三维公民身份“只有被提升到全球层面才可能继续存在。无论一个国家或一种国家联合体有多么丰富的资源，它都不可能单独确保社会权利的未来，从而也就间接地不能确保权利三维体中另外两种权利的未来”。① 就后者而言，约翰·罗尔斯（John Rawls）在《政治自由主义》中深刻指出，“现代民主社会不仅具有一种完备性宗教学说、哲学学说和道德学说之多元化特征，而且具有一种互不相容然而却又合乎理性的诸完备性学说之多元化特征……多元性，乃是立宪民主政体之自由制度框架内人类理性实践的正常结果”。② 尤为重要的是，诸完备性学说之多元性存在“不是一种可以很快消失的纯历史状态，它是民主社会公共文化的一个永久特征……各种相互冲突、互不和谐的——而更多的又是合乎理性的——完备性学说的多样性，并将长期存在”。③ 如果要使公民仅仅认同其中一种完备性学说（comprehensive doctrine），那么，“压迫性地使用国家权力就是必需的”。④ 而这显然又与现代民主社会的自由和平等价值理念不相容。因此，必须对在理性多元的现代社会中如何继续发展并完善公民身份做出回答。当代伟大的政治哲学家罗尔斯对此做了大量富有成效的工作。

三 罗尔斯的平等权利的公民身份

罗尔斯在 1971 年出版的《正义论》中很少提到“公民”（citizen）

---

① ［英］齐格蒙特·鲍曼：《免于国家干预的自由、在国家中的自由和通过国家获得的自由：重探 T. H. 马歇尔的权利三维体》，载郭忠华、刘训练编《公民身份与社会阶级》，江苏人民出版社 2007 年版，第 245 页。公民身份的全球性扩展，即超国家层次的公民身份是另一个复杂的研究课题。它与亚国家层次的公民身份，即各种公共服务部门或者第三部门的公民身份又相互勾连。这已经超出了本书所能容纳的范围。
② ［美］约翰·罗尔斯：《政治自由主义》，万俊人译，译林出版社 2000 年版，导论第 4 页。
③ 同上书，第 37 页。
④ 同上书，第 38 页。

一词，而是更多地使用"人"（person）、"人类存在物"（human beings）与"各方"（parties）等表征社会主体的普遍性词语。其中原因正如他在1993年发表的《政治自由主义》一书中承认的，在《正义论》中，一种普遍性的道德正义学说没有与一种严格的政治正义观念区别开来。换言之，《正义论》遵循康德式的道德建构主义方法（moral constructivism），处理的是道德层面的正义学说，为宪政民主制度作道德上的论证与说明，提供现代社会最恰当的哲学基础。①《政治自由主义》则与之相殊。它的主要问题是，一个由信奉诸种互不相容然而却又合乎理性的完备性学说（包括宗教的、哲学的和道德的）的自由而平等的公民所组成的社会，即在一个理性多元论的事实社会内，它的稳定性和公正性何以维持，长治久安的根本保障又在哪里。罗尔斯认为，这"是一个政治的正义问题，而不是一个关于至善的问题"。②与理论处理对象的根本转换相一致，理论讨论的主体也从拥有道德人格且具备充分道德行为能力的个人（person）转换为享受着"公民身份之政治权利和政治义务"的自由而平等的公民（citizen）。罗尔斯使用的主词虽然发生了变化，但无论是"康德式的个人观念的"自我，抑或是"政治的个人观念的"自我，都只有实践化为现代民主社会的公民才有意义。这不仅符合罗尔斯正义原则的社会背景，也符合罗尔斯正义原则的理论目的。罗尔斯对于公民权利的论述，主要体现在他对两个正义原则的规定中。

罗尔斯在《正义论》的开篇明确地说："正义是社会制度的首要德性，正像真理是思想体系的首要德性一样。一种理论，无论它多么精致和简洁，只要它不真实，就必须加以拒绝或修正；同样，某些法律和制度，不管它们如何有效率和安排有序，只要它们不正义，就必

---

① 哈贝马斯在一篇文章中亦作此解释。他认为，罗尔斯成功恢复了在哲学讨论中长期被压制乃至被忽视的道德问题，使他的《正义论》成为当代实践哲学发展史上的一个轴心式的转折点。Jürgen Habermas, "Reconciliation Through the Public Use of Reason: Remarks on John Rawls's Political Liberalism", *The Journal of Philosophy*, Vol. 92, No. 3, 1995.

② ［美］约翰·罗尔斯：《政治自由主义》，万俊人译，译林出版社2000年版，第13页。

须加以改造或废除。每个人都拥有一种基于正义的不可侵犯性，这种不可侵犯性即使以整个社会的福利之名也不能逾越。因此，正义否认为了一些人分享更大利益而剥夺另一些人的自由是正当的，不承认许多人享受的较大利益能绰绰有余地补偿强加于少数人的牺牲。所以，在一个正义的社会里，平等公民的各种自由是确定不移的，由正义所保障的权利绝不受制于政治的交易或社会利益的权衡。"① 罗尔斯的这段话指明了他的正义观的目的在于保障自由平等公民的确定不移的权利（rights）。在诸种基本善的考量中，权利由于正义的首要性，而具有优先性。这意味着，权利既先在于又独立于其他善，它是其他善的规导。中国学者龚群就此认为，罗尔斯正义观的核心内涵就是神圣不可侵犯的权利。而且，在罗尔斯的理论中，"权利"与"自由平等"是一对相互限定的概念，权利通过自由平等彰显，自由平等又是权利的基本要件。一种制度是否符合正义的德性，就在于它是否体现了公民自由平等的权利。② 罗尔斯与自由主义前辈（尤指洛克、康德等权利取向的自由主义）相一致的地方在于，他继续主张权利的优先性和至上性，不过他是在对有关正义的两个原则的规定中完成的。这两个正义原则描绘了罗尔斯在自由主义谱系中的平等自由主义者的理论形象。

从罗尔斯在《正义论》的开篇文字中可以看出，正义的首要主题就是社会的基本结构（the basic structure of society），或者更准确地说，"是社会主要制度分配基本权利和义务，决定由社会合作产生的利益之划分的方式"。③ 而社会的主要制度就是政治宪法以及主要的经济和社会方面的安排。罗尔斯在《政治自由主义》中更明确地说明，社会基本结构是指"社会的主要政治制度、社会制度和经济制度，以及它

---

① ［美］约翰·罗尔斯：《正义论》（修订版），何怀宏、何包钢、廖申白译，中国社会科学出版社2009年版，第3页。

② 龚群：《罗尔斯政治哲学》，商务印书馆2006年版，第2页。

③ ［美］约翰·罗尔斯：《正义论》（修订版），何怀宏、何包钢、廖申白译，中国社会科学出版社2009年版，第6页。

们是如何融合为一个世代相传的社会合作之统一化系统的"。① 罗尔斯的正义观念即是要为整个社会提供根本性的道德合法性论证。当然，这个社会是立宪民主社会，而不是他在《万民法》中归纳的"合宜的社会"（decent society）。

罗尔斯在《正义论》第十一节以"暂时的形式"规定了他的两个正义原则，之后在第四十六节给出了全面陈述。第一个原则：每个人对与所有人所拥有的最广泛平等的基本自由体系相容的类似自由体系都应有一种平等的权利。第二个原则：社会和经济的不平等应这样安排，使它们：①在与正义的储存原则一致的情况下，适合于最少受惠者的最大利益；②依系于在机会公平平等的条件下职务和地位向所有人开放。② 有必要对比提出他在《政治自由主义》中对第一个原则的重大修改，即从"最广泛平等的基本自由体系"（the most extensive total system）改为"完全充分的平等的基本自由体系"（fully adequate scheme of equal basic liberties）。罗尔斯在这里接受 H. L. A. 哈特（H. L. A. Hart）的建议，认为"完全充分"比"最广泛"更能适应全体公民，从而也就更切合平等的基本自由的社会目的。③

两个正义原则的第一个原则是平等的自由原则。它的目的是保障所有公民基本的自由和权利。按照罗尔斯的描述，基本自由至少包括五个方面：政治上的自由与言论、集会自由，比如参加选举和担任公职的权利；良心自由和思想自由；个人自由，包括免除心理的恐惧、身体的攻击以及个人完整性被肢解的自由；拥有个人财产的权利；按照法治的规定不受任意逮捕和没收财产的自由。对所有公民来说，这

---

① ［美］约翰·罗尔斯：《政治自由主义》，万俊人译，译林出版社 2000 年版，第 11—12 页。

② ［美］约翰·罗尔斯：《正义论》（修订版），何怀宏、何包钢、廖申白译，中国社会科学出版社 2009 年版，第 237 页。

③ ［美］约翰·罗尔斯：《政治自由主义》，万俊人译，译林出版社 2000 年版，第 8 讲之第 1 节和第 8 节。

些自由都是平等的权利。① 它们不受制于任何社会的或经济利益的权衡，对它们的侵犯不能由更多的社会和经济利益的获得来作为补偿或者得到辩护。这些自由是确定不移的，是正义的社会中所有公民平等拥有的权利。在平等的自由原则中，罗尔斯明显与洛克的权利取向的自由主义一脉相承，主张的都是消极权利，尽管其中也有积极的权利内容，如参与政府的权利和进入政治生活的权利。但正如罗尔斯所说，"在现代民主社会中，持续而积极地参与公共生活在大多数公民的（完全的）善观念中并不占有重要的地位，而且可能也确实有理由不占有重要的地位。在现代的民主社会中，政治不是生活的中心"。② 因此，政治参与的自由权利并没有内在价值，"我们决不可为了自由和平等地参与政治事务的自由而牺牲思想和良心的自由、个人和公民的自由"。③

第二个正义原则由两部分组成，首先是差别原则，其次是机会平等原则。它适用于现实的社会和经济利益的分配，尤其是收入和财富的分配，还涉及社会公共职位以及进入公共职位的机会的分配。罗尔斯关于社会和经济利益的分配主张根本不同于洛克式的自由主义主张，他给财产权利加了限制。罗尔斯认为，收入和财富尽管不可能实现平等分配，但应该符合每一个人的利益，尤其是社会最不利者的利益。也就是说，只有一种不平等是正义的，是可以接受的，即这种不平等会使每一个人获益，特别是那些社会最少受惠者。罗尔斯说："此种不平等必须对这一结构确定的每个有关代表人都是合理的，如果他持续关注这种不平等，他宁愿在他的前程中有这种不平等存在而

① 托马斯·博格认为，出于简洁的考虑，罗尔斯从未精确地在基本权利（basic rights）和基本自由（basic liberties）之间做出区分，二者是同义的。他经常只使用基本自由或者基本权利。Thomas Pogge, *John Rawls: His Life and Theory of Justice*, New York: Oxford University Press, 2007, p. 82. 在一定意义上说，自由与权利的意涵是相通的。

② ［美］约翰·罗尔斯：《作为公平的正义——正义新论》，姚大志译，中国社会科学出版社2011年版，第173页。

③ ［美］约翰·罗尔斯：《正义论》（修订版），何怀宏、何包钢、廖申白译，中国社会科学出版社2009年版，第158页。

不是没有它。我们不能根据处在某一地位的人们的较大利益超过了处在另一地位的人们的损失额而证明收入或权威性地位或责任性地位方面的差别是正义的，更不能说对自由的侵犯可以通过这种方式来抵消。"① 罗尔斯的差别原则最鲜明体现了他的平等思想特征。差别原则不仅构成正义社会中财富不平等分配的底线，而且，由它所适应的不平等还包括正义社会（也就是秩序良好的社会）的公民终其一生对基本善（primary goods）的差别性期望。② 基本善的享有份额是罗尔斯识别社会最不利者的标准。对秩序良好的社会而言，社会最不利者就是指那些"拥有最低期望的收入阶层（income class）"。③ 因而，不平等的分配模式要得到正义之名，就必须充分照顾社会最不利者的利益，因为他们也是公平的社会合作体系中的成员。从总体上看，罗尔斯并非是要消除一切不平等，而是要努力寻找一种每个人都能从中获益的不平等。这种不平等是秩序良好的社会所能容纳的。在这个意义上说，罗尔斯既不同于激进的自由主义者（如罗伯特·诺奇克坚持财产权是无条件的、神圣的和不可侵犯的，不能基于任何道德的或政治的考虑而对其再分配），也不同于功利主义者（他们主张为实现社会整体利益净余额的增加而牺牲部分人的权利与自由是正义的），而是一个平等的自由主义者（坚持可以容纳不平等分配的正义的分配原则）。

罗尔斯的平等自由原则与差别原则以及机会平等原则把公民的权利和自由作为核心诉求，反映了他坚定的自由主义立场。毫无疑问，正义的两个原则存在一整套严密而复杂的推导过程，以及相互牵连的其他观念。限于篇幅，只能存而不论。但这样处理完全不影响罗尔斯是当代自由主义公民身份的伟大辩护者与阐释者的理论结论。

---

① ［美］约翰·罗尔斯：《正义论》（修订版），何怀宏、何包钢、廖申白译，中国社会科学出版社2009年版，第50页。

② 罗尔斯认为，基本善是人作为公民为人所必须需要和要求的东西，它们包括五种：（1）基本的权利和自由；（2）移居国外或迁徙的自由和职业选择的自由；（3）进入公共职位的权利；（4）保有财富和收入的自由；（5）被尊重的权利。

③ ［美］约翰·罗尔斯：《作为公平的正义——正义新论》，姚大志译，中国社会科学出版社2011年版，第75页。

　　综上，从对洛克到马歇尔，再到罗尔斯的自由主义公民身份的梳理中可以总结出自由主义公民身份的五个一般特征：个人主义的；平等主义的；普遍主义的；改良主义的；反至善论的。① 个人主义的（individualist）特征表现在自由主义公民身份以公民个人为中心，把个人从共同体的"阴影"下解放出来，成为独立的、不再需要通过政治生活才能得到界定并尊重的个体。个人拥有相对于共同体的道德优先性；平等主义的（egalitarian）特征源于对个人独立性和差异性的辨识，公民不再由于出身、阶级归属、文化、种族、民族、社会地位等自然的偶然因素和社会的任意因素而被区别对待，从而享有程度不等的公民权利；普遍主义的（universalist）特征则是说公民权利（狭义的）、政治权利和社会权利从成年男性扩及至成年女性，从白人扩及至黑人，从社会上层延展至社会下层，从多数群体到少数群体，人类种属的道德统一性取得对于次要共同体或特殊共同体的优越性；改良主义的（meliorist）特征表明自由主义的公民身份内涵处于不断丰富过程中，落实公民身份的途径也持续增多；反至善论的（anti-perfectionism）特征重点强调自由主义公民身份不存在终极的、划一的目标，而且公共权威应该尊重公民作为自己道德存在的证明之地位，在诸种道德的和政治的理想之间保持中立，既不促进也不妨碍公民追求自己的善观念（conception of the good）的机会。

第二节　共和主义公民身份的核心理论特质

　　前文从思想史和实践史两个层面对共和主义公民身份进行的交叉阐释，以及对自由主义公民身份提纲挈领地辨析其共同特征，为本节继而探究共和主义公民身份的核心理论特质准备了丰富的资源。值得

---

　　① 这得益于约翰·格雷和约瑟夫·拉兹对自由主义信条的总结。John Gray, *Liberalism*, 2nd, Minneapolis: the University of Minnesota Press, 2003, xii; Joseph Raz, *The Morality of Freedom*, New York: Oxford University Press, 1986, p.108.

再次提出的是，当代共和主义对古典共和主义的继承与推进，带来了公民身份议题的丰富化。但我们会发现，在共和主义理论架构中研讨公民身份，二者在公民身份议题上持续共享关于自由、公共领域与民主等诸多方面的思想特征，表现出多样化中的统一性。① 另外，从政治光谱上看，自由主义公民身份成为共和主义公民身份核心理论特质确立的有效参照点。这不仅是对共和主义与自由主义错综复杂关系的反映，更是公民身份的自由主义解释模式主导当下公民身份议题讨论的必然投射。因之，本节将在纵向和横向两个维度上展开对共和主义公民身份核心理论特质的探究与把握。

一 无支配自由

自由是政治哲学的关键词，亦是个体忠贞不渝追求的最高价值。卢梭高喊："放弃自己的自由，就是放弃自己做人的资格，就是放弃人类的权利，甚至就是放弃自己的义务。"② 但尽管如此，"自由"却是一个无法得到公认的概念。正如美国政治哲学家汉娜·阿伦特（Hannah Arendt）在《什么是自由》一文中正确指出的，自由是一个公理性的假设，是一个自明的真理，但同时它又是一个充满矛盾和悖论的概念。"无论是自由本身抑或是它的对立面，都是我们的想象力所不能及的。这极像'圆方'（square circle）是我们不能想象的那样。"③ 在早于此文两年的《两种自由概念》中，英国思想家以赛亚·伯林（Isaiah Berlin）同样说道："自由是一个意义漏洞百出以至于没有任何解释能够站得住脚的词。"④ 然而，伯林对"核心性"的两种自由概念——消极自由与积极自由——的政治解析与哲学追问奠定了西

---

① 本节在未予特别强调公民身份的古典共和主义和当代共和主义的区别之处，一律使用"共和主义公民身份"统摄二者。

② ［法］卢梭：《社会契约论》，何兆武译，商务印书馆2003年版，第12页。

③ Hannah Arendt, *Between Past and Future: Six Exercises in Political Thought*, New York: the Viking Press, 1961, p. 143.

④ ［英］以赛亚·伯林：《自由论》，胡传胜译，译林出版社2003年版，第189页。

方现代政治哲学对自由讨论的二元框架，以至于伯林之前的自由之见解也被方枘圆凿般地塞入消极自由与积极自由的对立之中。不管这种现状是否合理，共和主义公民身份的自由特质就是在对自由二分的批判与重构中建立的。因此，如果不对这一题域首先有恰当的见解，那么由此而来的次生性问题更不知所云。

思想史家波考克告诉我们，积极自由与消极自由叙述中的丰富性可以经由古代人的自由与现代人的自由之间的叙述而得到更透彻的理解。① 伯林自己也坦言，对消极自由与积极自由的区分受到本杰明·贡斯当（Benjamin Constant，亦译为邦雅曼·贡斯当）关于"古代人的自由与现代人的自由之比较"的重大影响。他说："没有人比本杰明·贡斯当对两种自由的冲突看得更清楚、表达得更清晰。"② 在"讨论这两种自由最好的文章"中，贡斯当注意到，古代人的自由的精髓就在于参与公共生活，分享社会权力。个人是且仅仅是以"公民"的身份才能得到城邦共同体的承认与接纳。他说："古代人的自由在于以集体的方式直接行使完整主权的若干部分：诸如在广场协商战争与和平问题，与外国政府缔结联盟，投票表决法律并作出判决，审查执政官的财务、法案及管理，宣召执政官出席人民的集会，对他们进行批评、谴责或者豁免……他们亦承认个人对社群权威的完全服从是和这种集体性自由相容的。"③ 在古代，每个人都可以说是公民事务的主权者，都可以围绕公共事务展开充分的、持久的辩论。奴隶制度的存在为公民参与公共生活提供了大量的闲暇时间，但这是仅就公共生活而言的。在涉及私人关系的领域，古代人却没有丝毫自由。"我们今天视为弥足珍贵的个人选择自己宗教信仰的自由，在古代人看来简直是犯罪与亵渎。社会的权威机构干预那些在我们看来最为有益的领

---

① ［美］J. G. A. 波考克：《从佛罗伦萨到费城——一部共和国与其替代方案之间的辩证史》，任军锋译，载复旦大学思想史研究中心主编《共和主义：古典与现代》，上海人民出版社2006年版，第27页。

② ［英］以赛亚·伯林：《自由论》，胡传胜译，译林出版社2003年版，第236页。

③ ［法］邦雅曼·贡斯当：《古代人的自由与现代人的自由》，阎克文、刘满贵译，商务印书馆1999年版，第26页。

域，阻碍个人的意志。"① 我们甚至把古代人看作是私人关系领域中的奴隶也不为过。总之，在古代，国家（共同体）以某种形式吞没了个人，公民完全被城邦笼罩。

与古代人不同，由于商业的进步和国家规模的膨胀，现代人更加重视个人独立，更加强调私人生活的价值以及从中取得的乐趣。他们希望各自享有不被国家（公共权威）任意干涉的权利，按照自己喜欢的方式发挥聪明才智。在现代人看来，自由不是参与公共事务和公共服务，而是确定不移的权利。具体地说，现代人所理解和珍视的自由，是"只受法律制约、而不因某个人或若干个人的专断意志受到某种方式的逮捕、拘禁、处死或虐待的权利，它是每个人表达意见、选择并从事某一职业、支配甚至滥用财产的权利，是不必经过许可、不必说明动机或事由而迁徙的权利。它是每个人与其他个人结社的权利，结社的目的或许是讨论他们的利益，或许是信奉他们以及结社者偏爱的宗教，甚至或许仅仅是以一种最适合他们本性或幻想的方式消磨几天或几小时。最后，它是每个人通过选举全部或部分官员，或通过当权者或多或少不得不留意的代议制、申诉、要求等方式，对政府的行政施加某些影响的权利"② 个人要求自己的权利得到国家的尊重，个人仅仅是国家表面上的主权者。由于代议制的发明与实施，个人有足够的时间和精力处理私人关系领域的事务，他们成为自己事务的主人。但是，贡斯当在强调个人自由的同时，还看到政治权利衰退的危险。他敏锐地指出："由于我们沉湎于享受个人的独立以及追求各自的利益，我们可能过分容易地放弃分享政治权力的权利。"③ 这种趋势是很危险的。其实，政治权利（政治自由）是个人自由不可或缺的保障，是"上帝赋予我们的最有力、最有效的自我发展的手段"。④ 个人自由

---

① ［法］邦雅曼・贡斯当：《古代人的自由与现代人的自由》，阎克文、刘满贵译，商务印书馆 1999 年版，第 27 页。
② 同上书，第 26 页。
③ 同上书，第 44 页。
④ 同上书，第 45 页。

与政治自由并不是互相排斥的，相反，要想拥有真正的个人自由，就必须把二者结合起来。所以，现代人的自由仍然离不开对参与公民事务的权利的享有。

贡斯当的自由理念在自由主义史上开启了辨析各种自由观念的风气。虽然体现于其中的形而上学思路远不及伯林在《两种自由概念》中的运用，但伯林对积极自由与消极自由的区分在某种程度上回应了贡斯当对古代人的自由与现代人的自由之划分，并往前推进了一大步。

伯林在关于自由的歧义百出的定义中，拣选出"核心性的两种"，即消极自由与积极自由。它们虽然经常相互妥协，但从根本上说，"它们不属于对同一个概念的不同解释，而是关于生活目的的两种分歧深刻、无法调和的态度"。[1] 隐藏在它们背后的自由与权威的关系问题是政治哲学与政治制度实践的关键问题。伯林通过自问自答的方式回答了它们各自的含义是什么的追问。

在伯林的语境中，消极自由和积极自由与两个无法彻底分开的问题相关。消极自由主要回答"我被统治到何种程度"的问题，即"主体（一个人或人的群体）被允许或必须被允许不受别人干涉地做他有能力做的事、成为他愿意成为的人的那个领域是什么"。[2] 它的目标在于为个人划定一个不被他者（他人或公共权威）任意干涉的疆界，在此范围内，我有"免于……"的自由。积极自由主要回答"我被谁统治"的问题，即"什么东西或什么人，是决定某人做这个、成为这样而不是做那个、成为那样的那种控制或干涉的根源"。[3] 它的目标在于确立自我成为自己行动的主人，我有"去做……"的自由。下文将会看到，正是"自我"的突出，内含着积极自由走向专制主义的危险因素。

在自由的消极意义上，自由就等于不受干涉或强制。因此，自由的领域就是个人能够不受妨碍地以自己选择的方式行动的领域。伯林

---

① ［英］以赛亚·伯林：《自由论》，胡传胜译，译林出版社 2003 年版，第 239 页。
② 同上书，第 189 页。
③ 同上。

强调这个"妨碍"主要来自外部，它与"不能"（inability）完全不同。因为，"妨碍"带有"故意干涉"的意味，他者设置不便以防止我达到自己的目的，"不能"则更多地指我没有能力以我自己愿意的方式行动。当然，如果"我没有能力"是因为他者任意设置的障碍，那么我也可以说是不自由的，是受到干涉的。在这个意义上，我享受的自由的广度取决于他者不干涉我的行动领域的广度。用伯林的话说就是，"一个人的消极自由的范围，可以说是一个关于有什么门、有多少门向他敞开，它们敞开的前景是什么，它们开放程度如何等等的函数"。① 与消极自由始终伴随的是关于机会和选择的权利。虽然消极自由观念的支持者在关于自由和选择的边界在哪里各有主张，但同样都认为，自由"不可能是没有限度的，因为否则，那将是一个所有人可以没有限制地干涉所有人的状态；而这样一种'自然的'自由将导致身处其中的人连最低需要也无法获得满足的社会混乱；要么，弱者的自由将被强者所压制……人的自由行动的领域必须受到法律的限制……应该存在最低限度的、神圣不可侵犯的个人自由的领域；因为如果这个领域被践踏，个人将会发现他自己处于一种甚至对于他的自然能力的最低限度发展也嫌狭窄的空间中，……必须划定私人生活的领域与公共权威的领域间的界线"。② 总之，每个人的自由必须止于他人自由之界，相应地，每个人的自由的获取和保持也必将依赖于对他人自由的限制。

与消极自由不同，积极自由的观念常常被滥用，而走向极端。按照伯林的意思，积极自由"源于个体成为他自己的主人的愿望"。而这样的个体被一连串的希望推动："我希望我的生活与决定取决于我自己，而不是取决于随便哪种外在的强制力。我希望成为我自己的而不是他人的意志活动的工具。我希望成为一个主体，而不是一个客体；希望被理性、有意识的目的推动，而不是被外在的、影响我的原因推

① ［英］以赛亚·伯林：《自由论》，胡传胜译，译林出版社2003年版，第46页。
② 同上书，第191—192页。

动。我希望是个人物，而不希望什么也不是；希望是一个行动者，也就是说是决定的而不是被决定的，是我导向的，而不是如一个事物、一个动物、一个无力起到人的作用的奴隶那样只受外在自然或他人的作用，也就是说，我是能够领会我自己的目标与策略且能够实现它们的人。"① 积极自由与消极自由在逻辑上相距不远，"去做……"就是要求其对立面的免除。然而在历史实践上，它们却朝着相反的方向发展，最终形成直接冲突的局面。积极自由经常以"歪曲的形式"偏离其原意，以更真实的自由为名行专制主义和极权主义之实，丧失与其清白起源的关联，堕落为"晦暗的形而上学或社会性的邪恶之物"，②终被热爱自由的人所抛弃。

伯林指出，积极自由偏离原意，走向极端的形而上学基础是理性主义一元论。伯林说，包含在理性主义中的自由观念"不是（理想地）不受干涉的领域这样一种'消极的'概念，不是一个在其中我不受阻碍的空间，而是一种自我导向或自我控制的概念"。③ 这种自由观念极容易导致自我的分裂，形成两种自我：理性的、真实的、自律的，因而就是高级的自我与非理性的、虚假的、他律的，因而就是低级的自我。高级的自我"意识到自己是一个有思想、有意志、主动的存在，是对自己的选择负有责任并能够依据我自己的观念与意图对这些选择做出解释的"自我，它"或早或晚，注定会去考虑如何将这种自由不仅运用于人的内在生活，而且运用于他与他的社会中其他成员的关系"。④ 因而，高级的自我倾向于成为一种超人的主体，一种比经验的自我更真实的主体，常常外化为"政党""国家""教会"等超个人的实体，并声称它们更清楚个人需要什么，随之便会造成两种自我之间的更大分裂，用整体的自由代替，甚至取消和否定个人的自由，最终的结果只能是无视个人的实际愿望，以"真实自我"之名并代表

---

① ［英］以赛亚·伯林：《自由论》，胡传胜译，译林出版社2003年版，第200页。
② 同上书，第45页。
③ 同上书，第214页。
④ 同上书，第200、215页。

这种自我来威逼、压迫与拷打个人，使个人自由与真实自我的自由相同一。自由与强制不再对立，最不受约束的自由与服从和权威发生了重合。正如伯林总结的，积极自由必然"导致一种规定好了的生活，并常常成为残酷暴政的华丽伪装"，① 蜕变为最大的不自由。

出于对积极自由观念及其后果的恐惧，伯林像 20 世纪的其他自由主义者一样，坚持自由的消极意义，坚决维护个人在私人生活领域自由选择的权利。"免于……"的自由成为自由主义的典型主张，虽然这种观念被当代加拿大哲学家查尔斯·泰勒（Charles Taylor）批评为"粗糙的霍布斯——边沁式的自由概念"，但它在 20 世纪极权主义的恐怖统治之后，为个人珍贵的私人生活领域进行了勇敢的辩护。

从伯林对两种自由概念的政治哲学分析中可以看出，消极自由要求一个不被公共权威任意干涉的私人生活领域，它大致等同于"现代人的自由"，而积极自由能否等同于"古代人的自由"则有所分歧。本书的意见是，积极自由虽然是理性主义一元论的政治结果，也可以说是"现代人的自由"之一种。但它与"古代人的自由"之间存在一个直接的联系。根据伯林对积极自由的长篇分析，"古代人的自由"可以被视为是理性的集体运用，是集体的自我实现，它采取了集体自我控制的外在形式。

伯林区分的两种自由概念不仅引来自由主义内部的质疑，而且还遭到共和主义思想家的批评。佩迪特坚定认为，伯林的自由二分在政治思想叙述上留下了糟糕的影响，产生了哲学上和历史上的双重错觉。在哲学上，理解自由似乎只有消极的和积极的两种方式；在历史上，古代人仅关注民主的共同体成员身份、政治参与与分享政治权力，现代人则放弃了政治参与的理想，或者只有当政治参与成为维护个人私人活动领域的自由之有效手段时，才具有价值。佩迪特明确指出："诸如此类的哲学和历史对立是错误的和误导性的，尤其是它们忽视了一种全然不同的理解自由和自由之制度要求的方式，掩盖了第三种

---

① ［英］以赛亚·伯林：《自由论》，胡传胜译，译林出版社 2003 年版，第 200 页。

方式在哲学上的有效性和历史上的真实性。"① 共和主义的自由就是理解自由概念的第三种方式，它是一种无支配的自由（freedom as non-domination）。②

佩迪特认为，无支配自由是共和主义传统的最高政治价值，它"不属于现今流行的消极/积极二分法中的任何一种。这种自由观既是消极的也是积极的：说它是消极的，是因为它要求免于他人的支配，但并不必然要求实现自主（self-mastery），不管人们认为它（自主）的含义是什么；说它是积极的，是因为至少从一个方面说，它要求免于干涉之外的其他东西，它要求防止干涉的保障，尤其是防止建立在专断基础上的干涉"。③ 它是与共和主义公民身份相联系的传统。在古罗马时期，libertas 或 free 就等同于 civitas 或 citizenship，因此，也可以说，自由与公民身份是一致的，是公民身份蕴涵的特征。理解无支配自由观的前提是要搞清楚何谓"支配"。在佩迪特看来，支配是一种事实性关系。在这种关系中，存在一个支配者和被支配者。前者可能是一个单独的行动者（如主人），也可能是一个集体的行动者（如专制国家），后者则最终指向一个人或一群人。支配关系意味着"支配者可以专断地干预被支配者的选择，尤其是他可以进行干预，而无须

------

① ［澳］菲利普·佩迪特：《共和主义：一种关于自由和政府的理论》，刘训练译，江苏人民出版社 2006 年版，第 21 页。

② 昆廷·斯金纳站在工具论共和主义的立场上对消极自由提出了深刻的批评。他在晚近的文章中把他从马基雅维里等罗马式共和主义思想家的文本中提炼出来的"纯粹的消极自由观"概括为第三种自由。它不涉及任何意义上的干涉或者不干涉，只针对从对他人意志的屈从中解放和独立。佩迪特承认他从斯金纳关于自由观念的历史经验描述中获益良多。佩迪特在哲学分析的层面上提供了令人信服的关于共和主义公民身份的自由概念，本文仅就此观点进行讨论。斯金纳关于第三种自由概念的叙述史，可参见 "Machiavelli on the Maintenance of Liberty", *Politics*, Vol. 18, No. 2, 1983.; "The Idea of Negative Liberty: Philosophical and Historical Perspectives", *Philosophy in History*, Cambridge: Cambridge University Press, 1984; "The Republican Idea of Political Liberty", *Machiavelli and Republicanism*, Cambridge: Cambridge University Press, 1990, pp. 293—309; "On Justice, the Common Good and the Priority of Liberty", *Dimensions of Radical Democracy: Pluralism, Citizenship, Community*, London: Verso, 1992, pp. 211-224; *Liberty Before Liberalism*. Cambridge: Cambridge University Press, 2001, pp. 1-99; "A Third Concept of Liberty", *Proceeding of the British Academy*, Vol. 117, 2002.

③ ［澳］菲利普·佩迪特：《共和主义：一种关于自由和政府的理论》，刘训练译，江苏人民出版社 2006 年版，第 59 页。

考虑对方的利益或观点。因此，支配者可以任意地、随心所欲地实施干涉：他们不必请示任何人，也不会受到牵制或惩罚"。① 支配不仅仅是干涉，因为干涉总是真实发生的，支配却可以是一种潜在的干涉，更加侧重于任意性与随意性。因此我们可以说，支配与干涉是完全属于两个层次的行动，其后果不可同日而语。从中得见，佩迪特扩大和延展了"干涉"的意涵，对非对称权力结构中未有实际干涉而又有干涉效果的情状进行了辨析。

　　上已有述，无支配的自由既是消极的也是积极的。换句话说，无支配的自由既非是消极的也非是积极的。说它是非消极的自由，在于尽管它也承认干涉导致不自由，无干涉是自由，但还存在一种"无干涉的支配"情况。在此情况中，自由仍不可得。例如，在奴隶主与奴隶的关系中，或者因为奴隶主很仁慈，或者因为奴隶足够狡猾而能够随心所欲，这样，奴隶虽然没有受到奴隶主的干涉，但就他有一个主人来说，奴隶仍然是不自由的。用佩迪特的话说就是，"仁慈的主人剥夺了其下属的自由，即使事实上他没有干预他们，他也在支配他们"。② 说它同时也是非积极的自由，不仅在于免除支配并不必然等同于自我控制，③ 还在于参与政治生活、分享政治权力虽然重要，但并非"根本性的价值"，也"不是自由的核心"。④ 换句话说，民主参与仅仅是保障无支配自由的必要条件，而非积极自由理解的自由之本身。正像马基雅维里所说，共同体中"只有少数人是为了支配权而有自由的欲望，其他众多的人要求自由，只是为了活得安稳……在任何共和国里，无论它采取什么制度，能跻身于支配者行列的公民，充其

---

　　① ［澳］菲利普·佩迪特：《共和主义：一种关于自由和政府的理论》，刘训练译，江苏人民出版社2006年版，第25页。

　　② 同上书，第47页。

　　③ 在这个意义上说，共和主义根本不同于民粹主义（populist）。

　　④ ［澳］菲利普·佩迪特：《共和主义：一种关于自由和政府的理论》，刘训练译，江苏人民出版社2006年版，第10、34页。

量也就是四五十人而已"。① 公民要求无支配自由，只是为了"能够自由地享受自己的物品，不必有任何猜疑，不必为妻儿的名誉担心，也不必为自己担惊受怕"。② 因之，无支配的自由不同于政治参与意义上的积极自由，它是一种宽泛意义上的消极自由（即免于支配），这是一种罗马式的自由观。

共和主义的无支配自由在以下两组主题的支持下更加显明：自由与奴役和自由与法律。佩迪特提出，在共和主义传统中，自由是根据自由（liber）和奴役（servus）、公民（citizen）和奴隶（slave）的对立来定义的。③ 自由就在于一个人不服从于他人的专断权力，也即是说不受他人支配。只有自由的人才能具备公民身份，公民身份是与奴隶对立的，它是自由的物质承载者。奴役即表明存在支配关系，不管干涉是不是真实的发生，被支配就是不自由。因而，在共和主义理论视野中，自由就要求免除支配，而不仅仅是免除干涉。

另外，在共和主义传统中，干涉并不必然导致不自由，或者必然导致自由的减少。无论如何，法律都代表一种干涉，但被恰当地制定的法律因为是一个非支配的干涉者（non-mastering interferer），它就不仅不会伤害自由，反而，由于它是自由的内在要素，它会保护自由。佩迪特明确指出："一个良好国家的法律，尤其是一个共和国的法律，创造了公民所享有的自由；它们并没有侵犯那种自由，哪怕是以一种其后将进行补偿的方式侵犯它。"④ 因而，一种创造而非干涉公民自由的法律"可以使人民免于支配，可以保护他们抵制那些否则就会对他们行使专断权力的人的资源或所有权（dominium）；同时，它们本身

---

① ［意］尼科洛·马基雅维里：《论李维》，冯克利译，上海人民出版社 2005 年版，第 93 页。

② ［意］尼科洛·马基雅维里：《论李维》，冯克利译，上海人民出版社 2005 年版，第 92 页。

③ 阿伦特也提出，一个贫穷的自由人不愿过家庭奴隶的轻松日子，因为后者处在被奴役之中，失去了想做什么就做什么的自由。具体可参见 ［美］汉娜·阿伦特《人的境况》，王寅丽译，上海人民出版社 2009 年版，第 19—20 页。

④ ［澳］菲利普·佩迪特：《共和主义：一种关于自由和政府的理论》，刘训练译，江苏人民出版社 2006 年版，第 41 页。

不会引入任何新的支配性力量，不会引入任何与政府的统治权（imperium）相一致的支配形式"。①

在法律创造自由方面，自由主义传统与共和主义传统截然相反。近代自由主义的先声——托马斯·霍布斯②提供了耳熟能详的关于自由概念的定义。他说："自由一词就其本义来说，指的是没有阻碍的状况。"③ 因此，自由的人就是"在其力量和智慧所能办到的事物中，可以不受阻碍地做他所愿意做的事情的人"。④ 霍布斯谈论的"阻碍"来自于外部，而非"事物本身的构成之中"。即是说，"自由"只能是外部障碍的免除，因为一个害怕船只沉没而将货物抛弃的人不能说不自由，同样，一个害怕受法律惩罚而偿还债务的人也不能说不自由。"假如愿意的话，也可以不这么做。"因此，这些行为都是"行为者有自由不做的行为"。⑤ 霍布斯得出结论说："臣民的自由只有在主权者未对其行为加以规定的事物中才存在"，"在主权者未以条令规定的地方，臣民都有自由根据自己的判断采取或不采取行动"。⑥ 也就是说，有规定的地方，就没有自由。功利主义者杰里米·边沁（Jeremy Bentham）同样强调法律对自由的限制。他说："所有强制性的法律，特别是所有能够产生自由的法律，它们产生多少自由便同时会取消多少自由。"⑦ 自由与法律不相容，法律限制了自由。

有趣的是，霍布斯认为法律限制自由的观点，在洛克那里被颠倒

---

① ［澳］菲利普·佩迪特：《共和主义：一种关于自由和政府的理论》，刘训练译，江苏人民出版社 2006 年版，第 41 页。

② 关于霍布斯在自由主义史上的地位，可参见 Anthony Arblaster, *The Rise and Decline of Western Liberalism*, Oxford: Basil Blackwell, 1984, pp. 132-137；李强：《自由主义》，吉林出版集团有限责任公司 2007 年版，第 45—49 页。

③ ［英］霍布斯：《利维坦》，黎思复、黎廷弼译，商务印书馆 1985 年版，第 162 页。

④ 同上书，第 163 页。

⑤ 伯林继承并精细化了这种见解。然而，泰勒对其进行了卓有成效的批评。具体可参见［加］查尔斯·泰勒《消极自由有什么错》，达巍译，载达巍等编《消极自由有什么错》，文化艺术出版社 2001 年版，第 68—91 页。

⑥ ［英］霍布斯：《利维坦》，黎思复、黎廷弼译，商务印书馆 1985 年版，第 165、171 页。

⑦ 参见［澳］菲利普·佩迪特《共和主义：一种关于自由和政府的理论》，刘训练译，江苏人民出版社 2006 年版，第 52 页。

了过来。洛克支持霍布斯的批评者哈林顿，认为被法律保护的自由更有意义。洛克说："法律按其真正的含义而言与其说是限制还不如说是指导一个自由而有智慧的人去追求他的正当利益……法律的目的不是废除或限制自由，而是保护和扩大自由……在一切能够接受法律支配的人类的状态中，哪里没有法律，哪里就没有自由。"① 由于对法律与自由关系论题的解答，自由主义者洛克被佩迪特评价为"共和主义传统的一个极佳代表"。② 这也可以看作是政治思想图景光怪陆离的一个缩影。

无干涉的自由观对古老的无支配自由观形成了一定的冲击，18世纪后半期的功利主义者威廉·佩利（William Paley）更进一步使无干涉自由观取代无支配自由观而使后者在政治思想史上不彰。斯金纳在他的一本著作中认为，佩利是为无干涉自由观辩护而反对共和主义自由观的"最有影响力的代言人"。在佩利看来，无支配自由观是危险的，也是徒有其表的，所以，"应该拒绝。它使得公民自由的本质无法在实践中得以实现，而且也不能满足由它所带来的希望，只能使公众充满抱怨"。③ 无支配自由不再受到重视。支持政治思想史上这一重大转向的根据是18世纪自然法学说和自然权利论的盛行。个人主义的吸引力完全超过了共同体的吸引力，人人平等的观念也在这种思潮中得到加强并普及，公民权利不再限于有财产的成年男性，"在那些将妇女和雇工的从属地位视为理所当然的思想家看来，普遍的无支配的理想，保障每个成年人获得一种无支配之地位的理想，很可能就像一种奇思怪想"。④ 与这一行程同时进行的就是要求国家退出私人生活的领域，划定公共权威干涉私人领域的正当界限，无干涉自由成为思想

---

① ［英］洛克：《政府论》，叶启芳、瞿菊农译，商务印书馆1964年版，第35页。

② ［澳］菲利普·佩迪特：《共和主义：一种关于自由和政府的理论》，刘训练译，江苏人民出版社2006年版，第46页。

③ Quoted in Quentin Skinner, *Liberal before Liberalism*, Cambridge：Cambridge University Press, 2001，p. 78.

④ ［澳］菲利普·佩迪特：《共和主义：一种关于自由和政府的理论》，刘训练译，江苏人民出版社2006年版，第56页。

史上日益得到辩护的自由观念，共和主义的无支配自由规则"不但不再受到政治思想家和政治活动家的青睐，而且还从政治思想史家的视野中消失了"。①

二 公共领域

无支配自由是共和主义理论范畴的公民享有的自由，它不仅是一个理论化的概念，同时还是一个实践化的概念。也就是说，无支配的自由只能在恰当的空间中才能显露。在共和主义看来，无支配的自由是"与公民身份联系在一起的、公共生活中的自由，它指向的是政治意义上的自治"，② 那么这个恰当的空间就不能是私人化的生活空间，也不能是与政治无关的社会生活空间，而只能是与政治生活密切相关的领域，是共和主义赋予其意义的"政治领域"，即公共领域。

最早对公共领域（public realm）进行规范化研究的思想家是阿伦特。我们很难把她归入任何一种既有的政治流派中，否则会导致一种"不必要的丧失"，但如果仅就与公共领域及相关论题的研究来看，阿伦特表现出一种明显且强烈的共和主义理论倾向。她把政治哲学的概念基础归之为积极的公民身份（active citizenship）。亦是说，她特别强调公民参与和集体交流的价值与重要性。在这方面，她继承了由亚里士多德开创，并体现在马基雅维里、孟德斯鸠、托马斯·杰斐逊（Thomas Jefferson）和托克维尔等思想家著作当中的共和主义传统。③阿伦特的共和主义思想家标签最彻底地体现在她关于公民自由的论题上。她理解的自由不是"政治越少自由就越多"的自由主义的自由，而是共和主义的自由。她批评自由主义以"自由"为名把自由驱逐出

---

① ［澳］菲利普·佩迪特：《共和主义：一种关于自由和政府的理论》，刘训练译，江苏人民出版社 2006 年版，第 58 页。

② 谭安奎：《自主性与公民美德：自由主义如何回应共和主义的挑战》，《政治思想史》2010 年第 4 期。

③ Maurizio Passerin d'Entrèves, *The Political Philosophy of Hannah Arendt*, London：Routledge，1994，p. 2.

公共领域，转而强调"如果不首先存在一个由政治保障的公共领域（a politically guaranteed public realm），自由就丧失了它得以显现的现世性空间"。[①] 自由只能从公共领域的确立开始。

公共领域相应于古希腊的城邦，它是政治领域，是公民自由借以呈现的场所，也是人之为人的所在，因为当"一个人过一种纯粹的私人生活，像奴隶一样不被允许进入公共领域，或者像野蛮人一样自愿选择不建立这样一个领域，就不是完整意义上的人"。[②] 私人领域相应于古希腊的家庭，它受制于生存的必然性，是城邦追求自由的必要条件。城邦和家庭是分殊的，是两种生活，两种秩序。因此，公共领域与私人领域也是分离的，"只有那些被认为与公共领域相关的，值得被看和值得被听的东西，才是公共领域能够容许的东西，从而与它无关的东西就自动变成了一个私人的事情"。[③] 阿伦特遗憾地指出，在现代，要如此明确地分辨出公共领域和私人领域已经不可能，因为随着"社会领域"的兴起，公共与私人之间的界限模糊了，而且各自的意义也发生了变化。"社会领域（严格地说，它既非私亦非公）……在起源上与现代同时出现，并在民族国家内部获得了它的政治形式"，[④]这种相当新的领域兴起之后，"家务管理和一切从前与家庭私人场所有关的事务都变成了'集体'关心的事情。在现代世界，这两个领域（社会领域和私人领域——引者注）持续地彼此融入"，[⑤] 真正的公共领域和私人领域消失不见了。阿伦特在这里为《极权主义的起源》奠定了深厚的哲学基础，公共领域的衰落正是极权主义胜利的最主要原因。

阿伦特追思并着力复兴的公共领域具有鲜明的特征。

第一，自由是公共领域的构成性要素。自由是政治领域的关键问

---

① Hannah Arendt, *Between Past and Future: Six Exercises in Political Thought*, New York: the Viking Press, 1961, p. 149.

② [美] 汉娜·阿伦特：《人的境况》，王寅丽译，上海人民出版社 2009 年版，第 24 页。

③ 同上书，第 33 页。

④ 同上书，第 18 页。

⑤ 同上书，第 21 页。

题，它不是伯林所谓的积极自由之一种"退居内在城堡的"自由，而是古希腊城邦和罗马共和国及其公民身份的核心，是在我与非我，人与人的关系中呈现的政治自由。阿伦特说："除非个人首先经历现实领域的自由，否则他对于内在自由也一无所知。我们是在与他人的相互交往中而不是与自己的相互交往中认识到自由。"① 这也是古希腊城邦和罗马共和国公民享有的自由。只有从必然性中解放出来，免于必然性的支配，从家庭进入到政治生活中，自由才可得。阿伦特说得明白："作为可呈现事实的自由与政治同时发生而且就如硬币之两面缺一不可。"② 因此，在阿伦特的共和主义理论主张中，自由的根本内容就是参与公共事务，在公共领域中积极生活。

第二，公共领域与私人领域相互说明。阿伦特认为，公共领域不是孤立的存在，公共领域的消失伴随着私人领域的清除。在现代世界，社会的兴起"不仅破坏了公共领域，而且破坏了私人领域，不仅剥夺了人在世界中的位置，而且剥夺了他们私人的家庭"。③ 她以否定的方式明了了公共领域与私人领域的密切关系。在积极的意义上说，公民进入公共领域的前提是享有一定数量的财产，而财产恰好是私人领域的属性，是神圣的存在。阿伦特说："私有财产被看成是进入公共领域的、不证自明的前提条件，这种说法并不精确，事实上它的意义远不止此。私人生活就如同公共领域的另一面，黑暗和隐藏的一面。既然成为政治的人意味着获得了人存在的最高可能性，那么一个人没有自己的私人处所（像奴隶一样），就意味着他不再是人。"④ 但必须强调，私人领域也不能够单独存在。因为如果完全进入私人领域，完全过一种私人的生活，就意味着"被剥夺了对一种真正人的生活来说本质重要的东西：被剥夺了从被他人看到和听到中产生的实在性；被剥

---

① Hannah Arendt, *Between Past and Future: Six Exercises in Political Thought*, New York: the Viking Press, 1961, p. 148.

② Ibid, p. 149.

③ ［美］汉娜·阿伦特：《人的境况》，王寅丽译，上海人民出版社 2009 年版，第 39 页。

④ 同上书，第 42 页。

夺了一种在一个共同事物世界的媒介下形成的，使人们彼此既联系又分离的'客观'关系；被剥夺了赢得某种比生命本身更长久的事物的机会。私人生活的贫乏在于他人的缺席；就此而言，私人无法显现，从而他存在就如同不存在一样。他做任何事情都不会对他人产生意义或影响，对他重要的东西对别人来说无足轻重"。①

第三，公共领域以行动（praxis）和言说（lexis）为正当的行为方式。阿伦特重申了亚里士多德的两个观点，即人是政治的动物和人是一个"能言说的存在"。人是政治动物意即人的存在依赖于与他人共存于一个共同体中。在其中，只有两种方式是政治的因而是政治生活的，那就是"行动和言说"。阿伦特说："思想与言说相比是次要的，言说和行动则是同时发生和同等重要的，属于同一层次同一类型；这一点首先不仅意味着真正的政治行动（就其处于暴力领域之外而言），要以言说来进行，而且更为根本的是，除了言说传达或交流的信息外，在恰当的时刻找到恰当的言辞本身就是行动。"② 而行动是自由能够被经验到的唯一凭借。或者是说，自由和行动就是一回事。"既不是在行动之前也不是在行动之后，只是在行动着的时候，人才是自由的。"③ 阿伦特把暴力（violence）排除在政治生活之外，它属于前政治领域，是私人和家庭领域内正当的行为手段，是用来对付城邦之外的人的特有方式，而在正常情况下，政治关系断然不会成为暴力肆虐的场地。人是"能言说的存在"指明了人在城邦中的生活方式。不属于城邦的任何人，比如奴隶和鄙夫，"不是丧失了言说的机能，而是丧失了一种生活方式"，而只有在政治生活中，"言说获得了意义，并且唯有言说有意义，所有公民主要关心的是彼此交谈"。④ 值得额外说明的是，斯金纳坚持的积极公民的品质与此颇有异曲同工之

---

① ［美］汉娜·阿伦特：《人的境况》，王寅丽译，上海人民出版社 2009 年版，第 39 页。

② 同上书，第 16 页。

③ Hannah Arendt, *Between Past and Future：Six Exercises in Political Thought*，New York：the Viking Press，1961，p.153.

④ ［美］汉娜·阿伦特：《人的境况》，王寅丽译，上海人民出版社 2009 年版，第 17 页。

妙。斯金纳强调，真正的积极公民首先必须是一个理性的人，同时还必须是一个雄辩的人。因此，"积极公民需要两种至关紧要的品质：发现真理的理性和使他的听众接受真理的口才"。① 也正因如此，奴隶和野蛮人都不是政治生活的主体，而只能受制于生活的必然性。

第四，不朽是公共领域持续存在的动力。阿伦特强调说，追求不朽是公民积极生活的源泉和中心。有死的个人凭借"做出不朽功业的能力，以他们在身后留下不可磨灭印迹的能力，获得了属于自己的不朽"。② 这种能力要在政治领域中运用，因为属于私人领域的劳动产品和工作结果，都是供消费的，因而是暂时的，不具有持久性。个人以公民的身份在公共领域中突破了有死的局限而取得像"自然和奥林匹亚诸神"一样的不朽属性。反过来说，如果没有对尘世不朽的追求和超越，就没有共同世界和公共领域。因为共同世界是"一个我们出生时进入、死亡时离开的地方，它超出我们的生命时间，同时向过去和未来开放；它是在我们来之前就在那儿，在我们短暂停留之后还继续存在下去的地方。它是我们不仅与我们一起生活的人共同拥有，而且也与我们的前人和后代共同拥有的东西。……在我们之前的许多世代，人们进入公共领域，是因为他们想让他们自己拥有或与他人共有的东西，比他们的现世生命更长久"。③ 追求不朽保障了公共领域的活力。

阿伦特通过回溯到古希腊的城邦制度，高度肯认了公共领域对于保障公民自由的内在性价值和意义。她把自由置于公共领域之中，认为自由就是参与公共生活，而公共领域为此提供了恰当的行动空间。显然，这根本不同于自由主义的自由论证路径。正是在这个意义上，我们说，"古典共和主义的理想，尤其是对自由作为公共事务而非个

---

① ［英］昆廷·斯金纳：《霍布斯哲学思想中的理性和修辞》，王加丰、郑崧译，华东师范大学出版社 2005 年版，第 87 页。

② ［美］汉娜·阿伦特：《人的境况》，王寅丽译，上海人民出版社 2009 年版，第 10 页。

③ 同上书，第 36 页。

人行动的理解，被汉娜·阿伦特所复活"。①

三 论辩民主

无支配自由确立了共和主义公民身份的最高政治价值，公共领域为无支配自由展示了恰当的场所和空间，那么，无支配自由既然是可欲的，接下来的问题就是无支配自由的可行性存于何处，即共和主义为此提供了怎样的制度形式。对这个问题的回答完成了无支配自由的实现问题。

关于无支配自由与特定制度形式之间的关系问题，共和主义者与自由主义者有不同的见解。伯林在《自由论》中指出，既然自由仅仅意指免于干涉，那么，它就与制度形式无关。无论是君主制国家抑或是自由国家，在干涉自由的能力和程度上并无根本差别，甚至开明的专制君主给予臣民最大范围的自由也不是不可理解的，尽管整体上看，这个制度并不公正。伯林把此归纳为自由的一个特征，即"自由主要关心控制的领域，而不是它的根源"。② 顺理成章的是，"自由与民主统治并无必然的关联。对'谁统治我？'这个问题的回答，与对'政府干涉我到何种程度？'这个问题的回答，在逻辑上是有区别的……民主与个人自由的关联要比这二者的许多拥护者所认为的还要脆弱"。③ 民主不是自由的保障，它仅仅是外在于自由的一种统治方式，它既不是自由的必要条件，更不是自由的充分条件。

佩迪特明确不同意上述观点并陈述了共和主义对无支配自由与民主之间的关联所在。在佩迪特看来，共和主义的免于支配的自由不仅仅要求干涉的免除，甚至更重要且更有特征的是要求任意专断的干涉之免除。意即，开明君主虽然不曾干涉个人自由，但就他拥有任意权力去干涉个人而言，个人仍然是不自由的，仍然处于奴役境地。一时

---

① ［英］戴维·米勒、韦农·波格丹诺编：《布莱克维尔政治学百科全书》，中国问题研究所等组织翻译，中国政法大学出版社 1992 年版，第 651 页。

② ［英］以赛亚·伯林：《自由论》，胡传胜译，译林出版社 2003 年版，第 198 页。

③ 同上书，第 198—199 页。

一事不干涉不能否定干涉权力的运用，也不构成自由存在的证据。而民主，尤其是民主的共和主义模式，不仅能够消除自由的支配形式，还能够有效扩大公民免于支配的范围并增加其受支配的困难程度。

佩迪特把民主的共和主义模式称作"论辩民主"（contestatory democracy）。对于无支配自由，较之宪政主义约束，论辩民主是"首要的"和"优先的"。虽然宪政主义的政府强调法律的至高性、分权制衡的重要性和反多数至上的意义，但"不管设计得如何良好，任何法律体系都将把某些决定权保留在不同的个人和群体手里"。① 这也是自古以来的政治现实。那么，按照无支配自由的内涵，就必须考虑排除基于任意专断的权力而运用法律。换句话说，就是要杜绝由政府代表的统治权所带来的支配形式。

论辩民主强调对涉及公民利益的决策的可论辩性，而不是同意。可论辩性（contestability）保留了公民表达偏好和意见的有效权利，我可以对与我相关但干涉了我的利益的行为提出有效的论争。在这种情况下，干涉就是非专断性的，也就不会伤害自由。佩迪特同意伊安·夏皮罗（Ian Shapiro）的观点：只要人民单个地和集体地对政府的决定享有永久的论辩之可能，那么这个政府就是民主的，它就是一种为人民所控制的统治形式。②

佩迪特虽然没有给出论辩民主的规范性定义，但他描述了论辩民主的三个特征。"这种民主遵循决策的协商模式，能够包容共同体中所有重大的不同声音，并能够对论辩提出的反对意见作出恰当的回应。"③ 协商（deliberation）是"合法的政治决定和自我管理的核心"，它以"可辩护性的理由、解释和说服的公共政策为主要议题。关键目标是通过协商过程把个人偏好转化为支持公共审议和检验（public

---

① ［澳］菲利普·佩迪特：《共和主义：一种关于自由和政府的理论》，刘训练译，江苏人民出版社 2006 年版，第 203 页。
② 同上书，第 206 页。
③ 同上书，第 221 页。

scrutiny and test）的立场"。① 它不单要求公民表达基于自我利益的偏好，还要求公民寻求公开的论证，通过对话、协议、相互理解而非强迫、威胁、操纵或者是讨价还价与其他公民达成一致。佩迪特说，协商意味着"在决策的每一个领域，不管是立法、行政还是司法，都应该有适当的程序用以确认与决策相关的考虑，从而使公民能够提出这些考虑能否恰当发挥作用的问题。它还意味着，应该有适当的程序用以保证公民对如下问题作出判断，即相关的考虑是否确实决定了结果：决策必须是透明的、受到监督的、信息自由的，等等"。② 因此，有必要使更大程度的协商成为现代民主国家的一个必须考虑的因素。

包容（inclusiveness）传递了论辩民主对公民参与政治的强烈要求。在一定意义上可以说，它体现了论辩民主对"以投票为中心的"民主理论的矫治。第二次世界大战后，民主的所指已经缩小到投票和选举事务，参与精神严重缺失，这是自由主义民主乐于看到并与自由主义基本价值观念相一致的。美国学者卡罗尔·佩特曼（Carole Pateman）尖锐指出，参与思想不仅在被普遍接受的和几成为正统学说的自由主义民主理论中"地位低微"，而且还被视作对政治具有"内在危险"。③ 参与在民主理论和政治实践中隐而不彰，更多地是指少数群体在公共事务的决策中主动或被动地受到了专断权力的伤害。因为投票只是确定了谁输谁赢的正当机制，在缺乏有效论辩的前提下，少数群体缺少机会说服他人倾听自己的要求，也没有机会被他人说服而放弃自己的主张；他们在投票式的民主中永远是输家。也即，他们没有被包容在民主价值之中，随之，无支配自由就是不彻底和不全面的。因而，如下论调就不是危言耸听："在选举上民主的国家可能是一种选举的专制；它可能成为一种多数人的暴政或者实际上成为某个精英

---

① ［英］戴维·赫尔德：《民主的模式》，燕继荣等译，中央编译出版社 2008 年版，第 272 页。

② ［澳］菲利普·佩迪特：《共和主义：一种关于自由和政府的理论》，刘训练译，江苏人民出版社 2006 年版，第 209 页。

③ ［美］卡罗尔·佩特曼：《参与和民主理论》，陈尧译，上海人民出版社 2006 年版，第 1 页。

集团或小群体的暴政。"① 论辩民主关注并维护少数群体的参与权利，认为他们抗议和发表自己声音的权利具有促进无支配自由的意义。佩迪特从立法与行政和司法两个方面讨论了包容少数群体的问题。在立法方面，实行选举代表权（elective representation），即对于公共事务的决策，"不是从特权者有限的视角来看，而是从整个社会宽广的视角来看"。② 这就使得代表必须广泛分布在各种群体中。在行政和司法方面，实行统计学代表权（statistical representation），即行政人员和司法人员"不能在统计学意义上为某一宗教、性别、阶级或种族的成员所垄断"，③ 要保障少数群体在尤其关涉自身利益的领域中表达态度的权利。

回应（responsiveness）是协商和包容的结果，这表明少数群体的可辨析性陈述受到了认真和公正对待，因此公共权威的干涉也能得到非专断性的证明。对回应的保有"为持异议的个人和群体依据法律要求特殊对待的权利留有空间"。④ 当然，所允许的特殊对待不能产生新的支配，意即享有特殊对待的个人和群体要本着"良心的程序性异议"（conscientious procedural objection）拒绝寻求支配性的利益。

佩迪特规划的论辩民主图景为无支配自由提供了行为论证，只要干涉在论辩的环境中实施，即只要干涉是公共权威的恰当运用，无支配自由就不会受到损伤。应该看到，论辩民主为公共权威进入私人领域打开了"暗门"，留下限制个人选择和机会的余地，从而存在背离公共利益，消蚀个人自由的危险。这是佩迪特等无支配自由论者不得不面对的挑战。

---

① ［澳］菲利普·佩迪特：《重申共和主义》，刘训练译，载应奇、刘训练编《公民共和主义》，东方出版社 2006 年版，第 129 页。

② ［澳］菲利普·佩迪特：《共和主义：一种关于自由和政府的理论》，刘训练译，江苏人民出版社 2006 年版，第 212 页。

③ 同上书，第 214 页。

④ 同上书，第 221 页。

第三节　共和主义公民身份的积极意义

　　共和主义公民身份之所以在百余年的沉寂中没有自绝于历史，而是随着 20 世纪中期共和主义的复兴重新引起人们的兴趣，是因为它不仅能够帮助我们更好地理解历史，而且还是我们面向 21 世纪思考公民身份的"新途径"。因此，公民身份的共和主义解释模式的回归既是对自由主义解释模式在公民身份的理论史和实践史上凸显的弱点与造成的病症的不满与反应，又是自身内含的永恒价值的展露。它的积极意义可以从以下两个角度进行发掘。

一　克服温和专制主义倾向

　　阿列克西·德·托克维尔在《论美国的民主》中预言式地指出，现代民主国家会出现一种完全不同于以往时代的专制形式。以往的专制对某些人是"沉重的压迫"，但并未扩及至绝大多数人。现代民主国家的专制则"具有另一种性质：它的范围将会很大，但它的方法将会很温和；它只使人消沉，而不直接折磨人"。[①] 温和专制主义需要并且巩固着两种存在：权力极大的监护者和无数相同且平等的个人。监护者的权威绝对而全面，他"用一张其中织有详尽的、细微的、全面的和划一的规则的密网盖住社会，最有独创精神和最有坚强意志的人也不能冲破这张网而成为出类拔萃的人物"，他尊重人的自由和平等，"并不践踏人的意志，但他软化、驯服和指挥人的意志。他不强迫人行动，但不断妨碍人行动。他什么也不破坏，只是阻止新生事物。他不实行暴政，但限制和压制人，使人精神颓靡、意志消沉和麻木不

---

　　① ［法］托克维尔：《论美国的民主》（下卷），董果良译，商务印书馆 1988 年版，第 868页。

仁"。① 这样的监护者完全在以自由的名义施行"民主"的专制，而处于监护之下的无数的个人，则是孤独、冷漠，丧失自治能力的。他们"整天为追逐他们心中所想的小小的庸俗享乐而奔波。他们每个人都离群索居，对他人的命运漠不关心……他们的子女和亲友就是整个人类。至于其他同类，即使站在他们的身旁，他们也不屑一顾。他们虽与这些人接触，但并不以为有这些人存在。每个人都独自生存，并且只是为了自己而生存。如果说他们还有一个家庭，那么他们至少已经不再有祖国了"。②

托克维尔的温和专制主义最容易出现在"像美国那样的民主社会"中。它以自由主义民主为统合社会的唯一正当形式。在这种民主形式下，社会需要的不是共和主义看重的积极公民或"真实的公民"，而是把政治活动仅仅限制在投票和选举上的公民。自由主义公民身份更多的强调公民权利，而且是不被国家或共同体干涉且予以保护的消极权利。在自由主义那里，拥有自己的生命、自由和财产的权利是绝对不可侵犯的，它是人之为人的根本。权利构成个人社会行动和政治行动的"边界约束"（side constraints），每个人的行动以不侵犯他人的权利为最严格要求。权利之所以成为自由主义公民身份的核心和关键性识别标准，乃是因为"并不存在拥有利益的社会实体……存在的只是个体的人，具有他们自己个别生命的不同的个体的人"，③ 为更大的社会整体利益而牺牲个人权利的行为无法得到道德正当和政治正当的证明。总而言之，各种独立存在的个人都有权利要求一种自己想要经验的生活。

在形而上学基础上，自由主义公民身份的权利属性奠基于个人主义。作为一种哲学和价值体系的个人主义，强调个人是自己利益的最

---

① ［法］托克维尔：《论美国的民主》（下卷），董果良译，商务印书馆 1988 年版，第 870 页。

② 同上书，第 869 页。

③ ［美］罗伯特·诺奇克：《无政府、国家和乌托邦》，姚大志译，中国社会科学出版社 2008 年版，第 39 页。

佳判断者，是生活的目的，每个人都是平等的存在。脱离共同体，进
入私人生活领域的个人不再被认为是古希腊城邦生活的失败者和病态
的存在，反而成为一种解放。这种个人主义"已经成为自由主义的天
赋特征，它将不可避免的可能性转化为值得欲望的东西，将比死亡更
糟糕的命运转化成理想的生活方式，将那种使我们与'理想国'隔离
的无形的墙转化为保护我们不受公共社会的亲密关系诱惑的堡垒"。①
私人生活领域的快乐更易得到，也更持久。个人主义的胜利大大削减
了个人参与共同体生活、分享政治权力的愿望，共同体观念从个人的
思想世界和行动世界里退了出去。随之，公民身份也就不再与共同体
相结合，而是与更抽象的法律相联系，过于专注公民权利而忽视公民
责任的自由主义公民身份毫无疑问地会对公民美德造成致命伤害。这
种公民身份是"浅薄的、保守的，而且对维持保护权利的政治共同体
没有积极作用"，② 所以，"现代自由主义政治社会只是一群没有国籍
概念的公民的集合体而已，他们仅仅是为了获得共同的保护而结合在
一起的"。③

　　自由主义的个人主义强调个人是孤独的存在，是仅仅为其自身而
存在的自我，个人在社会中普遍平等，他们每个人都是封闭的、自治
的和自足的，每个人都有一种关于善生活的观念和相应的生活规划的
观念。德国法学家和政治思想家卡尔·施密特（Carl Schmitt）说：
"在自由主义的资本主义社会里，超然的、隔离的、解放了的个人成
为中心、成为做出最后裁决的执法者，成为绝对的存在。"④ 麦金太尔
也指出，自由主义者坚持"个人第一、社会第二，而且对个人利益的

---

① Benjamin Barber, *Strong Democracy*: *Participatory Politics for a New Age*, California: The University of California Press, 2003, p. 69.

② Keith Faulks, *Citizenship*, London: Routledge, 2000, p. 69.

③ ［美］麦金太尔：《德性之后》，龚群、戴扬毅译，中国社会科学出版社1995年版，第197页。有所改动。

④ 参见［美］斯蒂芬·霍尔姆斯《反自由主义剖析》，曦中、陈兴玛、彭俊军译，中国社会科学出版社2002年版，第267页。

认定优先于、并独立于人们之间的任何道德的或社会的连接结构"。①
在个人主义的支配下，每个人都着眼于自己对于共同体的种种权利要
求，由他们构成的共同体必然是更少参与性而更多程序性的共同体，
实质性的善观念让位于形式性的善观念。这种"自我"首先确定的是
我们选择目的的能力优先于目的本身，自我认同不依赖于前设的目标
和共同体的利益，自我可以自由地同其他人形成自愿性的和合作性的
共同体。但同时，这种自我坚决否定"成为道德联结先于选择的共同
体的成员的可能性"，由它所激发的自由主义"是寻求自我定义主体
的启蒙运动的完美表达"，② 因而成为自由主义公民身份视野中的个人
之真实写照，但它却有极其危险的"前途"。

　　泰勒观察到了这一"前途"，并把它归纳为由个人主义和工具主
义理性的政治生活所带来的"令人恐惧的后果"。个人主义一方面为
我们争取到被法律秩序保护的神圣权利，但另一方面，我们更加孤立，
也失去了"生命的英雄维度"，公共事务被赶出我们的日常生活。泰
勒说："人们不再有更高的目标感，不再感觉到有某种值得以死相趋
的东西。"③ 生活也就不可避免地走向平庸和狭隘。工具主义理性的主
导迫使我们把一切行为置于经济效益的算计之下，我们自己以及我们
的创造物失去了在存在之链中获得地位的意义，成为目的的手段。可
以说，"围绕工具主义理性建造的社会既给个人的也给群体的自由带
来极大损失"。④ 以上两点极大地侵蚀了公民参与政治生活的热情，自
我管理的价值也被遮蔽，私人领域大大扩张并覆盖了公共领域。反过
来，这种状况加剧了公民的消极性，使公民更加退回到私人领域，自
由和民主失去了活动和展现的场所，最后造成温和的专制主义这一
后果。

---

　　① ［美］麦金太尔：《德性之后》，龚群、戴扬毅译，中国社会科学出版社 1995 年版，第 315
页。
　　② Michael Sandel，"The Procedural Republic and the Unencumbered Self"，*Political Theory*，
Vol. 12，No. 1，1984.
　　③ ［加］查尔斯·泰勒：《现代性之隐忧》，程炼译，中央编译出版社 2001 年版，第 4 页。
　　④ 同上书，第 10 页。

共和主义公民身份摒绝了自由主义公民身份的个人主义原则和重权利轻义务甚而无义务的生活态度，批评自由主义公民身份"把权利作为王牌，完全宣告我们作为公民的腐化和非理性的自我堕落"，① 从而有利于克服温和专制主义的倾向。具体地说，共和主义公民身份更为强调公共精神以抵消个人主义带来的消极影响。如果公民身份的含义缺失了政治活动的维度，它将是薄弱和没有说服力的，而不参与公共事务的公民，至多算是潜在的公民。② 当代共和主义公民身份虽然矫正了古典共和主义公民身份持有的政治生活是一种生活方式的主张，但仍然一以贯之地强调把政治生活作为一种生存方式。大量的公民（法律意义上的或自由主义的）只有具有更强的公共精神，进入积极的生活，追求共同利益，视他人利益为自我利益的一部分，铸造各方利益的"正比相关"态势，共同体才能维持下去。与此同时进行的是，只有参与共同体，使公民的"能力得以锻炼和提高，思想得以开阔，感情也会变得高尚，而整个灵魂都得到了升华"。③ 公民美德在共同体中日益明显。

因此，共和主义公民身份必然十分看重政治参与的价值。它不仅仅限于自由主义认可的投票和选举等政治活动，而是广泛存在于托克维尔所谓的地方性社区公共活动之中。公民作为政治活动的消费者是不够的而且也是危险的，他们更应该是管理者、自治者，应该以积极的态度恢复公共领域高于私人领域的本来状况。政治自由（无支配自由）只是在自由的共同体中才是现实的。斯金纳明确说："就个人自由这一概念来说，（共和主义者的）主题是只有在自由的国家中，才

---

① Quentin Skinner, "The Republican Idea of Political Liberty", *Machiavelli and Republicanism*, Cambridge: Cambridge University Press, 1990, p. 308.

② Benjamin Barber, *Strong Democracy: Participatory Politics for a New Age*, California: The University of California Press, 2003, p. 228.

③ James M. Buchanan, *The Limits of Liberty: Between Anarchy and Leviathan*, Chicago: The University of Chicago Press, 1975, p. 2.

能自由地追求个人自由，它的实现才是可能的。"① 因此，只有首先成为一个自由的和自我治理的共同体中的成员，公民才能成为自由的个人。唯有此，才能防止"公共人的衰落"和拒绝自由主义潜含的极权主义诱惑，从而消除共同体自由民主的最终威胁。

二　增强民主制度活力

共和主义公民身份加强了公民自由和公共生活之间的联系，公民服务于共同体的事业是防止公民腐化和共同体瓦解的有效方法。美国学者理查德·达格（Richard Dagger）指出，政治参与能够帮助个人确立"自己是共同体的一员"的公民意识，成为"真正的公民"。而政治参与不仅是共和主义公民身份的决定性特征，而且还是实现和巩固共和主义公民身份的重要力量。② 真正公民的大量涌现，激活了共同体成员参与共同体事业的热情，重新培养了积极的公共精神，为共和制度的运作提供了恒常的动力。这一结论可以从本杰明·巴伯（Benjamin Barber）关于强势民主（strong democracy）的政治理论分析和罗伯特·帕特南（Robert Putnam）关于意大利北部民主制度持续活跃的政治社会学研究中得到佐证。

1. 巴伯教授虽然在《强势民主》一书中强调强势民主与古典共和主义没有联姻，强势民主关于公共生活的理论也不如古典共和主义那样完整和统一。但同时，他又告诉我们，强势民主确确实实"起源于一种颇有吸引力的理论传统"，依赖于"公民自治的共同体的理念，把公民联结到一起的黏合剂更多的是公民教育而不是同质性的利益，使公民的共同目的和相互行动成为可能的是他们的公民态度和参与制

---

① Quentin Skinner, *Liberal before Liberalism*, Cambridge：Cambridge University Press, 2001, p. 60.

② Richard Dagger, "Republican Citizenship", *Handbook of Citizenship Studies*. London：Sage Publications, 2002, p. 152.

度，而不是他们的利他主义和善的自然性"。① 实际上，从他关于强势民主实现的必要条件的建构中可以发现，强势民主具有深沉的当代共和主义色彩，如果不是古典共和主义的话。

强势民主是被作为自由主义民主（代议制民主）的补充提出来的。巴伯指出，强势民主"是在参与模式的政治中得到界定的：从字面上讲，它是公民的自治（self-government）而不是在公民的名义下实行的代议制。在其下，积极的公民进行直接的自我治理，当然并不是事无巨细地涉及每一个层次，而主要专注于决定基本政策和使用重大权力等事项。自治要得到制度的保障才能顺利开展，这些制度通过议程设置、协商、立法和政策执行（以'共同工作'的形式）使持续不断的公民参与更加容易"。② 公民参与在强势民主中具有特别重要的地位，是据以批判自由主义民主个人主义泛滥的有力要素。甚而，公民积极而又持续的参与构成强势民主的前提，公民在参与中界定自我，突出公民身份的含义，因此，参与表明了公民的存在方式。自我只有在"政治竞技场中直接遇见时"才能成长为真正的公民。显而易见，这就是阿伦特所说的"去私人化（deprivatized）和去个人化（deindividualized）过程"。阿伦特说："一个人的卓越总是需要他人的在场，而他人的在场又需要形成一个由他的同侪所组成的公共领域，而不能是一些他的同等者或地位低下者的偶然或随便到场。"③ 只有与他人处于同一个公共领域中，我的所见所闻才能同时被他人看到和听到，我是"在人们中间的"（inter hominess esse）。公共领域因此是公开的，它允许并且鼓励公民参与，它的实在性依赖于公民在各种视角和方面的共同在场。相反，"当共同世界只在一个立场上被观看，只被允许从一个角度上显示自身时，它的终结就来临了"。④

---

① Benjamin Barber, *Strong Democracy: Participatory Politics for a New Age*, California: The University of California Press, 2003, p. 117.
② Benjamin Barber, *Strong Democracy: Participatory Politics for a New Age*, California: The University of California Press, 2003, p. 151.
③ ［美］汉娜·阿伦特：《人的境况》，王寅丽译，上海人民出版社2009年版，第31页。
④ 同上书，第39页。

公民参与的方式不是暴力，也不仅仅是投票和演讲，而是"讨论"（talk）。巴伯把讨论看作是强势民主的核心，它"是指涉及语言或者言语象征符号的人与人的相互作用"。① 它与亚里士多德界说的"人是能言说的存在"一脉相承。巴伯认为，讨论具有三个一般性特征：倾听；有效且可认知；从反思到行动。倾听而非演讲弱化了政治过程的对抗性，推进了平等。因为演讲的目标是要用激烈的话语和言语的修辞说服对方，公民在这个过程中是被动的接收者。而倾听则"意味着我不会为了寻找对手的弱点和寻求可能的讨价还价而审视他的立场，也不会容忍对手尽数说出他的选择。相反，它意味着'我将设身处地的进入他的处境中，我将试图理解他，我将尽力倾听使我们相似的东西，我也将倾听激起共同目标和共同善的普遍性修辞'"。② 讨论脱离了哲学家的纯粹理性世界，从而进入公民的政治实践世界，公民参与也变得丰富多彩。有效性和可认知性伴随讨论的过程，它们成为讨论必备的因素。经过讨论，公民对政治生活进行合理的反思，而反思后的结果只有划归为行动，政治参与才显示出真实的意义，强势民主的参与型政治面向才能突出。巴伯认为，讨论具有的那种活跃的、面向未来的特性暗含实用主义的要求，即反对真理上的教条、人造物和目的论的托词，讨论的主要关注对象是"未来的行动而非先在的原则"。③

在巴伯的强势民主理论中，公民参与共同体的同时型构了公民身份。即是说，公民身份的强势民主理论需要"公民参与"和"共同体"的同时存在。公民参与不仅确证了"自我"的存在，它还预设了

---

① Benjamin Barber, *Strong Democracy: Participatory Politics for a New Age*, California: The University of California Press, 2003, p. 173.

② Benjamin Barber, *Strong Democracy: Participatory Politics for a New Age*, California: The University of California Press, 2003, p. 175.

③ Benjamin Barber, *Strong Democracy: Participatory Politics for a New Age*, California: The University of California Press, 2003, p. 178. 阿伦特同样看重行动在公共领域中的地位，甚至把它作为公共领域的构成性属性。没有行动，就没有公共领域。具体可参见［美］汉娜·阿伦特《人的境况》，王寅丽译，上海人民出版社 2009 年版，第 1 章和第 2 章。

他人的存在，形成与共同体相关的"我们的"意识。他人的在场是公民参与和公共领域的前提，缺少参与的共同体只能是强迫性的服从，最后将导致"合理的"集体主义。同样，缺少共同体的参与只能是个人主义的再次强化，最后将导致讨价还价的政治交易。公民参与和共同体两个因素共同保障强势民主，"公民只有通过形成共同意识才能克服他们的不足和使他们的依赖合法化。实现自主的道路要通过共性（commonality）而不是绕过它"。①

可见，借由公民身份建构的强势民主，凸显出浓郁的共和主义色彩，能够弥补自由主义民主中公民参与过于稀薄的缺陷。巴伯总结道："民主只能以强势民主的形式才能存在，只能被有能力的和负责任的公民而不是被伟大的领导者所保全……只有当我们成为公民时，我们才是自由的，而且我们的自由和平等只有被归于公民身份时才是可持久的。我们可能是生而自由的，但只有当我们生活于公民之中时才能够死而也自由。最重要的是，公民绝对不是天生的，而只能是在自由的政治中公民教育和公民政治参与的结果。"② 这说明，积极生活的公民对民主制度的高效运行是至关重要且不可缺少的。

2. 美国政治社会学者罗伯特·帕特南与其同事经过 20 余年的对意大利的实证研究，挖掘出意大利北部和南部之所以呈现出完全不同的民主制度绩效的深层次关键原因。帕特南承认，富裕程度和现代化的进程当然是影响民主制度绩效的一个重要原因，但这种解释并不能够有效契合意大利北部和南部的情况差异。他认为，意大利公民生活的南北差异"在解释制度绩效方面起着关键的作用"。③

帕特南观察到，意大利北部的地方政府绩效明显高于南部。那里的公民"都通过日报热切地关心社区事务。他们为公共事务所吸引，

---

① Benjamin Barber, *Strong Democracy*: *Participatory Politics for a New Age*, California: The University of California Press, 2003, pp. 216-217.

② Benjamin Barber, *Strong Democracy*: *Participatory Politics for a New Age*, California: The University of California Press, 2003, pp. xxix.

③ ［美］罗伯特·帕特南：《使民主运转起来——现代意大利的公民传统》，王列、赖海榕译，江西人民出版社 2001 年版，第 17 页。

而不是为个人化的或庇护——附庸型的政治所吸引。居民们相互信任、行为公允、遵守法律。这些地区的领导人比较诚实。他们相信民众政府，始终愿意与自己的政治对手达成妥协。这里的国民与领导人认为平等是合意的。社会网络和政治网络的组织方式是水平型的，不是等级制的。社区鼓励团结、公民参与、合作和诚实的品质。政府是有效的"。① 意大利北部的公民性（civility）极强，公民的共同利益和公民自由也更容易获得。

与北部截然相反的是，南部是一些公民性弱的地区，甚至根本就"无公民品质"。在南部，"公共生活的组织方式是等级化的而非水平型的。'国民'的概念被严重扭曲。在个体居民的眼里，公共事务是别人的事务……不是自己的事务。很少人有心去参加关于共同利益的思考，但很少有人提供给他们这样的机会。政治参与的动机是个人化的依附或私人的贪欲，不是集体的目标。对社会和文化社团生活的参与非常少。私人的考虑代替了公共的目的。腐败被视为常态……法律是让自己去违反，同时去吓唬别人不得违法的东西。人们要求更严厉的纪律。陷在这种恶性循环里，几乎每个人都觉得无力、受剥削和不幸福"。② 因此，南部地区政府的绩效不如北部，那是自然的事情。帕特南得出结论，公民性程度是影响民主制度运行的主要因素。公民性程度越高，民主制度就越有效率，也越持久。反之亦然。

北部和南部之所以会呈现如此明显的差异，缘于北部具有浓厚的共和传统，而南部具有久远的封建专制历史。11 世纪时的意大利社会生发了两种政治制度。南部地区，封建制度被完整保留下来，专制的、权威的中央权力控制着由上至下的社会阶层。这里的情况是"无论什么时候，城市自治的星星之火一旦出现，立刻就会被扑灭；工匠和商人的公共生活受到来自中央和上面的管理，而不是（像在北方那样）

---

① ［美］罗伯特·帕特南：《使民主运转起来——现代意大利的公民传统》，王列、赖海榕译，江西人民出版社 2001 年版，第 133 页。

② 同上书，第 133—134 页。

内部的调节"。① 同时期的北部地区，封建帝国性因素几近消失，城市
共和国得到充分发展，它的"最显著特征就是，人们通过说服的形式
可以最大程度地参与和决定有关他们生活的立法和决策活动"。② 因
而，北部地区被恰当地称作"公共的意大利"。帕特南把北部地区的
共和制度看作是"前所未有的"，其中主要包括以下新颖的要素。首
先，公民积极参与公共事务，而且城市领导者经过选举产生且有任职
期限，领导者的权力受到法律的合理规制，统治模式包含着较多的自
由和平等特征。共和国的公民认真追求托克维尔所说的"正确理解的
自我利益"，他们"虽然不是无私的圣人，但是也不认为公共领域仅
仅是追求个人利益的战场"。③ 公民把自己的以及家庭的命运与共和国
的命运紧密相连，恢复了古罗马共和国时期珍贵的忠诚传统。其次，
自治组织，如同业公会，蓬勃涌现，并要求更全面的政治改革，以进
入到城市共和国的权力结构中。随之必然产生大量的冲突。城市共和
国解决冲突不是依靠战争与暴力，而是依靠公民美德的更新。帕特南
认为，丰富的组织生活网络和新的共和国的道德观念，赋予中世纪意
大利北部城市一种独特的品质，即我们所说的"公民共同体"。最后，
水平的横向的公民合作网络增进了人们之间的信任，使公民共同体更
加团结，公共精神也更为丰富。詹弗兰克·波吉（Gianfranco Poggi）
也认为，"共和制度的延续最需要的就是，在人们之间广泛传播的私
人之间的信任这样一种道德品质"。④ 信任催生"信用制度"，能够对
商业和贸易产生积极影响，经济力量的壮大反过来又巩固了城市共和
国的制度。

　　帕特南把体现于公民生活中的积极因素，概括为"社会资本"，

---

　　① 同上书，第 143 页。

　　② Frederic C. Lane, *Venice and History*, Baltimore：Johns Hopkins University Press, 1966,
p. 535.

　　③ ［美］罗伯特·帕特南：《使民主运转起来——现代意大利的公民传统》，王列、赖海榕
译，江西人民出版社 2001 年版，第 100—101 页。

　　④ Gianfranco Poggi, *Imagines of Society：Essays on the Sociological Theories of Tocqueville, Marx
and Durkheim*, Stanford：Stanford University Press, 1972, p. 59.

即互惠规范（norms of reciprocity）和公民参与网络。它们通过促进公民合作和信任提高民主制度的绩效。社会资本的丰富与贫乏，直接影响社会的民主状况。社会资本的稳步发展，正是意大利公民性和公共精神较强的北部地区良性循环的"关键部分"。在这里，互惠主要有两种：均衡的互惠和普遍的互惠。前者是指人们同时交换价值相等的东西，它广泛存在于社会生活中。后者是指人们持续地进行交换，它并不要求同时发生，而更多地要求未来发生。社会资本主要是普遍的互惠，它能够最大程度地约束投机行为。因为在长时间的关系中，损人利己者必将被驱逐出共同体。公民参与网络是横向的、网状的，它跨越了社会分层，不同于庇护——附庸式的垂直关系网络，横向的公民参与更加密集，也更有效率。虽然共和国在政治制度上被封建制度代替，但公民性和公共精神却在公民参与的传统中传递下来，成为现时代民主活力的关键性遗传因素。社会资本与民主制度之间的正相关关系，使帕特南总结出一条有益的经验，即民主制度是否具有活力，运行是否良好，取决于共同体中共和主义的美德状况和实践表现。

第四章　共和主义公民身份与
公民美德

第二章和第三章的讨论告诉我们，无支配自由是共和主义公民身份的最高政治价值，也可以说是共和主义区别于其他主义的显著概念。共和主义公民身份不是自动生成的，当然也不会一劳永逸。它需要内外两方面的促进与保障因素：公民美德与共和主义宪政。公民美德（civic virtue）既是共和主义的重要特征，又是共和主义公民身份的"关键道德部分"。① 波考克深刻地指出，对共和主义思想家来说，每个人的政治自由都依赖于全体公民的美德。② 因而，积极型构适合当代政治社会情境的公民美德能够丰满共和主义公民身份的内涵，亦能够抵制以个人权利为导向的自由主义公民身份所引发的"公民私人化"倾向，使共和主义民主制度充满生命力。同时，共和主义国家坚持的公共性和政治性属性能够赋予自由国家（自由共同体）最可信任与持久的动力，并借此而有利于共和主义公民身份的生成与实现。本章首先处理公民美德诸问题，下一章再探究有关共和主义国家的问题。

---

① Andrew Peterson, *Civic Republicanism and Civic Education: The Education of Citizens*, London: Palgrave MacMillan, 2011, p. 77.

② J. G. A. Pocock, *The Machiavellian Moment: Florentine Political Thought and the Atlantic Republican Tradition*, New Jersey: Princeton University Press, 1975, p. 184.

第一节　共和主义公民美德的内容

在西方政治思想史上，对公民美德的关注不晚于古希腊城邦时期。亚里士多德说："胸怀优良法制这一目标的人不得不考虑政治上的德性和邪恶的问题。要真正配得上城邦这一名称而非徒有其名，就必须要关心德性问题，这是毋庸置疑的。"① 西塞罗也认为，我们如若要达致生活的最高最好的目标——幸福，"就必须致力于美德，因为要是没有美德，我们就既得不到友谊，也得不到其他任何值得企求的东西"。② 然而犹如"共和主义""公民身份"诸概念一样，历史的厚重反而增添了我们把握"公民美德"的难度。因此，精确地定义公民美德成为一件不可能的工作。史蒂文·盖伊（Steven G. Gey）就倾向于认为，公民美德既是共和主义公民身份的理论核心，然而又是它的"阿喀琉斯之踵"。③ 它不仅易受攻讦，而且缺乏坚硬的核心认识。伊休特·霍纳汉（Iseult Honohan）走得更远。她坚持认为公民美德的概念太过于模糊不清，以至于我们不可能给它一个确定的实践性解释，因此，它就会有多种多样的政治暗示。④ 谢莉·伯特（Shelley Burtt）则认为，共和主义公民美德可以被恰当地归纳为一种"性情"（disposition），即在公民行动和审慎考虑的活动中，坚持公共善优先于个人善。⑤ 其实，没有必要纠缠于词语的概念化工作，结合论题需要对此作出描述性分析更为可取。因而，我们最需要弄清楚的是共和主义以

---

① ［古希腊］亚里士多德：《政治学》，颜一、秦典华译，中国人民大学出版社 2003 年版，第 88 页。

② ［古罗马］西塞罗：《论老年　论友谊　论责任》，徐奕春译，商务印书馆 1998 年版，第 77 页。

③ Seven G. Gey, "The Unfortunate Revival of Civic Republicanism", *University of Pennsylvania Law Review*, Vol. 141, No. 3, 1993.

④ Iseult Honohan, *Civic Republicanism*, London: Routledge, 2002, p. 160.

⑤ Shelley Burtt, "The Good Citizen's Psyche: On the Psychology of Civic Virtue", *Polity*, Vol. 23, No. 1, 1990.

及无支配自由的保持要求哪些公民美德。

但不得不再次提出的是，在进行这一工作之前明确以下一点是十分必要的，即自由主义公民身份并非不涵括公民美德。它表现出来的个人主义的、平等主义的、普遍主义的、改良主义的以及反至善论的五个特征内在地指向自由主义视界里的公民美德内容，如宽容、尊重、妥协、平等、进步、守法，等等。但按照自由主义的思想逻辑，自我优先于目的，权利优先于善，个人是政治活动和优良生活的最高评判者，着眼点与归宿是私人性的满足和价值享受。自由主义公民身份典型强调与政治生活领域无关联的美德，也就是"私人性的美德"，① 它更多地"是一种以非专断干涉的方式达到自己目的的个人能力"。② 正如金里卡所言，自由主义公民美德毋宁说是一种"公民礼仪"或"得体"的社会品德，它主要适用于日常行为而非政治活动。③ 而共和主义公民身份的公民美德是参与性的和广包的，它具有公共性的鲜明特色。中山大学谭安奎指出，共和主义与自由主义之争的关键方面就是公民美德，它是二者之间的真问题所在。共和主义高扬的真正具有公共性的公民美德是共和主义政治思想的一个缩影，而这正是自由主义所欠缺的。④ 共和主义公民美德造就的是积极和高尚的公民，他们能够深刻认同自己对他者及对共同体生活的价值与意义，意识到自己是某种必须生活在共同体中的"有依赖性的存在"，而且还表现出对他者及共同体的关怀，以及相互承认这种关怀的伦理意蕴。说到底，共和主义公民美德与共和主义公民身份存在互相促进的链式关系。共和主义公民身份呼唤公民美德的养成，公民美德的实践反过来能够极大

---

① Clifford Orwin, "Citizenship and Civility as Components of Liberal Democracy", *Civility and Citizenship in Liberal Democratic Societies*, New York: Paragon House, 1992, p. 85.

② John W. Maynor, *Republicanism in the Modern World*, Cambridge: Polity Press, 2003, p. 182.

③ ［加］威尔·金里卡：《当代政治哲学》（下），刘莘译，上海三联书店 2004 年版，第 543 页。

④ 谭安奎：《自主性与公民美德：自由主义如何回应共和主义的挑战》，《政治思想史》2010 年第 4 期。

促进共和主义公民身份的保有，进而强化共同体团结的纽带。

一　积极生活

J. G. A. 波考克敏锐地观察到，古典共和主义在晚近历史编纂学（historiography）的研究中已经占据了关键性地位。它再一次肯定，只有当个人处在积极生活的状态中时，他才能实现自己的本质，成为一名公民。人的天性也只有在公民积极地参与到积极生活中才能臻于完善。参与，或者说积极生活就是公民的天性、本质和目的，同时也是公民的美德。[①] 显而易见，积极生活是共和主义的公民身份传统真正需要的公民行动，它构成共和主义公民美德的独特内容，对保护和维持公民政治自由大有裨益。积极生活的公民美德观承袭自亚里士多德以来的政治思想传统，虽然各个时期的表述者赋予积极生活的地位各有差异，并由此而有雅典式共和主义与罗马式共和主义之分殊，但他们却在把积极生活作为好公民应该具备的美德这一点上享有共同立场。如果要实现共同体的善治良政，公民的积极生活是绝对不可缺少的。

亚里士多德认为，城邦是人之为人的最根本判准，人只有附属于城邦才能取得追求幸福的可能。因之，城邦是人的美德能得到真正而彻底展现的“唯一政治形式”，[②] 同时也成为公民美德的构成要件。众所周知，古希腊的民主制度是建于奴隶制度之上的，城邦中能够参与公共生活，行使审判和司法职能的是少数人，即他们所谓的“公民”。前文已指出，古希腊的公民身份是不平等之上的平等。在公民的范围之内，每个公民都有平等的权利进入公共生活，对城邦共同体亦负有平等的义务。政治活动是他们的生活方式，纯粹私人的、事务的世界与他们无关，甚至可以说那是“属物的世界”。伯里克利说：“这是我

---

① John G. A. Pocock, "Virtues, Rights, and Manners: A Model for Historians of Political Thought", *Political Theory*, Vol. 9, No. 3, 1981.

② ［美］麦金太尔：《德性之后》，龚群、戴扬毅译，中国社会科学出版社1995年版，第186页。

们的特点：一个不关心政治的人，我们不说他是一个注意自己事务的人，而说他根本没有事务。"① 在城邦之中，公民以两种角色同时存在，即统治者和被统治者。公民美德尽情地蕴含其中。侨民、奴隶、仅仅有诉讼和请求法律保护的人、归化的人、工匠等不在城邦公民的范围之内，可以合理称之为公民的只能是那些能够参与城邦政治，享有政治权利的人。其中最根本的权利就是"参加议事和审判职能"。既然城邦中的人被分为公民与非公民两大集团，他们的美德也必各不相同。从事鄙俗贱业的人不可能像公民那样具备"既能统治也能被统治的良好品德"，他们受困于生活必需品的满足，缺少闲暇。色诺芬曾说："大多数工艺损害从业者的身体，他们不得不坐在阴暗处或是火边；无论对于朋友或共和国，他们都腾不出时间。"② 所以，最优良的城邦不应该把这些人作为公民。

但是，公民又是从城邦中的人分离出来的，他们的美德与一般所称的善良之人（好人）的美德有何区别呢？亚里士多德宣称：好公民的美德并不全然相同于好人的美德，二者只是局部相重合。其一，公民由于是在具体的城邦中被辨认的，他的美德就应该符合于他所生活的那个城邦的政体。"公民的德性与他们所属的政体有关。倘若政体有多种形式，显然一个良好的公民不能以唯一的一种德性为完满。"③ 各种政体（三种正宗政体，三种变态政体）分别相应于不同的公民美德。与之相反，好人能够统归于一种至善，即合于"中庸"。因此可以说，好公民不一定是好人，只要积极参与政治生活，就符合好公民的美德要求，最优良的城邦需要的是好公民的大量涌现，所有的好公

---

① 参见［古希腊］修昔底德《伯罗奔尼撒战争史》（上册），谢德风译，商务印书馆1960年版，第149页。

② 参见［法］孟德斯鸠《论法的精神》（上卷），许明龙译，商务印书馆2009年版，第45页。

③ ［古希腊］亚里士多德：《政治学》，颜一、秦典华译，中国人民大学出版社2003年版，第77页。

民都应该有好公民的品德，而不必要也无须具备好人的全部品德。①
其二，公民作为统治者时，他们的美德就可能与好人的美德相重合。
亚里士多德从统治者与一般公民所接受的教育出发，得出结论说：
"统治者的品德有别于一般被统治公民的品德。那么，以统治者来说，
其品德就相同于善人的品德。"② 必须说明的是，公民统治者和被统治
者的角色在此是否被割离了呢？本书认为并非如此。因为统治和被统
治是两种完全不同的政治活动，因而必然需要相宜的美德与之相应。
"出令并指挥"与"受命而服从"当然有所差别。优秀的统治者"须
先行研习受命与服从的品德"，如此，一俟承担统治者角色，公民方
能履行应尽的责任和义务。亚里士多德总结道：好公民必须同时经验
统治者和被统治者的美德，"他应该懂得作为统治者，怎样治理自由
的人们，而作为自由人之一又须知道怎样接受他人的统治——这就是
一个好公民的品德"。③ 在这种情况下，一个真正具有美德的公民就是
一个真正的人，就是好人。

　　亚里士多德关于公民积极生活的陈述暗含了雅典式共和主义所支
持的政治自由，即积极而持续地参与共同体权力。他们"随时准备作
出许多牺牲，以维护他们的政治权利以及分享管理国家的权力。每个
人都因为自己的投票具有价值而自豪，他们从这种个人重要性的感觉
中发现巨大的补偿"。④ 换句话说，积极生活、政治参与不似自由主义
话语体系中那样只是最底线的品德，不是靠保护公民政治自由而得到
维护，也不是民主社会诸多善中的其中一种。在雅典式共和主义看来，
积极生活是一种"内在善"（intrinsic good），它"在善的生活中占据

---

　　① 伊休特·霍纳汉延续了这一区分，认为"圣人的美德"与"好公民的美德"不尽相同，
二者的区别在当今的政治社会中更加明显。Iseult Honohan, *Civic Republicanism*, London: Routledge,
2002, p. 163. 但也有学者认为，区分二者并没有多少实际用处。Andrew Peterson, *Civic Republican-
ism and Civic Education: The Education of Citizens*, London: Palgrave MacMillan, 2011, p. 85; James
Arthur, *Education with Character: The Moral Economy of Schooling*, London: Routledge, 2003, p. 34.
　　② ［古希腊］亚里士多德：《政治学》，吴寿彭译，商务印书馆1965年版，第125页。
　　③ 同上书，第127页。
　　④ ［法］邦雅曼·贡斯当：《古代人的自由与现代人的自由》，阎克文、刘满贵译，商务印书
馆1999年版，第33页。

特权地位"。① 甚至可以说，它是共和主义公民美德最强有力的主张。

根据关于积极生活的态度，当代美国政治学家迈克尔·桑德尔（Michael Sandel）把共和主义划分为弱的、温和的共和主义和强的、严格的共和主义之二种。雅典式共和主义把积极生活视作为构成公民本质的一种要件，除非我们积极生活，否则不可能进行独立判断、与他人协商交流以及追求优良生活。积极生活不是义务和负担，而是自治，是公民政治自由的表征。而罗马式共和主义则比较温和，它将积极生活视作为一种工具性的善（instrumental good）。积极生活最大的价值是能够保障公共权力只是为了"共同利益"而使用，避免公共权力的"私人化"或被少数人所利用。它不是公民身份的构成性内容。正如佩迪特坚持的观点，共和主义有时会因为要求公民同时是好人，即成为共同利益的热爱者而受到指责。但共和主义认为更重要的是公民的自由确实需要可信任的善的行为。② 平等主义的自由主义者罗尔斯也明确指出，政治自由的维系十分需要"那些拥有维护立宪政体所必需的政治美德的公民们的积极参与"。③ 这种古典共和主义，即罗马式共和主义与政治自由主义在根本上取得了一致，即积极生活是维护自由的必需条件，尽管它们在关于制度设计的细节问题上存在不少差异。

总体上看，在共和主义传统中积极生活的公民美德无论是作为一种"内在善"，还是一种"工具性的善"都对优良生活有重大意义。马基雅维里即把罗马共和国的伟大光荣归于罗马公民对国家的无限热爱与奉献，甚至公民之间的内讧都有利于共和国的自由。如果有人认为贵族与君主之间的纷争有害于城邦，那是因为他们"未看到这些嘈杂喧嚣的纷争收到的良好效果；他们没有顾及共和国皆有两种相反的气质，即民众的气质和大人物的气质，凡是有利于自由的法律，皆来

---

① ［美］约翰·罗尔斯：《政治自由主义》，万俊人译，译林出版社 2000 年版，第 219 页。

② Philip Pettit, *The Common Mind: An Essay on Psychology, Society, and Politics*, New York: Oxford University Press, 1993, p. 313.

③ ［美］约翰·罗尔斯：《政治自由主义》，万俊人译，译林出版社 2000 年版，第 218 页。

自他们之间的不和"，他们也没有看到"世人无端诬责之纷争"创设了"有益于公共自由的法律和秩序"。① 卢梭认为，政治社会中的公民就是"主权权威的参与者"，既是统治者又是被统治者，他们以公共利益为旨归，把公益置于私利之上，在政治统治中实现自由。托克维尔把他观察到的美国公民积极结社的行动看作是他们积极生活的表现，是证明美国是由公民统治的最好证据。而且，结社自由也是反对多数专制暴政的必要措施。如果缺少这项自由，就没有"任何可以防止暴政的堤坝"，那么，"一个伟大的民族不是要受一小撮无赖的残酷压迫，就是要受一个独夫的残酷压迫"。② 美国公民在各种层面上参与到公共事务中，使得由代表行使的公共权力脱离不了最广泛公民的控制，从而保障了政治自由。对积极生活的尊崇在共和主义思想的流传中被较好地保存下来。当代，对积极生活做出最深刻贡献的是复兴古典共和主义的先行者——阿伦特。

阿伦特认为，"积极生活"（vita activa）是对亚里士多德的"政治生活"（bios politikos）的标准翻译，它的原初意义就是参与公共政治事务，就是"优良生活"。积极生活意指人们积极参与到政治生活领域（公共领域），它"为有意义的思考、行动和判断提供一种大体上是背景性的方式，一种生存在世界上的方式，它比任何可能的对它的解释都更加深刻，更多方面"。③ 正是在这种意义背景下，附属于共同体的个人就"从我已获得的并构成为我所是之一部分的伦理观念来思考伦理善和其他诸种善"。④ 在此过程中，我与其他个体一道赋予伦理善以某种特殊的重要性。因此，不妨说，积极生活成为公民存在的证

---

① ［意］尼科洛·马基雅维里：《论李维》，冯克利译，上海人民出版社 2005 年版，第 56 页。

② ［法］托克维尔：《论美国的民主》（上卷），董果良译，商务印书馆 1988 年版，第 217 页。

③ ［美］丹尼尔·贝尔：《社群主义及其批评者》，李琨译，生活·读书·新知三联书店 2002 年版，第 86 页。

④ Bernard Williams, *Ethics and the Limits of Philosophy*: *With a Commentary on the Text by A. W. Moore*, London: Routledge, 2006, p. 51.

明。可以看出，积极生活天然要求公民的行动立场，没有行动，伦理善不能形成，而这恰好与阿伦特对"行动"（action）的推崇相一致。阿伦特区分了三种根本性的人类活动：劳动（labor）、工作（work）和行动。① 劳动是人的生物本能的表现，它通过生产生活必需品而与人的生命本身相关。工作是人造的世界，经由工作产品的中介，人与人发生关联。虽然工作产品不像劳动产品那样很快地被消耗，有一定的持存性，但"使用"终归会侵蚀它。劳动和工作以及它们的产品保障了人的种类的延续，但由于都是消费品，不具有永恒性。行动是所有人的天分，它"在本体论上扎根于人出生在世"。② 行动就是去开始，行动是人的存在方式，是人追求不朽的可靠途径。它超越了必需品的束缚，行动者不是劳动者，也不是技艺者，而是自由者。在公共领域，行动者积极参与政治生活，并在此之中实现卓越（aretê）或美德（virtus）。劳动和工作没有这种功能，它们仅仅表明身体（肉体）的存在，是人作为物理对象而非作为人的相互呈现。因为与人的复数性存在之事实一致，行动就不仅使自我与他者表现出差异，而且还赋予自我与众不同的特性。所以，离开行动，"实际上就是在世间的死亡；它不再是一种人的生活，因为它已不再活在人们中间"。③

阿伦特援引亚里士多德的观点认为，"劳动和工作不够有尊严，不足以构成一种完整意义上的生活（bios），一种自主的和真正属于人的生活方式"，④ 而行动与此二者截然相异，它与政治共同体直接相关。行动不仅内含在人的活动中，而且还是最优秀的政治活动。这种优秀通过行动揭示"我是谁"而得到显露。"我"通过行动，成为行动者，成为"在之间"（in-between）的存在。扬-布鲁尔（Elisabeth

---

① 其实，阿伦特谈到了四种人类活动：劳动、工作、行动和思考。前三种是每个人都力所能及的，而"思考"是人之所能的最高级、最纯粹的活动，它超出了普通人的能力。具体可参见[美] 汉娜·阿伦特《人的境况》，王寅丽译，上海人民出版社 2009 年版，第 5 页。

② [美] 伊丽莎白·扬-布鲁尔：《阿伦特为什么重要》，刘北成、刘小鸥译，译林出版社 2009 年版，第 60 页。

③ [美] 汉娜·阿伦特：《人的境况》，王寅丽译，上海人民出版社 2009 年版，第 139 页。

④ 同上书，第 6 页。

Young-Bruehl）说："行动揭示了一个人究竟是什么人，因为他不同于其他所有人，却又与所有的人相关，潜在地和整个人类相连。"① 公共领域的持续健康存在离不开行动者的行动。当然，在阿伦特那里，行动与言说相伴随。"无言的行动不再是行动，因为没有行动者；而行动者，业绩的实践者，只有在他同时也是话语的言说者时，才是可能的。"②

阿伦特表述的积极生活的公民美德最清楚地显示共和主义公民美德不仅仅是一种品质和态度，更是一种能力；不是消极的远离政治生活，而是积极的进入政治生活的行动。古典共和主义坚持的"人的公共性"在阿伦特这里得到了有力回应，从而自基督教以来的"沉思生活"（vita contemplation）的至上性被否定。那种"自我沉醉的、疏离世界的"生活导致现代版的"蔑视世界"，而这正是"世界的异化"，正是"黑暗时代"来临的前兆。③ 阿伦特的理论努力驱散了这种阴霾，在共和主义画卷上留下了浓浓的一笔。

二　爱国主义

爱国主义④（patriotism）虽然是晚近出现的政治学专门术语，但它的精神却早已蕴含在古希腊以降的西方政治思想之中。亚里士多德一贯坚持的公民美德只能在为城邦公共事务的服务中才能获得的理念无疑是爱国（爱共同体）主义的最早表达。至古罗马时期，国家代替城邦成为人类组织政治生活的最适宜形式。西塞罗更是明确指出，国家体现出的每个公民之间的联系是所有联系样式中最紧密的，对祖国

---

① ［美］伊丽莎白·扬-布鲁尔：《阿伦特为什么重要》，刘北成、刘小鸥译，译林出版社2009年版，第60页。

② ［美］汉娜·阿伦特：《人的境况》，王寅丽译，上海人民出版社2009年版，第140页。

③ 参见［美］伊丽莎白·扬-布鲁尔《阿伦特为什么重要》，刘北成、刘小鸥译，译林出版社2009年版，第59页；［法］朱莉亚·克里斯蒂瓦《汉娜·阿伦特》，刘成富等译，江苏教育出版社2006年版，第136—142页。

④ 当然，本文的前提预设是爱国主义可以作为一种公民美德而被研究。有关爱国主义是否是一种美德的争论，可参见 Alasdair MacIntyre，"Is Patriotism a Virtue?"，*Debates in Contemporary Political Philosophy：An Anthology*，London：Routledge，2005，pp. 286-300.

的爱高于而且还包含了我们对父母的爱，对亲戚、朋友的爱以及对子女的爱。爱国要求天生具有处理公共事务才能的人毫不迟疑地参加公共职务，"毫无保留地献身于国家，不在乎自己的影响和权力，心目中只有整个国家和全体公民的利益……不惜任何损失以坚持正义和诚信，不管损失有多大，也不会背弃正义和诚信，甚至面对死亡也在所不惜"。① 古罗马的荣耀与伟大就是凭借激发所有公民的爱国情感，为共同体利益一致奋斗争来的。爱国主义成为沉积在西方人深层文化意识中的最主要的美德之一，也成为争取自由、保卫自由的最有力武器。

面对四分五裂的意大利半岛，马基雅维里最迫切要恢复的公民美德不是古希腊人的哲学的或沉思的美德，而是古罗马人充满军事荣耀和好战精神的爱国主义美德。波考克通过研读马基雅维里的文本，认为马基雅维里使用的"virtus"一词有强烈的罗马意涵，就是指"个人采取政治和军事行动的能力"。② 马基雅维里告诉我们，只有参军打仗的人，只有武装起来的公民才是自由人，才是积极公民。为了维护自由的价值，与其说首要的是依靠有效的制度结构和法律，毋宁说是全体人民的公民自豪感和强烈的爱国精神。马基雅维里说，在所有的公民美德之中，"对国家的热爱是优于任何其他考虑的"，同样，"一个好公民出于对国家的爱，就不会被个人遭受的侮辱所击倒"。③ 爱国主义的公民美德在马基雅维里的论述中始终占据独特地位。

当代意大利共和主义者莫里奇奥·维罗里（Maurizio Viroli）独具慧眼地指出，基于对政治自由的另辟蹊径的阐释，共和主义在当下已经赢取了一种明确的理论认同。但是，有一个主题却没有被共和主义的研究者和赞同者充分重视和详尽探讨，即共和主义的爱国主义。他

---

① ［古罗马］西塞罗：《论老年 论友谊 论责任》，徐奕春译，商务印书馆1998年版，第130页。

② ［美］J. G. A. 波考克：《从佛罗伦萨到费城——一部共和国与其替代方案之间的辩证史》，任军锋译，载复旦大学思想史研究中心主编《共和主义：古典与现代》，上海人民出版社2006年版，第8页。

③ Quoted in Quentin Skinner, *The Foundations of Modern Political Thought*, Vol. 1, Cambridge: Cambridge University Press, 1978, p. 176.

声称："如果不能准确地理解共和主义政治理论家们所说的爱国精神，那么，对共和主义的任何历史或理论的分析都将是不完善的。"① 本书认为，爱国主义的公民美德与共和主义公民身份的最高政治价值——政治自由相一致。共和主义的爱国主义指向的对象是共和国和良好运转的社会，它可以不断增强公民对共和国的认同感和公民团结的纽带。进一步，共和主义的爱国主义由于其特殊内涵而能够与民族主义的爱国主义严格区分，从而为共和主义公民身份寻求更广泛正当的政治伦理基础。

孟德斯鸠在《论法的精神》中指出，在共和国里，美德就是爱国。具体地说，它要求公民"始终把公共利益置于个人利益之上，个人的一切美德均源于此，因而也可以说，个人的一切美德也就只是先公后私而已"。② 而且，美德还是共和国的推动力。这道出了共和国的特征，即什么是共和主义恰当理解并支持的共和国。按照共和国（res publica）的词义，共和国必然是以全体公民的共同利益为最高目标的国家，必然是以促进共同事业和公共利益为目的的国家。用佩迪特的话说就是，"共和国就是一个必须遵循其公民的共同利益，尤其是通常被理所当然地认为是他们共同的、公认之利益的国家"。③ 这样的国家就是能够获得公民深度认同的共和国，就是公民虽然受到法律干涉因而减少了选择的范围并降低了容易程度，但并没有受到支配的威胁从而丧失自由的共和国。也就是说，共和国只需要而且只允许考虑一件事，即遵循公民公认的公共利益。因此，共和国就持有三项主张，它"宣布那种支持某些所谓的善却没有考虑公民利益的至善论国家（the perfectionist state）是非法的；它宣布那种没有考虑人民对其利益之感受的家长制国家（the paternalistic state）是非法的；而且，最明

---

　　① ［意］莫里奇奥·维罗里：《共和主义的复兴及其局限》，刘训练译，载应奇、刘训练编《公民共和主义》，东方出版社2006年版，第163页。

　　② ［法］孟德斯鸠：《论法的精神》（上卷），许明龙译，商务印书馆2009年版，第41页。

　　③ ［澳］菲利普·佩迪特：《重申共和主义》，刘训练译，载应奇、刘训练编《公民共和主义》，东方出版社2006年版，第124页。

显不过的是，它也宣布那种只考虑某些个人或群体的公认利益而不是所有公民的公认利益的国家是非法的"。① 第一项主张把共和主义与自由主义区分开。共和主义虽然也反对至善论的国家，但并不在诸种政治价值之间保持中立，爱国者与非爱国者显然不可能被同等对待，共和国支持以公民利益为目标的政治价值，它不仅要满足私人性的要求，而且要铸造公民忠诚的共同体。后者显然更为重要，因之，以下观点就是可辩护的："与完全且仅仅受人民共同的、公认的利益之引导相一致的是，国家通常可以采取一些不利于某些人的决定。"② 第二项主张把共和主义与极权主义区分开。极权主义（totalitarianism）树立的是非理性的、冷酷无情的爱国主义。它没有或不愿意确定爱国主义是"对共和国及其公民的一种仁慈的、富于同情的热爱"，因而就必须"尊重正义与理性的原则"。③ 极权主义的爱国主义消灭了自由，消除了公民之间的差异。而共和主义的爱国主义是"一种理性之爱……是一种具有鞭策力的激情，它推动公民履行其公民义务，并赋予统治者完成捍卫或创设自由所必需之艰难任务的力量"。④ 第三项主张严厉批评以某些人或某些群体的公认利益为全体人民的公认利益的国家：腐败国家、派系国家和殖民地国家。佩迪特坚定指出："任何一个腐败的、派系的或殖民地的国家都不会仅仅遵循其公民共同的、公认的利益；一旦它与共和国发生冲突，它自然就会服务于私人的目的。"⑤ 这样的国家断然不会是公民认同的对象，而只能是远离与拒绝的对象。

因此，共和主义的爱国主义就是一种核心价值涵容自由的爱国主义。按照前文对共和主义自由的阐发，自由就体现在共和国的公民对

---

① ［澳］菲利普·佩迪特：《重申共和主义》，刘训练译，载应奇、刘训练编《公民共和主义》，东方出版社 2006 年版，第 125 页。

② 同上书，第 127 页。

③ ［意］莫里奇奥·维罗里：《共和主义的复兴及其局限》，刘训练译，载应奇、刘训练编《公民共和主义》，东方出版社 2006 年版，第 164 页。

④ 同上。

⑤ ［澳］菲利普·佩迪特：《重申共和主义》，刘训练译，载应奇、刘训练编《公民共和主义》，东方出版社 2006 年版，第 126 页。

共和国的公共事务的积极生活中，他们在"影响每个人的生活的公共领域的决策中有发言权"。① 在政治参与和追求共和国自由的过程中，公民对共和国的认同得到培养和加强。泰勒认为，公民对共和国的认同其实就是公民对一种共同善的承认，而共同善就是全体公民共享的为共和国追求的共同利益。还必须认识到的是，公民认同可以激发对共和国的热爱，推动公民走出私人生活的领域，体认共同利益的优先性与至上性，与同胞一起承担维系共同体自由的责任。而且，公民认同不仅在地理区域的层面，还在共同价值取向和伦理判断的层面为公民团结注入长久的动力，获得一种更加深厚的公共性。

因此，共和主义的爱国主义既是对共和国的爱，更是对自由的共和国的爱。这与民族主义的爱国主义有本质上的不同。在维罗里看来，共和主义的爱国主义诉诸一种基于共和主义公民身份经验的政治热情，它虽然含有公民文化的向度，但它主要通过公民积极生活、追求共同善和公共利益的政治实践来获得。民族主义的爱国主义则不同。它诉诸"共同的前政治性要素"，例如"大家出生在同一地域，属于同一种族，使用同一种语言，信奉同一种神祇，沿袭同一种风俗"。② 可以发现，共和主义的爱国主义由于追求和尊重共同利益而得到公民认同，它的本质是自由的，而民族主义的爱国主义基于同种、同语言、同风俗等同质性因素，而要求公民无条件的忠诚。后者并不认为共和国及其自由是共同体的首要价值，而尤其看重民族精神和文化的一致性，这被托克维尔称为"本能的爱国主义"。③ 这样的国家不会产生具

---

① ［加］查尔斯·泰勒：《答非所问：自由主义—社群主义之争》，应奇译，载应奇、刘训练编《公民共和主义》，东方出版社2006年版，第384页。

② ［意］莫里奇奥·维罗里：《共和主义的复兴及其局限》，刘训练译，载应奇、刘训练编《公民共和主义》，东方出版社2006年版，第165页。

③ 按照托克维尔的见解，本能的爱国主义其实是一种宗教，它不做任何推理，只凭信仰和感情行事。具体可参见［法］托克维尔《论美国的民主》（上卷），董果良译，商务印书馆1988年版，第268页。

有公民思想的人，只会造就无数具有宗教般热情的"信徒"。① 这是危险的，尤其在民族多元主义的今天，我们更要警惕民族主义的爱国主义卷土重来，避免法西斯主义的悲剧重演。

三 勇敢与宽恕和承诺

勇敢是一种情感，是一种从心底催生公民积极生活和爱国主义的公民美德。同时，它本身也是公民积极生活和爱国主义的构成要素。在亚里士多德那里，勇敢是鲁莽和怯懦的中间，勇敢的人就是那些无所畏惧地直面死亡或生命危险的人。勇敢地参加战斗，为城邦自由而不惜生命的人，是在任何政体下都被称赞的人。可见，一开始，勇敢就与共同体紧密相关。正是在公共生活中，在追求城邦自由的过程中，勇敢得以完全显现。西塞罗也把勇敢置于公共生活中予以考察。他高度认可一种观点，即勇敢是与正义事业相关联的美德，它是高尚的，因为它与国家的事业和公共利益相联系，而不是出于行为者的私利。勇敢的人，就是身着戎装，手持刀剑，在为共同利益战斗的战场上考验勇气的人，在罗马随处可见。正是因为有无数这样的人，罗马才能取得巨大的成就，这种"凭借一种伟大的、高尚的、不因世俗生活变迁而动摇的精神所获得的成就是最光荣的"。②

马基雅维里与传统政治哲学的美德概念决裂，开始了关于"virtue"的革命，关于勇敢就是最好的证明。他批评亚里士多德把美德本身作为目的，而美德"永远不是为自身的，它必须有别的目的，即获取（acquisition）"。③ 尤其因为结果和目的，勇敢被人们珍视，并被作

---

① 这是对民族主义的其中一种解释，当然摆脱不了因简单化而极端化的指责。其实，民族主义如政治哲学领域的其他概念一样，也是复杂多样的。但对民族主义多样性的讨论已经不在本文的研究范围以内。具体可参见［加］威尔·金里卡《当代政治哲学》（下），刘莘译，上海三联书店2004年版，第479—492页；David Miller, "In Defence of Nationality", *Debates in Contemporary Political Philosophy: An Anthology*, London: Routledge, 2005, pp. 301—318.

② ［古罗马］西塞罗：《论老年 论友谊 论责任》，徐奕春译，商务印书馆1998年版，第118页。

③ Harvey C. Mansfield, *Machiavelli's Virtue*, Chicago: The University of Chicago Press, 1996, p. 13.

为一种美德。马基雅维里树立了两个"敌人"用以传递他的勇敢美德观。其一，当时的佛罗伦萨共和国依靠雇佣军而非依靠自己的公民，抵御侵略和保卫城市的自由与独立。马基雅维里十分憎恶这种现状，他认为雇佣军是最有害的军队，他们是"不团结的，怀有野心的，毫无纪律，不讲忠义，在朋友当中则耀武扬威，在敌人面前则表现怯懦"，[①] 他们不为荣誉而战，只看重金钱。一旦获胜，不但掠夺敌人，对雇佣他们的人也是照抢不误，没有丝毫忠义之心。与雇佣兵大行其道相应的事实是，城市共和国的公民懒散闲适，完全缺乏崇武爱国精神，"整体来说没有丝毫勇气"，[②] 最后致使共和国国破家亡，彻底丧失了自由。所以，马基雅维里主张恢复公民军队建设。公民兵被对共和国的爱所激励，在战斗中比雇佣军更加骁勇，更加真心实意地保卫共和国。其二，马基雅维里谴责当今的宗教——基督教——导致了公民的贪婪和懒散，使世界羸弱不堪，并给众多基督教地区或城市带来失去自由和独立的罪孽。基督教使公民不重视现世的荣耀，"精致有余而壮美不足，更无充满活力的狂野之举……它是想让你具备更大的能力忍辱负重，而不是要你去做什么大事。这种生活方式让世界变得羸弱不堪……这种局面无疑是一些人的懦弱造成的，他们在解释我们的信仰时，只图安逸，不讲德行"。[③] 正是懒散以及怯懦消磨了公民的勇气，轻松解除了公民的武装，使他们疏于增强自己的力量，共和国因此或者软弱无力，或者分崩离析，甚至二者兼之。公民终将陷入受奴役的境地，自由亦不复存在。这种观点在卢梭那里得到了回应，他也作如是观。卢梭说，基督教"远不能使公民全心全意依附于国家，反而使公民脱离国家，正如他们脱离尘世间的一切事物那样"。[④] 基督教最赞扬奴役与顺从，基督徒的祖国不在尘世，而在天上。他们只图

---

① 〔意〕尼科洛·马基雅维里：《君主论》，潘汉典译，商务印书馆1985年版，第57页。

② Quoted in Quentin Skinner, *The Foundations of Modern Political Thought*, Vol. 1, Cambridge: Cambridge University Press, 1978, p.164.

③ 〔意〕尼科洛·马基雅维里：《论李维》，冯克利译，上海人民出版社2005年版，第214—215页。

④ 〔法〕卢梭：《社会契约论》，何兆武译，商务印书馆2003年版，第175—176页。

问心无愧，现世国家的好坏对他们无足轻重。

勇敢含有的浓烈的战争味道在当代共和主义理论家的作品中稀释了不少，而有了新的意涵和所指。本书认为，上述转变主要是因为近代自由主义公民身份取代共和主义公民身份成为公民身份解释模式的主导，个人不再被共和主义的公民身份理想所吸引，而是服膺于自由主义公民身份的教诲，人的公共性日益消隐，私人性开始成为个人着力表现并珍重的面向。一句话，个人主义取得了空前的胜利，个人退缩到私人领域而无视公共领域破裂坍塌的现实。勇敢的公民美德也发生了从强调公民上阵杀敌向呼唤公民走出私人领域，进入公共领域的视域转换。① 这种转换在阿伦特那里突出表现出来。

在阿伦特的叙事框架里，勇气给人以力量，使之勇敢地脱离私人领域，把自己展现在其他人面前，使自己被看到和听到，并与他人形成主体间性，通过他人的在场证明自己的卓越。她认为勇气的真实含义就蕴藏于此中，它"表现在一个人愿意行动和言说，愿意把自己切入世界和开始一个属于自己的故事当中"。② 勇气的原始含义也正是此。如果没有勇气，就没有言说和行动，古希腊人的自由将无以保障，优良的生活更是无从谈起。能够离开家庭，进入政治领域的人是有勇气的人。即是说，勇气是与"公民"伴随而生的。政治领域充满辩难、攻诘与争斗，也充满荣誉的诱惑，远不如家庭那样温情脉脉，悠闲自适。在城邦内尽情地暴露自己与在家庭内享受庇护的生活之间存在一个"深渊"，而公民身份恰恰赋予个人以勇气，拿生命作赌注，跨过"深渊"，在政治领域中冒险以求得荣誉与自由。在他们眼中，勇气是第一位的美德，如果过于怜惜生命以至放弃自由，正是自甘奴

---

① 不可否认的是，在前现代，公民在战场上杀敌卫国也是公民参与公共生活的组成部分。不过在现代后极权主义社会里，已经没有大规模的国际战争，在国家范围以内，消极公民的数量远远超过了积极公民，他们过于关注私人领域，致使公共领域"空壳化"甚至无意义化。忧虑于此，共和主义者遂开始思考如何重振公共领域，这也构成复兴古典共和主义，建构新共和主义整体工作的一个重要内容。

② ［美］汉娜·阿伦特：《人的境况》，王寅丽译，上海人民出版社 2009 年版，第 146—147 页。

役的象征。是故，勇敢是最基本的政治美德之一。

在公共领域中积极生活需要勇气，同时，勇气还是公共领域保持纯洁性和纯粹性的"界标"。这要涉及阿伦特对权力（power）与暴力（violence）的区分。勇气一俟与暴力联姻，就蜕变为鲁莽和狂热，便会摧毁公共领域。所谓暴力就是"故意违反市民社会的一切法律"，① 它是无言的和沉默的，而且远离公共领域，是前政治甚至是反政治的手段。暴力经常与专制相连，频繁在家庭生活和专制国家中被使用。在阿伦特看来，权力与暴力彼此对立。权力依赖于行动者的聚集，依赖于公共领域的建立，它是属于政治的。只有当复数性的人"协同一致地行动"时，"当人们走到一起，并通过承诺、立约和相互誓愿来缔结契约的情况下，权力才会产生"。② 权力和暴力分属不同的领域。但在现代社会，暴力却被当作权力，由此行动便被暴力所否定，失去了自由和协商的意味，完全成了你死我活的斗争。阿伦特以法国大革命为例，认为它就是靠激发最广大底层人民的勇气，"以一股匿名且不可抗拒的暴力洪流取代了人的自由和协商的行动"，群众的力量终于"以一种任何制度化和监控性的权力都无法阻挡的暴力爆发出来"，③ 最终吞噬了现代世界，摧毁了公共领域。因此，勇气只有停留在公共领域，才是一种公民美德。

应该看到，勇气促使公民主动地进入公共领域展开言说和行动，积极生活于公共领域中，但行动本身也蕴藏着危险的消极因素。这从根本上说出于人类事务的"双重黑暗"：人的不可靠性和行动的不可预见性。人不能保证一如既往地行动，他不知道也不可能预先了解他所做的事情，也不能取消已经做过的事情，对所做事情产生的后果和影响力也不能全部把握。在复数性的世界中，人与人之间必然会出现矛盾、纠纷甚至敌意，进而导致公共领域的危机。阿伦特把这称为行动的"不可逆性"（irreversibility）和"不可预见性"（unpredictabili-

---

① ［美］汉娜·阿伦特：《论革命》，陈周旺译，译林出版社 2007 年版，第 78 页。
② 同上书，第 167 页。
③ 同上书，第 97、167 页。

ty），并给出了两种行动——宽恕（forgiveness）和承诺（prom-ise）——以应对行动的两个困境。① 它们也因此表现出公民美德的韵味。

所谓宽恕，就是对因人的行动而引起的不可避免的伤害的矫正。宽恕针对的是过去发生的行动，因为它是不可逆的，我们就必须接受它的结果，而不能被束缚在一个永远无法补救的行动上，否则我们就只能是后果的牺牲品。阿伦特认为宽恕维护了自由。被宽恕以后，"人们可以从他们在无知状况下所做的一切中解脱出来，使生活得以继续下去。人们只有通过不断的相互宽宥，才能从他们的所作所为中解脱出来，保持自由行动者的身份"，② 宽恕使人自由。

必须注意，宽恕只能在公共领域中得到理解。换句话说，活动一旦超出公共领域就超出了宽恕的能力范围，宽恕与"犯罪和极端恶（radical evil）"无关，比如有意作恶，法西斯主义（极权主义）犯下的反人类罪。后两种活动"超出了人类事务领域，超出了人类权力的潜能，而且后两者（人类事务领域和人类权力——引者注）无论显现于何处，都会被它们彻底摧毁"。③ 不可宽恕的行为是人无法惩罚的。

所谓承诺，针对的是将来发生的行动，它至少能部分地驱散行动的不可预见性，提供安全感。阿伦特说："承诺是人类规划未来的一种独特方法，在人类可能的范围内，使未来可预见以及可依赖。"④ 承诺要发挥作用，也依赖于他人的在场和行动，正如行动者不能自我宽恕一样，他也不可能自我承诺。只有在公共领域中，为着一个共同同意的目标，承诺才有效，也才有约束力。

---

① 在阿伦特的语境中，行动困境的解决不同于劳动和工作困境的解决。对劳动来说，工作技艺既能减轻劳动的负担，又能建立一个人为的世界，使劳动产品存在得相对久一些，而行动又能赋予人为世界以意义。但解决行动的困境不能依赖别的更高级的活动，而只能"依赖行动自身的一种潜能"，即两种行动能力：宽恕和承诺。具体可参见 [美] 汉娜·阿伦特《人的境况》，王寅丽译，上海人民出版社 2009 年版，第 183—184 页。

② 同上书，第 186—187 页。

③ [美] 汉娜·阿伦特：《人的境况》，王寅丽译，上海人民出版社 2009 年版，第 187 页。

④ Hannah Arendt, *Crises of the Republic*, Orlando：Harcourt Brace & Company, 1972, pp. 92-93.

综合所论，宽恕和承诺既依赖于公共领域，反过来又维系了公共领域的持久性和稳固性，二种能力互为从属，共同构成公共领域中行动者的美德。

第二节 共和主义公民美德的获取

积极生活、爱国主义、勇敢与宽恕和承诺等德目是共和主义公民美德的必需内容，也是共和主义理论为公民身份确立的具体美德要求。通过共和主义的视角观察和审度它们，我们可以发现，共和主义公民身份之所以相异于自由主义公民身份，不仅在于它们凭靠的思想资源以及自身的思想逻辑不同，还在于它们对公民美德的态度也有相当大的差别。比如，积极生活的公民美德就不见于自由主义公民身份的德目表中。接下来的问题就是，共和主义公民美德如何获取，即如何塑造具有共和主义公民美德的公民，以体现共和主义理论传统的殊异性。

当然，很明显的是，本书认为公民美德不是自然生发的，而是可教的和可习得的。公民美德的获取也不可能一蹴而就，甚至"在某种意义上说，公民终其一生都在像学生一样学习公民美德"。[①] 必须强调的是，公民美德虽然可教，也可习得，但不等于说它是可以控制的，我们需要时刻防范对公民美德的教育走上任意专断的歧路。共和主义的实践目的并非是要造就千人一面的"机器人公民"，而是要造就能够积极生活于公共领域中的创造型公民。另外，共和主义公民美德的德目本身也指出了获取公民美德的便捷途径，即去实践它们。下文要做的仅仅是探寻其余的有效方法来完成公民美德的获取工作。这不仅不矛盾，而且还是现实政治生活需要的。

---

① Adrian Oldfield, *Citizenship and Community: Civic Republicanism and the Modern World*, London: Routledge, 1990, p. 152.

一 公民教育

美国哲学家威廉·高尔斯顿（William Galston）将现代社会的教育分为两大类：哲学教育和公民教育。就前者来说，它是指以理性和真理为目的的学问以及相应的教育，这类教育一般不受社会政治因素的影响，具有普遍性的知识特征。但其研究结果却极有可能对所处社会的基本结构产生决定性影响，如数学、生物学等知识。至于后者，可以把它视为对一定社会的成员进行"社会化"的过程，目的就是要陶冶社会成员的人格，规导其形成适合社会要求的性情，使其能够在共同体中有效实现自我的理想抱负，并培养对共同体的认同感。公民教育与政治共同体同向运动，并不对立。① 实则，优良共同体只能以优良的公民为前提才能实现。毫无疑问，改善和提升公民是改善社会的第一步。正如巴伯一再申辩的："没有公民就没有共和国，而没有公民教育又何来公民呢。"② 共和主义公民美德的获取就要诉诸强有力的公民教育。③

先贤亚里士多德从他一贯的目的论出发，认为城邦之要优良，定要依赖于公民的美德。他明确告诉我们，"城邦的善良却与命运无关，而是在于知识与意愿。要想成为一个善良之邦，参加城邦政体的公民就必须是善良的"。④ 如何才能使公民为善，即如何使公民具备城邦要求的公民美德，就是城邦必须加以考虑的重大事情。除了公共食堂

---

① William A. Galston, *Liberal Purposes: Goods, Virtues, and Diversity in the Liberal State*, Cambridge: Cambridge University Press, 1991, pp. 242-243.

② Benjamin Barber, *A Passion for Democracy: American Essays*, New Jersey: Princeton University Press, 1998, p. 229.

③ 安德鲁·彼得森坚持认为，如果不讨论公民教育，共和主义的整个理论设想将遭到严重侵害。公民教育可以说是实现和维持共和政体的基础装置。Andrew Peterson, *Civic Republicanism and Civic Education: The Education of Citizens*, London: Palgrave Macmillan, 2011, pp. 119, 24. 约翰·梅诺则主张，共和国应该在公民教育事业上发挥积极作用，以培养公民获得与无支配自由的本质和形式相应的美德。John W. Maynor, *Republicanism in the Modern World*, Cambridge: Polity Press, 2003, p. 181.

④ ［古希腊］亚里士多德：《政治学》，颜一、秦典华译，中国人民大学出版社 2003 年版，第 253 页。

（会餐制）和体育锻炼外，教育实为城邦立法者最应关心的事业。其一，对城邦公民的美德教育应该与各城邦的政制原则相合，而且对统治者和被统治者要实行既相同又相异的教育。就相同之处来说，城邦中的公民享有同等的权利，凡以城邦整体利益为最高目的的政体必比仅以某一集团利益为目的的城邦长久和稳定。公民终其一生都在公共政治生活中度过，他们也必然要得到同样的教育，才能满足政治参与的诸项设置。就相异之处来说，被统治者与统治者的美德要求必属两类。公民要想履行好统治者的角色，有效完成统治者的责任，须先经历被统治的过程。"因为常言道，想学习做一名好主人的人应先学习服从。"① 公民同时学习两类美德，才是有美德的公民。亚里士多德一度认为，那些琐细而被认为是卑微的事业，自由的青年人也应该去学习执行，这样做是为着公民身份的，因而并不会对他们的光荣身份造成损失。其二，城邦尤其要注意对未成年人的公民教育。一般来说，只有成年且拥有一定财产的男性才是城邦的公民，但以"偏称名义"把未成年人当作公民也未尝不可。他们是"未成长的公民"，或者说是"在含义上有所保留的虚拟公民"，② 所以，为了城邦整体的幸福，就要详察对未成年人的公民教育问题。亚里士多德把未成年人的教育分为两个前后相继的阶段。首先是家庭教育阶段，以七岁为上限。这个时期的儿童最易受到外界的熏染，因而凡是可以加诸儿童身上的习惯，当及早进行。正由于此，家庭教育阶段一定要让儿童远离恶习及一切被认为是优良城邦和该阶段儿童不适宜的教育内容，比如说污秽的言语，猥琐的雕塑、图画和戏剧表演。第二个阶段是正规的集体教育阶段，从七岁到二十一岁止。亚里士多德对集体教育的偏爱甚多，讨论也较为丰富。亚里士多德主张这个阶段的教育不宜再由各个家庭单独施行，而应有城邦统一筹划，采取统一的教育方案。这主要是因为，公民教育的目的乃是为了城邦整体的幸福，公民也只有作为城邦

---

① ［古希腊］亚里士多德：《政治学》，颜一、秦典华译，中国人民大学出版社2003年版，第255页。

② ［古希腊］亚里士多德：《政治学》，吴寿彭译，商务印书馆1965年版，第130页。

整体的一部分才是公民。可见，亚里士多德在公民教育问题上同样秉承目的论和整体论的观点。关于教育的内容，亚里士多德认为只需教授"有用而确属必要的课目"，一般包含四种：读写、绘画、体操和音乐。读写和绘画教育虽然对于公民的生活有诸多实用，但更重要的是培养他们"对于形体的审美能力"，不必事事讲求实用，否则便是对"自由大度胸怀的极大歪曲"。① 体操，或曰体育训练应该以勇敢为目标，野蛮、残酷的训练只会培养凶猛和鄙陋，而不是勇敢。因为既是勇敢，就必合中庸。亚里士多德说："首要的东西是高尚而不是残暴……只有善良之人才有可能慷慨赴险。有些人教育儿童过于注重粗野的身体训练，却忽略了必要的教诲，其实际的结果是把儿童变成了低贱的工匠。"② 音乐则是一门"既不立足于实用也不立足于必需，而是为了自由而高尚的情操"③ 的教育，它的价值和意义就在于满足公民闲暇时的消遣。音乐陶冶人的性情，对灵魂也有影响。公民正是在闲暇中实现幸福，而终身操劳的人只能通过游戏而得到暂时和粗俗的快乐。亚里士多德似乎跟随柏拉图，也认为唯有城邦对公民施行良好的教育，城邦需要的另外诸多品质就会随之实现。

　　卢梭关于公民教育的理想受到亚里士多德极大影响。他区分了两种矛盾的教育制度：公共的教育与家庭的教育。前者的目的是培养公民（man as citizen），后者的目的仅仅是培养人（man as man），它们相互对立。而成为一个公民，或者培养未来的一代代人成为公民是共和国的关键事业，这只能通过公共教育来完成。在人一出生就对其进行关于公民权利和义务、责任的教育，并且由国家统一进行，经由此成长的人能够"如兄弟般相互友爱，追求共同体所追求的善"。④ 另外，公共教育不仅能够造就公民强健的体魄，还能够"教育他们恰当

---

　　① ［古希腊］亚里士多德：《政治学》，颜一、秦典华译，中国人民大学出版社 2003 年版，第 271 页。

　　② 同上书，第 272 页。

　　③ 同上书，第 271 页。

　　④ Quoted in Andrew Peterson, *Civic Republicanism and Civic Education：The Education of Citizens*, London：Palgrave Macmillan, 2011, p. 71.

地习惯规则、平等、博爱和竞争。以同胞公民所愿所想的方式审核，并获得公共认可"。①

与卢梭同时代的孟德斯鸠对共和主义公民美德的教育也多有论述。他并没有区分公共教育与家庭教育，而是主张一种目的明确的公民教育，依据政体原则不同而有相殊异的教育目标。孟德斯鸠在关于教育法的部分明确指出，"教育法是我们最先接受的法律，它培养我们成为公民"。② 公民之所是，全赖于共同体的教育成效，故而，共同体的政体不同，公民的美德表现自然就有所差异。君主政体和专制政体分别以荣宠和恐惧为目标，而共和政体则以美德为目标。在共和国中，通过父辈们的言传身教和学校教育，未成年人最先培养起对法律和祖国的爱，而这种关于爱法律和爱祖国的教育就是共和国最应该关注的事业。

在共和主义理论视域内，自亚里士多德提出由城邦（共同体）统一筹划的教育，或学校教育优先于家庭教育的观念之后，公民教育被广为接受。安德鲁·彼得森（Andrew Peterson）认为，共和主义理论家非常强调经由学校教育而培养公民的性格特征和美德。学校在传授基本课程之外，还通过学校结构、组织和风俗习惯等对公民进行社会化教育。③ 亚德里安·欧菲尔德（Adrian Oldfield）认为，道德教育或公民教育对于公民美德的形成不可或缺。公民在接受教育后，可以在不丧失个性特征和自治能力的前提下把"我"看作是"我们"中的一员。那些适合于真正公民身份需要的道德特征"不是自己生长出来的，而是靠权威的方式灌输和教育的"。④

总而言之，经由教育，尤其是学校教育培养和造就具备共和主义公民美德的公民，几乎是共和主义者普遍同意的基本共识。

---

① Quoted in Andrew Peterson, *Civic Republicanism and Civic Education*: *The Education of Citizens*, London: Palgrave Macmillan, 2011, p. 71.

② ［法］孟德斯鸠:《论法的精神》（上卷），许明龙译，商务印书馆 2009 年版，第 36 页。

③ Andrew Peterson, *Civic Republicanism and Civic Education*: *The Education of Citizens*, London: Palgrave Macmillan, 2011, p. 90.

④ Adrian Oldfield, *Citizenship and Community*: *Civic Republicanism and the Modern World*, London: Routledge, 1990, p. 164.

二　法律与其他制度

法律作为共同体良性运转的必要构成要素的观念由来已久，它对于公民美德的获取与保持亦有重大作用。自古希腊共和主义萌发以来，共和主义作家对法律的教育功能进行了充裕的探究，认为法律在促使公民积极参与公共事务，培养公民美德以及救治公民和共和国腐化等方面扮演着必不可少的角色。而且，法律作为一种普遍性和非支配性的干涉工具，适用于所有公民，它虽然限制了公民的行为和选择，但避免了任何人对任何人的专断任意的强制。尊重法律就是维护自由，反之，侵犯自由，就是无视法律。法律成为自由的内生本质。

亚里士多德把法律与正义相联系，认为城邦中公民就是轮流做统治者和被统治者，而"建立轮番制度就是法律"，① 因此，法治优先于人治，实行法治的城邦就是正义的城邦。在法治的城邦中，理智战胜了欲望和激情，人性战胜了兽性，一切以法律权衡为标准，使城邦臻于优良。在公民美德的教育中，城邦就需要依赖这些理性的立法者，因为法律不仅护卫共同体的善，而且还教导公民成为高贵和善的个体。苏珊·柯林斯（Susan Collins）认为，在亚里士多德的文本中，法律是城邦中最具权威性的声音，也是公民美德教育中"理性的仲裁者"。高贵和善的公民，即具有美德的公民之成长就要求助于代表着理性的法律的力量。②

马基雅维里发幽古之情，追忆了古罗马的盛世荣光，试图找到振兴佛罗伦萨以及意大利的"秘方"。他认为，共和国的长久完美依赖于时常返回到初创时期包含的"某些优秀的东西"，其中，"防范人们的野心和傲慢的所有法律"占有非常重要的地位。马基雅维里说得明

---

① ［古希腊］亚里士多德：《政治学》，吴寿彭译，商务印书馆1965年版，第171页。

② Susan D. Collins, *Aristotle and the Rediscovery of Citizenship*, Cambridge：Cambridge University Press，2006，p. 44.

白："一切国家，无论是新的国家、旧的国家或混合国，其主要的基础乃是良好的法律和良好的军队"，① 而军人的美德恰好是法律的天然补充物。不仅如此，法律还能有效遏制所有人的恶行，使之处于恐惧之中，而恐惧就是人们形成守法习惯和保持美德的催化剂。不管是君主国，还是共和国，要想长治久安，制定并服从法律不是可有可无的，而是一定要认真对待的事情。因为就统治者来说，他们常因猜忌而忘恩负义，迫害应该得到奖赏的人民，猜疑应该受到信任的人民，最后滑向腐败的深渊，断送共同体的自由。就被统治者来说，马基雅维里一如《君主论》中的论调，认为人民很少像君主那样，充满悭吝与猜忌，受到法律管束的民众做事更加持之有恒，他们比统治者"更精明、更稳健，判断力更出色"，"人民的声音能够比作上帝的声音"而具有神奇的预见力，"能够预知善恶"。② 罗马之所以能够长久保持健康而不腐败，就是因为罗马人民具备了法律管束下的美德。约翰·伯纳德（John Bernard）同样认为，罗马共和国之初，罗马人民在被宣布的法律之指导下实践美德，罗慕路斯（Romulus）③ 又通过立法增添了罗马人已经获得的公民美德。④ 在法律执行之时，人民就能良善，风俗也能敦厚，国家因而也能够享受自由而免遭奴役。

　　马基雅维里不仅强调法律对于公民美德的促进和保护作用，而且还十分注重宗教（确切地说，是基督教眼中的异端宗教）的积极意义。也可以说，马基雅维里虽然是基督教会的对手，但并非是宗教的敌人。相反，他把宗教看成是现实政治生活的一个必备因素，只不过它不是一种目的性存在，而是政治统治者手中的一个工具，一种有力

---

　　① ［意］尼科洛·马基雅维里：《君主论》，潘汉典译，商务印书馆1985年版，第57页。

　　② ［意］尼科洛·马基雅维里：《论李维》，冯克利译，上海人民出版社2005年版，第195页。

　　③ 按照普鲁塔克和李维的历史资料记载，罗慕路斯（约公元前771—前717年）是罗马王政时期的首位国王。据传说，他与雷慕斯（Remus，约公元前771—前753年）是战神玛尔斯和女祭司雷亚·西尔维亚的双生子，是罗马城的奠基人。

　　④ John Bernard, *Why Machiavelli Matters: A Guide to Citizenship in a Democracy*, Westport: Praeger Publishers, 2009, p. 62.

的武器，它"不能被宣称为任何绝对的、独立的和独断的真理，它的价值和效用完全依赖于它对政治生活的影响"。① 实际上，这是马基雅维里从罗马史的研究中得出的结论。马基雅维里发现了古罗马人比佛罗伦萨人更珍爱自由的根源，就在于二者的教育不同。而教育之所以不同，是因为"我们的信仰不同于古人"。罗马的宗教极为看重现世的荣耀，对神祇的崇拜促使人们充满活力以及无畏的勇气，想尽一切办法使人强大。当今的宗教（基督教）与之相反。卑贱与顺从充斥着它的教义，人们也被教育成野性不足而柔弱有加。这样的人民当然不会像罗马人那样珍视自由，因为他们的未来不在此世，而在彼岸。可见，在马基雅维里那里，宗教并非一无是处。相反，它还是自由的保障和公民美德的重要来源。

卢梭追随马基雅维里再次把宗教作为公民美德的来源。他回顾异教时代，即基督教全面胜利之前的时代，发现神的领域与政府的边界是一致的，二者没有区别，各民族便也各安其所。宗教虽多，但并无宗教战争。只是在耶稣之后，神学体系与政治体系的割裂"使国家不再成为一元的，并且造成了那种永远不断地激荡着基督教各个民族的内部分裂"，② 破坏社会的统一，也使人陷入自相矛盾的境地。最后，国家陷入基督教的专制之中，公民的政治自由无以存在。

基督教是卢梭笔下的三种宗教之一种，其他两种分别是人的宗教和公民的宗教。所谓人的宗教乃是一种启示的宗教，它与具体的或特殊的宗教相对，没有可见的和可操作的仪式、庙宇和祭坛。它只强调发自内心地对神的崇拜和对道德的永恒遵守之义务，它是"神圣的、崇高的、真正的宗教"，属于普遍的人类社会。但人的宗教不适合特殊社会，即政治社会，它只会使公民远离国家，脱离俗世，对于公民美德毫无助益。只有那种把人的权利和义务延展到神坛之处的宗教，把宗教的边界置于国家边界之处的宗教，即公民宗教才会大大有益于

---

① ［德］恩斯特·卡西尔：《国家的神话》，范进、杨君游、柯锦华译，华夏出版社1999年版，第171页。

② ［法］卢梭：《社会契约论》，何兆武译，商务印书馆2003年版，第170页。

公民美德的培育。公民宗教有自己的教条、教规以及特定的宗教仪式。这种仪式不同于基督教的仪式，也与宗教本身没有依存关系。卢梭讲到，宗教本身与宗教仪式是两码事。上帝所要求的仅仅是内心的崇拜，至于仪式，纯粹是规矩的问题，与上帝的启示无关。① 它把对神的崇拜与对法律的热爱结合起来，而且还"使祖国成为公民崇拜的对象，从而就教导了他们：效忠于国家也就是效忠于国家的守护神"，② 爱国主义的公民美德就从中扎根并得到巩固加强。

卢梭认为，公民宗教其实就是一部精神法典，或者是公民信仰的宣言，它"并非严格地作为宗教的教条，而只是作为社会性的感情，没有这种感情则一个人既不可能是良好的公民，也不可能是忠实的臣民"。③ 它教会公民承担责任，热爱法律，关心正义，并在必要时牺牲生命以履行义务。总之，公民宗教使公民相信"全能的、睿智的、仁慈的、先知而又圣明的神明之存在，未来的生命，正直者的幸福，对坏人的惩罚，社会契约与法律的神圣性"，④ 所有这些都是政治社会的公民应该具有的公民美德。

在公共教育与公民宗教之外，卢梭还提出了公共娱乐，比如公共节日、游戏等对一个健康的共和国是重要的，因为它能凝聚公民的精神。另外，监察官制度可以通过防范公共意见的腐化来维持公民美德。值得再次说明的是，卢梭对公民美德重要性以及如何培育公民美德的关注被他的信徒罗伯斯庇尔发挥到极致，演变成一场美德与恐怖媾和的运动，使其后的自由主义理论坚守国家在各种价值和道德观念之间应该保持中立以及拒绝国家介入公民美德教育的立场，形成共和主义与自由主义的又一争论"战场"。

当代共和主义关于公民美德的获取的讨论并未有大的创见，基本沿袭并重申了古典共和主义的历史叙述。正如本章开始时说明的，雅

---

① ［法］卢梭：《爱弥尔》（下），李平沤译，商务印书馆 1978 年版，第 426—427 页。
② ［法］卢梭：《社会契约论》，何兆武译，商务印书馆 2003 年版，第 174 页。
③ 同上书，第 181 页。
④ 同上书，第 182 页。

典式共和主义与罗马式共和主义一致同意公民美德是共和主义传统的
必需内容，并共享关于积极生活、爱国主义、勇敢、宽恕与承诺的美
德德目。如果说，公民美德是共和主义公民身份的内在保障，那么共
和主义国家则从共同体与个体的关系之维度构成公民身份的发展。

第五章　共和主义公民身份
与国家

　　共和主义公民身份的持续与发展单靠公民美德的力量是不够的。一来因为公民身份的生成必须依赖于特定的政治背景与生活实践，二来因为公民美德的培育同样离不开个人的生活环境。可以说，明确共和主义公民身份的生成土壤，积极寻求并建构适合共和主义公民身份的政治背景是确立并完善共和主义公民身份的必需论题。就如达格所言，"共和"与"公民"相互勾缠，且从古希腊延续至今，以致使共和国要名副其实，就必须有"公民"存在，而在共和主义的理论传统中，公民身份的完整性只可能在共和国中才能获得。[①] 本章的主要工作就是探悉共和主义的国家观念如何促进公民身份的发展。

第一节　共和主义国家的属性

　　关于"国家"的概念一直是政治理论研究的核心之一，也是一个聚讼不已的古老问题。我们今天所谈论的"国家"是一个现代概念，它主要形成于 15 世纪和 16 世纪的意大利城市共和国时期，直到 1648

---

① Richard Dagger, "Republican Citizenship", *Handbook of Citizenship Studies*, London: Sage Publications, 2002, p. 145.

年威斯特伐利亚和约①签订，它才确切地指"一个权力机构，并且与在历史上的任何时期恰巧占据它的那些人无关"。② 它一般具有五个特征。第一，国家可以行使绝对的主权。第二，国家机构与公民社会的私人机构不同，它是公共机构，国家决策可以覆盖到领土范围以内的所有人员与地区。第三，国家是对公民的一种约束，并且它会宣称反映了社会的长远利益。第四，国家有最高的强制力，即它是暴力的合法垄断者。第五，国家是一个领土性的联合体。至少在理论上，它是一个自治的政治实体。③ 我们可以借由这五个特征有效辨识国家与其他公共组织，但它并未对我们陈述共和主义理论视野中的国家应该具备的属性有实质性帮助。若欲解决这一问题，有必要简单梳理不同政治思想流派赋予国家以什么形象与面孔，从而在对比研究中完成上述讨论。

在西方近代政治思想中，主要有三种国家观念，分别是自由主义的国家观念、国家主义的国家观念和无政府主义的国家观念。这三种国家观念各有自己的理论逻辑起点与历史逻辑观照。就自由主义国家观念来说，它采取社会契约论的方法以证成国家（政府）的来源。社会契约论告诉我们，国家（政府）完全是一个人造物，它是自然状态中的个人经同意而互相让渡权利成立的"第三方力量"，并且独立于个人和社会。既然国家来源于个人权利的让与，也就是说，个人权利先在于国家，那么，国家存在的理由就是保障个人权利。德国近代自

---

① 该和约由一系列条约组成。签约的双方分别是统治西班牙、神圣罗马帝国和奥地利的哈布斯堡王朝以及神圣罗马帝国境内的巴伐利亚，另一方是统治法兰西的波旁王朝、瑞典以及神圣罗马帝国境内的勃兰登堡、萨克森等诸侯国。是年 10 月 24 日签订的西荷和约确认了威斯特伐利亚这一系列和约，并标志着 30 年战争的结束。政治学上一般把此和约看作是民族国家的开始。

② Quentin Skinner, "The State", *Political Innovation and Conceptual Chang*, Cambridge：Cambridge University Press, 1989, p. 102. 沃尔特·乌尔曼等学者也认为，直到中世纪晚期，现代意义上的"国家"概念尚未兴起。Walter Ullmann, *Medieval Political Thought*, Harmondsworth：Penguin, 1975, p. 17；Kenneth Dyson, *The State Tradition in Western Europe：A Study of an Idea and Institution*, Oxford：Martin Robertson, 1980, pp. 25-28.

③ 参见［英］安德鲁·海伍德《政治学核心概念》，吴勇译，天津人民出版社 2008 年版，第 47—48 页；［英］杰弗里·托马斯《政治哲学导论》，顾肃、刘雪梅译，中国人民大学出版社 2006 年版，第 106—107 页。

由主义思想家威廉·冯·洪堡（Wilhelm von Humboldt）明确认为，国家并不是一个目的性存在，它的任务就是保障人的自由，检验它是否有必要存在的原则就是"单一的人及其最高的最终目的"。① 在这种逻辑推演下，国家被给予了一种完全消极的形象，成为工具性存在。它失去了古典时期城邦共同体拥有的道德共同体的含义，仅仅成为权力的承负者。而且，"国家不仅仅能够保障安全，而且虽然不是必然、但是可能被滥用来限制自由，这是自然的理念"。② 用联邦党人的话来说就是，国家纯粹是一种"不可避免的恶"，它没有任何道德优越性可言。总之，在自由主义国家观念中，个人是孤立的原子式的存在，工具理性主导着理论思考和实践操作，个人权利和自由战胜公共精神和共同利益构成国家的主要和首要目标。显然，现代社会不可能依赖这种缺失公共精神的公共权力提供政治统治的合法性和正当性论据。但不可否认的是，自由主义的国家观念是近代政治思想中国家观念的主流，虽然不是唯一一种。国家主义与无政府主义以极端的主张传达了另外两种国家观念。

国家主义的国家观念与自由主义截然相异，它刻画了一种积极的，甚至是全能的国家形象。在这里，国家是第一位的，是本原，国家拥有自己的关于利益和价值排序的判断，而且可以为此采取任何手段和形式，社会与个人完全从属于国家。不存在各种善的观念，也不存在互相竞争的"完备性宗教、道德和哲学学说"，个人的至善和价值只能求之于国家，社会关系的形成和调节也完全依赖于国家。它的前途极有可能是极权主义或法西斯主义。无政府主义坚持认为各种各样的政治权威都是不必要的，当然也是恶的。它以夸张的乐观人性判断为基础，认为自由的个人可以通过自愿协议与合作自行管理个人事务。它把国家（政府）的强制力推至极限，认为社会中的一切弊病都来自于国家的控制和干涉，坚决要求取消国家（政府）。国家主义与

---

① ［德］威廉·冯·洪堡：《论国家的作用》，林荣远、冯兴元译，中国社会科学出版社1998年版，第29页。

② 同上。

无政府主义虽然在对国家的态度上有差异，但它们在人性的基本判断上是统一的，前者可以说是积极的乌托邦主义，而后者则可以说是消极的乌托邦主义。因之，无论何者在政治生活中成为现实，都是一种灾难，都无一例外地会导致个人权利和自由的绝对丧失，最终导致共同体利益的彻底毁灭。

自由主义的、国家主义的和无政府主义的国家观念要么使得公共精神在消极国家中被隐而不现，导致缺失了公共精神的国家权力退化为冷冰冰的暴力而威胁个人自由；要么使得公共精神在积极国家中无限膨胀乃至泛化、虚化，① 成为国家借以进入个人的私人生活领域、侵犯个人权利的幌子，导致国家失序、无序。那么，除此之外，我们还能够对国家要求什么以真正维护和保持公民权利呢？共和主义关于国家的观念恰好回答了这一问题。

按照佩迪特对共和主义自由观的分析思路，共和主义持有一种既非消极又非积极的国家观。它不像自由主义，无视公共精神的养成，反而把公共精神和公民美德作为公民身份的关键构成。它也不像国家主义，无视社会中公民的差异性存在和互相竞争的关于好生活的观念，反而认为公民权利和自由是公民身份的核心理论特质。具体来说，共和主义的国家观念向我们勾勒出国家应该是具备公共性和政治性属性的共同体，为超越自由主义等国家观念提供了另外一种可能的道路。

一　公共性属性

上已提及，国家是一个现代生成的政治学概念，但早在古典时期的希腊城邦共同体那里就已经孕育了国家的样态，城邦可以被看作是国家的雏形，或者说是一种准国家形式。城邦规模有限，但实行自治，表面上看是居住于同一地域上的居民形成的具有共同的神祇崇拜和遵守特定秩序的自然共同体，然则实际上是一种基于出身和血统而形成的公民积极参与公共事务的政治共同体。甚至可以说，城邦就是政治，

---

① 无政府主义由于取消了国家（政府）而无须谈论公共精神。

二者同质且同构，政治领域的范围止于城邦的界线，政治的内容也只能在城邦中展开。关于城邦，亚里士多德在《政治学》一开始就十分明确地指出，城邦是一种政治共同体，而且是所有形式的共同体中"最崇高、最有权威，包含了其他一切共同体"的共同体。每一种共同体都追求一种特殊的善，而城邦作为"至高而广涵"的共同体，追求的是一种共同的善，而且是最高的善，即"完美的、自足的生活。……就是幸福而高尚的生活"。① 城邦的目的高于且涵容了家庭等其他共同体的目的，"一个城邦并不是空间方面的共同体，也不是单单为了防止不公正的侵害行为或保证双方的贸易往来……即使全部具备了这些方面的条件，也不能说立刻就构成了一个城邦。城邦是若干家庭和种族结合成的保障优良生活的共同体，以完美的、自足的生活为目标"。②

亚里士多德对城邦的描述和规定告诉我们一个重要信息，那就是城邦不是一种私人化存在，它不是为城邦中某一部分人或个别集团而存在，它是一种公共性存在。这是因为，首先，组成城邦的个体是公共性存在。"人天生是政治动物"的命题直接点明了人的存在方式，就在于社会存在，要成为合格的"人"，就必须是"生而为政治"的人。人的自然属性的内涵被剥离，人的社会属性被抬高。城邦中的人当然不是整齐划一的存在者，人与人之间充满差异，我与他者之间充满矛盾。亚里士多德说："城邦的本性就是多样化……城邦不仅是由多个人组合而成，而且是由不同种类的人组合而成……互惠原则……是城邦生存的基础。"③ 其次，城邦的目的也是公共性存在。自足而优良的生活不是为个别人或集团准备的，城邦既然是由若干家庭和种族结合成的，而且城邦权力的正当组织原则就是公民轮流执政，城邦的目的必然就是所有人共同的目的。最后，城邦所要求的合乎正义的行

---

① ［古希腊］亚里士多德：《政治学》，颜一、秦典华译，中国人民大学出版社2003年版，第90页。
② 同上书，第89—90页。
③ 同上书，第30—31页。

为方式也是一种公共性存在。城邦使生活于其中的人获得一种"在他私人生活之外的第二种生活，他的政治生活。现在每个公民都属于两种存在秩序，而且在他私有的生活和他公有的（koinon）生活之间存在一道鲜明的分界线"。① 在第二种生活和第二种秩序下，为共同体所要求的活动方式只有两种是亚里士多德推崇的"政治的"生活方式，即行动和言说，它们是所有动物中唯有人才具备的能力。在古希腊人的理解中，用暴力和命令而非说服去迫使他者，是非政治的，它不是把对方看作一个独立的存在，而是看作一个隶属的和不平等的存在。暴力外在于城邦，它以从肉体上消灭对方为威胁，亦即以取消人的公共性为使人恐惧的凭借，它是"沉默的"，因此也是"永远都不会伟大"的一种交往方式。

20世纪复活亚里士多德主义的"实践哲学"的旗手阿伦特坚定地再次重申国家的公共性特征。阿伦特的这一理论取向是与她的思想前提和现实关注紧密相连的。其一，阿伦特注重思想史中的概念所具有的跨越历史的连续性和解释力，认为思想史"不是现实社会变化的反映，而是对思想和观念内在变化的描述"。② 既然如此，已经逝去的思想就不是无生命力的干巴巴的研究对象，而是会继续活跃于当下的生活当中。亚里士多德对城邦的分析就是一个可以用来观照当下的思想观念。其二，自1941年逃亡至美国后，阿伦特不仅孜孜以求欧洲共和主义传统在美国的复兴，而且还梦想一种超民族国家的政治秩序在美国重新出现。但同时，她也看到了大众社会消费主义的盛行、核战争的恐吓，以及可以与极权主义相媲美的"虚假政治"的泛滥，甚至是由社会领域的崛起而带来的反政治的实践取向等现象。阿伦特痛苦地意识到，现代世界正在发生公共性的普遍流失，由此而转向亚里士多德的城邦公共生活图景，希望重新燃起人们对公共生活的激情，再次发现公共生活优于私人生活的意义之所在。阿伦特对国家的公共性的

---

① 参见［美］汉娜·阿伦特《人的境况》，王寅丽译，上海人民出版社2009年版，第15页。
② ［日］川崎修：《阿伦特：公共性的复权》，斯日译，河北教育出版社2002年版，第8页。

阐释主要见之于她对公共领域的界定。①

　　第一，国家的公共性表现在它是介于家庭和社会之间的政治性组织，既不是私人领域，也不是社会领域，而是公共领域。阿伦特认为，公共领域与私人领域的对立和决定性的区分由来已久，可以溯及至古希腊的城邦时期。而自从现代以来，以家务管理及其活动、问题和组织化设计为内容，依照家庭形象建立的，巨型的、全国性的家务管理机构——社会——的崛起模糊了二者的界限，同时也改变了私人领域和公共领域对公民生活的意义。阿伦特不满于这一现状，努力想要重建公共领域，凸显国家本该有的区别于家庭的公共性属性。首先，她指出，家庭是一个受制于必然性的组织，这种必然性包括个体生存的需要和种的延续的需要，必然性统领着家庭内的所有活动。既然受制于必然性，家庭就是不自由的空间，就是不平等的场所，因而就是强力和暴力可以得到合法使用的领域。阿伦特说："成为自由意味着不受制于生命必然性或他人的强制，亦不受制于自身的强制。"② 如此，在家庭中，家长仅仅在可以离开家庭进入公共领域的意义上才是自由的，这种自由是不完整的。与家庭领域相异，公共领域却是一个自由的空间，它挣脱了对必然性的束缚，也就是说，它是从生命的必然性中获得了解放的领域。③ 在公共领域中的自由，就是政治自由，即通过在此之中行动和言说而获得的自由，它是公民表现自己个性，使自己与他人处在一个共同的空间中的结果。其次，阿伦特所指的公共领域有三个层次：第一个层次是与地理形式无关的"空间"，主要是一种由人与人之间的行动和言说构建起来的主体间性的概念。它"直接

---

　　① 国内学者曹卫东认为，如果从思想层面上理解，"公共领域"（offentlichkeit；public realm）就可汉译为"公共性"。二者虽有差别，但也具有内在关联，公共领域的核心就是公共性问题。具体可参见曹卫东《权力的他者》，上海教育出版社2004年版，第44页。另，可参见蒋银华《论国家义务的理论渊源：现代公共性理论》，《法学评论》2010年第2期。

　　② ［美］汉娜·阿伦特：《人的境况》，王寅丽译，上海人民出版社2009年版，第20页。

　　③ 阿伦特严格区分了自由（freedom）和解放（liberation）。在她看来，解放有两层含义：一是"从暴政下获得的解放"，二是"从必然性的束缚中获得的解放"。即是说，解放既有政治的含义，又有经济的含义。

出自于人们的共同行动，出自'言和行的共享'"。① 第二个层次是一种政治性组织，即国家，它来自于人们的反复性言说和行动，是由行动者和言说者创造出来的空间。在这个空间中，"我像他人显现给我那样对他人显现的地方，在那里人们不仅像其他有生命物或无生命物一样存在，而且清晰地显现自身"。② 这样的公共领域并不是始终存在的，它是以他人的在场和我向他人的显现为前提的，而没有人是会永远存在的，我们都是有死的。因此，"如果世界要包含一个公共领域，它就不能只为一代人而建，只为活着的人做规划，它必须超越有死之人的生命长度"。③ 而且，大多数人，包括奴隶、外邦人等被必然性支配的存在者，都被排除在公共领域之外，他们"被剥夺了自由和可见性"，是一些"贱若微尘的人"，经常"由于处在晦暗当中，他们死后也留不下任何曾经存在过的痕迹"。④ 第三个层次是超越了有死和走向不朽的共同世界。它出现在我们出生之前，在我们死后仍然存在，它面向过去和未来，是逝去的人、现在的人和将来的人共同拥有的东西，它是最具有真实性和持存性的，还"能历经几百年的时间，把那些人们想从时间的自然侵蚀下挽救出来的东西，包容下来，并使其熠熠生辉"。⑤

第二，国家的公共性还表现在它是实现参与者的卓越和形塑公共精神的公共领域。阿伦特深刻指出，希腊人的 aretê、罗马人的 vitus，即卓越是只属于公共领域的，这是因为"只有在那里，一个人可以胜过其他人，让自己从众人中脱颖而出。每一个公开展示的活动都能获得它在私人场合下无法企及的一种卓越"。⑥ 遗憾的是，近代以来社会领域的兴起遮蔽了这一事实，这完全是由社会的性质导致的。社会是家庭的放大，古典时期的那种与维持生命有关的活动被拉进到社会领

---

① ［美］汉娜·阿伦特：《人的境况》，王寅丽译，上海人民出版社 2009 年版，第 155 页。
② 同上书，第 156 页。
③ 同上书，第 36 页。
④ 同上书，第 37 页。
⑤ 同上书，第 36 页。
⑥ 同上书，第 31 页。

域中，原本属于私人的事务现在变成了共同的事务，国家也不再是纯粹的处理政治事务的场所，而是获得了一种"集体家政"的形象。关键是，社会像家庭一样要求成员"一样行动，只有一种意见、一种利益"，其结果就是"在社会中，到处相同的利益和全体一致的意见以纯粹数量的方式起作用，所释放的巨大自然强力最终废除了代表共同利益和正当意见的一个人的实际统治"，① 实现了无人统治（no-man rule），即我们熟悉的"官僚制"。它并不代表统治的消失，而是一种集体的统治，甚至会成为比个人专制更严重的集体专制。在这样的社会中，表现差异的属于公共领域的行动（action）被统一的、"规范化"的属于社会领域的行为（behavior）代替，平等和顺从成为社会的主要关注和特征。与众不同不再受欢迎，标新立异也退出人们的视线，反而成为一件极其私人的事情，卓越终于成了我们最不可能从中得到的东西。然而正是因为如此，公共领域的价值和意义才得以凸显，它才有被追求和重建的可能性。因为只有在公共领域中，才会"弥漫着一种强烈的争胜精神，在那里每个人都要不断地把他自己和其他人区别开来，以独一无二的业绩或成就来表明自己是所有人当中最优秀的"。② 阿伦特进而把这种"卓越"看成是个人愿意进入公共领域，参与公共事务的原初动力，正是它使公共领域成为实现人的卓越的一个所在。由此可以得出结论，公共领域使人得以在公共参与中维护自己的自由，并实现国家的政治自由。

阿伦特指出，公共领域与私人领域不仅分立，而且在二者之间还存在一个"深渊"，跨过它需要巨大的勇气。因为私人领域中的劳动和工作等活动不会危及人的生命存在，人在其中完全是自然性存在。公共领域则不然。在其中充满了竞争，人的复数性和差异性显露无遗。离开安逸的私人领域进入为了公共事务而奉献自己生命和精力的公共领域，勇气无疑成了首要的政治德性，它"体现在愿意离开自己私人

---

① ［美］汉娜·阿伦特：《人的境况》，王寅丽译，上海人民出版社 2009 年版，第 25 页。

② 同上书，第 26 页。

的藏身之处，追求自我彰显，揭示和袒露自我当中"。① 在第三章第一节已经论述过，勇气使人能够追求优良的生活，克服私人领域中的那种纯粹个人的聚集状态，获得一种公共性存在。同时，勇气使人摆脱了生命必然性的控制和对生存的内在要求，全身心地投入到公共事务中，创立丰功伟绩，以求不朽。在公共生活和为公共事务的服务中，公民学会并掌握了参与公共生活的各种德性，比如遵守法律和秩序，为祖国英勇战斗，既不怯懦也不鲁莽，等等。总之，公共生活是共和主义所伸张和支持的实现公民卓越的一种政治伦理制度，是一种培养公民德性和公共精神的教育制度，也是一种恰当的公民生活方式。

二 政治性属性

国家的政治性属性之所以被确认并被广为接受，从政治思想的角度理解，是对国家的宗教性面相的祛除和剥离的必然呈现，而从政治实践的角度理解，则是对现代国家公民参与的价值和意义积极呼唤的必然反映。前者与马基雅维里的思想贡献关系颇深，后者则与对自由主义国家观念的超越有密切关联。

乔治·萨拜因认定，作为一种主权性的政治实体，作为一种现代典型的和强有力的政治制度，"国家"主要是靠马基雅维里的论著和思想努力而在现代政治哲学研究中流传开来的。如果把目光拉回到马基雅维里的时代，我们会发现，马基雅维里的这项工作是在批评国家的宗教性，或者说批评基督教国家的软弱性的基础上进行的。正是在这个过程中，马基雅维里才对君主国以及当时新兴的民族国家给予了精辟阐发，专心强调国家的政治性属性。

基督教关于国家的观念是中世纪政治思想，乃至整个西方政治思

---

① ［美］汉娜·阿伦特：《人的境况》，王寅丽译，上海人民出版社 2009 年版，第 147 页。

想的重要内容。① 它奉行的二元政治观（凯撒的物当归给凯撒，神的物当归给神）改变了西方人认识世界、处理事务的思维方式，把对人的宗教性分析"照搬并套用"到对国家属性的分析上。人在此世（俗世）意义的弱化，带来了政治的前所未有的弱化，神学不仅统驭了政治观念，而在还在解释并说明着政治世界，由此形成对国家的重新界定。国家成为上帝针对人性堕落而给出的"补救工具"，王权之所以神圣，全在于它是神授的，上帝始终牢牢把握了国家权力的最终来源的地位。而且，上帝是根据这个国家的人民的好坏来"指派"给不同的统治者。"好的统治者是上帝对好的民族的奖赏，而邪恶的统治者是上帝对邪恶民族的惩罚。"② 基督教"一手握着道德的马勒，一手擎着上帝的尚方宝剑，对统治者实行道义上的监督"。③ 原本简单的公民—国家的双向关系现在演变成了民众（选民）—国家—上帝的三角关系，民众甚至可以直接面对上帝或者他在尘世的"映像"和"化身"，属灵秩序独立于并高居于俗世秩序之上，个人产生了一种拒斥国家，远离政治的冷漠感。由于这层宗教的外衣，国家的意义和作用被大大地减弱和虚化，也由于基督宗教宣扬的独特的道德观和政治观而显得软弱。④ 古希腊罗马时期作出的行动的生活和沉思的生活的二分在基督教国家中得以彻底展现，个人不再通过积极的公共生活以求得挣脱生命有限性和短暂性的禁锢，转而通过苦修、冥想把自己从肉体中解脱出来，获得上帝的青睐而进入天堂。

　　"冷酷的""现实的"马基雅维里根本不同意基督教国家的这种宗

---

　　① 已经有越来越多的论著指出，基督教思想是西方近代自由主义政治思想和立宪政治的一个重要启示和来源。例如可参见 Anthony Arblaster, *The Rise and Decline of Western Liberalism*, Oxford：Basil Blackwell, 1984, ch. 5；［德］恩斯特·卡西尔：《国家的神话》，范进、杨君游、柯锦华译，华夏出版社 1999 年版，第 8 章；丛日云：《在上帝与凯撒之间——基督教二元政治观与近代自由主义》，生活·读书·新知三联书店 2003 年版；丛日云：《西方政治文化传统》，吉林出版集团有限责任公司 2007 年版，第 12 章。

　　② 参见丛日云《在上帝与凯撒之间——基督教二元政治观与近代自由主义》，生活·读书·新知三联书店 2003 年版，第 129 页。

　　③ 同上书，第 148 页。

　　④ 本书第一章第二节曾对此做过较详细的分析。

教性以及软弱性，认为它们对于现实世界毫无益处。马基雅维里向往的是创建并维持一个共和国所体现出来的积极进取、尚武、爱好荣誉和荣耀、追求伟大事迹的公共精神，或者说是对公共生活和共同体利益的极度热爱。他举例说："雅典人摆脱了皮西斯特拉图斯的专制统治后，在一百年里取得了怎样的丰功伟业，真是让人啧啧称奇……罗马人在摆脱国王以后，取得了何等辉煌的成就，更令人叹为观止。"① 这样的丰功伟业就是雅典人和罗马人为着共同体利益而非个人利益奋斗争取的，显然在基督教国家观念的指导下不可能有此成绩。

在马基雅维里看来，正统的道德原则（基督教道德）是公共生活的"毫无必要的障碍"，因为后者推行一套自己的标准："它不需要无休无止的恐怖，但它赞成，或至少是同意，在促进政治社会的目标时需要运用暴力。"② 所以，人们必须在两种生活方式——行动的生活和沉思的生活——中选择一种而抛弃另一种。马基雅维里毫不迟疑地表现出自己对前者的偏爱，他深刻地意识到"人皆善良"是一场梦幻、一句呓语，基督教宣言的道德观不可能成为现实政治世界的"行动指南"。要创建并维持一个诸如罗马共和国那样的国家，最主要的就是激发统治者和民众的爱国热情和积极行动的政治信念，以科学的态度看待政治。政治本来就是权力的争夺，就是罪行、奸诈和谎言的竞技场。政治里的一切随时都在变换着位置：美好的会成为令人憎恶的，而腐朽的又会成为令人羡慕的。对意欲成为统治者的人来说，同时效法狮子和狐狸，成为"半人半兽"的存在，是值得称赞的。

可见，马基雅维里关心的只是如何获得权力并在困难的环境中保住权力，并达至国家的强盛。至于手段，可以通过目的来得到原谅。康德的一段话很好地描述了这一点。他说："至于目的是否合理，是否善良的问题这里并不涉及，而只是为了达到目的，人们必须这样做。

---

① ［意］尼科洛·马基雅维里：《论李维》，冯克利译，上海人民出版社 2005 年版，第 213 页。

② ［英］以赛亚·伯林：《反潮流：观念史论文集》，冯克利译，译林出版社 2011 年版，第 81 页。

一个医生为把病人完全治愈作出的决定，和一个放毒者为了把人保证毒死作出的决定，就它们都是服务于意图的实现来说，在价值上没有什么两样。"① 因此，马基雅维里仅仅是还原了政治的本来面目，正视它，遵循它，就能维持国家的长久存在。②

国家政治性属性的彰著还是共和主义对公民参与强调的必然反映。不管是亚里士多德认为的人只有在城邦的公共服务中才是完整的，还是西塞罗定义的共和国就是人民的财产，是所有人的共同事业，抑或是马基雅维里找到的古罗马的伟大成就来自于罗马人对自由的无限热爱和浓厚的爱国情感与行为的"秘密"，又或者是当代共和主义者对积极生活的高度肯定，都一次次地向我们传达着公民参与对于公民身份以及对于共同体的内在意义。从另一方面来说，自由主义明示，现代社会中的国家应该是价值中立的技术性公共组织，它在极其有限的范围内承担着公共的职能，公民所要做的只是合理追求自己的利益，"他受着一只看不见的手的指导……往往使他能比在真正出于本意的情况下更有效地促进社会的利益"。③ 公民的政治行动少之又少，他们的政治权利和政治自由不在于经常现身于公共领域，而在于法律的规定。这纯粹是一种消极的权利观和自由观。"政治人"被"经济人"和"自利人"取代，国家中处处都是追逐利益的个体，而少见积极奉献生命于共同事业和公共利益的"公民"。

与自由主义不同，共和主义的国家观念向来要求公民参与或者说自我治理。欧菲尔德认为，公民作为公民共和主义的中心，远不同于自由主义的个人主义。在共和主义的国家观念中，公民在逻辑上并不

---

① ［德］康德：《道德形而上学原理》，苗力田译，上海人民出版社 2005 年版，第 33 页。

② 应该补充的是，使国家远离宗教，或者说使教会远离政府正是现代宪政的一个重要原则。政府所处理的公共事务（公民事务）完全不同于教会处理的宗教事务。前者涉及外在行为、人我关系，后者涉及内在判断、自我关系。洛克在《论宗教宽容》中明确指出上述两种事物在渊源、宗旨以及每一件事情上都有天壤之别，它们是有"无限内在区别"的团体，万万不能相混。他还把政教分离作为政府合法性的一个原则。

③ ［英］亚当·斯密：《国民财富的性质和原因的研究》（下卷），郭大力、王亚南译，商务印书馆 1974 年版，第 27 页。

先于社会，因此个人也就没有道德上的优越性。对共和主义来说，公民身份首先不是一种地位（status），而是一种被强调的实践和行动。正是通过实践和种种形式的公共服务，公民身份才得以显现。公民也只有在公共服务中才能定义、确认并维持隶属于政治共同体的成员身份。① 在共和主义的国家观念中，公民参与是政治本性的必然要求，也是公民的一种生活方式，更是公民的义务。在古典时期，它还只是属于公民的权利。可以说，公民参与和公民身份具有内在的一致性和同向性。

公民参与的形式经历了从直接参与到间接参与的发展演进。在古希腊罗马时期，数量极多的奴隶供养着数量相对少得多的公民，使他们有足够的闲余和精力出没于公共论坛、集市以及司法审判活动中，他们用政治技巧公开辩论说服他人，在实践中锻炼政治能力，磨砺自己的公共精神，积极型构适合城邦共同体的公民身份。直到 18 世纪，出生于日内瓦公国的卢梭对公民直接参与还念念不忘。他颇为激动地说："在希腊人那里，凡是人民所需要做的事情，都由人民自己来做；他们不断地在广场上集会。……他们的大事只是他们的自由。"② 他们积极地亲自参加公共集会，为着共同的幸福和利益而奉献自己的时间和生命。可以想象，"一旦公共服务不再成为公民的主要事情，并且公民宁愿掏自己的钱口袋而不愿本人亲身来服务的时候，国家就已经是濒临毁灭了"。③ 通过他人（代表）得到的是虚假的自由，经验到的却是长期的不自由和奴役。作为主权者的公民，是公意的直接体现，应该认识到国家的事务同时也就是每一个公民自己的事务，唯此才配得上"公民"的称号。

直接参与固然值得想望，但它却受到国家规模大小、公民数量多少，以及政治事务复杂程度如何的限制。公民身份从雅典的政治型发

---

① Adrian Oldfield，"Citizenship：An Unnatural Practice?"，*Citizenship：Critical Concepts*，Vol. 1. London：Routledge, 1994, p. 191.
② ［法］卢梭：《社会契约论》，何兆武译，商务印书馆 2003 年版，第 122 页。
③ 同上书，第 119 页。

展到罗马的法律型就说明了直接参与的"效益"和吸引力是随着疆域的扩大和事务的繁多而降低的。① 因此，通过代议制间接地参与公共事务，服务于共同的事业，就成了必须认真对待和积极处理的问题。

对代议制作出令人印象深刻且影响深远的分析的思想家首推孟德斯鸠。② 他在英国游历的见闻使他服膺于英国的议会制度，放弃了他先前抱持的政治自由只能取决于古罗马式的公民美德的"成见"，认为在现实的政治国家（如法国）中应该学习英国实行广泛的代议制，以适合时代精神，维护政治自由。当代美国政治学家罗伯特·达尔（Robert Dahl）指出，正是经过孟德斯鸠及其同时代人的努力，代议制作为一种解决方案，突破了古代民主国家的规模限制，将民主从仅仅适于小型的且已经逝去了的城邦的学说转化为一个适于现代大型民族国家的学说。③ 事实证明，代议制民主确实是一种具有强劲生命力和灵活适应性的民主理论和实践，它对政治自由的积极作用同样被共和主义者所珍视。

孟德斯鸠在《论法的精神》一书的第十一章对英国政治体制进行了准确的剖析。在三权分立之下，公民由于只是受到法律的约束，并摆脱了专制君主的个人好恶，而享有真正的自由。这种结果当然得益

---

　　① 正像第一章第二节对罗马时期共和主义公民身份的历史史实的挖掘所表现的，对当时的罗马公民来说，不管他是生活在罗马城中，还是生活在遥远的罗马边疆地区，对他开放的践行公民身份的唯一方式就是选举执政官和制定法律时召开的公民大会。如果他并不能轻易地到达罗马参加公民大会，因而就无法亲自参与公共生活时，他如何成为一个"好公民"呢？因而，政治型的公民身份必然让位于法律型（权利）公民身份，积极的公民身份必然让位于消极的公民身份。

　　② 这并不是说代议制是孟德斯鸠发明或创立的，也不是说他是第一个对代议制做出政治思考的思想家。按照历史学家基佐的研究，代议制起源自盎格鲁—撒克逊的平民议会、陪审团、中央和地方制度的实践中。达尔认为，代议制是从中世纪君主制和贵族制的政府制度中发展起来的，孟德斯鸠之前的洛克、哈林顿等人已谈论过代议制的问题。具体可参见［法］弗朗索瓦·基佐《欧洲代议制政府的历史起源》，张清津、袁淑娟译，复旦大学出版社 2008 年版，第 3—60 页；［美］罗伯特·达尔：《民主及其批评者》，曹海军、佟德志译，吉林人民出版社 2006 年版，第 27 页；［美］乔治·萨拜因：《政治学说史》（下卷），邓正来译，上海人民出版社 2008 年版，第 237—247 页。

　　③ 参见［美］罗伯特·达尔《民主及其批评者》，曹海军、佟德志译，吉林人民出版社 2006 年版，第 28 页。另，可参见［英］约翰·邓恩编《民主的历程》，林猛等译，吉林人民出版社 1999 年版，第 110—183 页。

于英国施行的普遍的代表制。自己管理自己或自我统治的想象和实践"在大国是不可能的，在小国也有许多不便，因此，人民应该让他们的代表来做他们自己不能做的事"。① 这并非是卢梭讽刺的英国人的"自由"，而是英国人为了长久享有自由作出的策略性选择。他们明白，离开了城邦那种特殊的政治形式，让所有人都大规模地讨论公共事务，既不现实，而且也不是所有的人都有此能力。因而，孟德斯鸠把被古典共和主义者十分强调的公民亲自跨入公共领域，通过行动和言说参与公共事务的活动看作是"古代共和国的弊病"。他说："这是人民根本无法胜任的事。人民参与治国应仅限于遴选代表……因为……每一个人一般都能知道某人是否比其他人更明白事理。"②

孟德斯鸠通过代表设置抓住了英国政制三权分立的基础依凭，并看成是立宪主义的基础要素。美国的联邦党人借用并精细化了孟德斯鸠的上述主张，使代议制及宪政深入人心。

已经有越来越多的政治学和历史学研究者认为，对美国立宪时期联邦党人的思想贡献和实践努力的全面评价中，我们不能忽略反联邦党人（anti-federalist）扮演的次要然而却又不可或缺的角色。联邦党人关于宪法的主张是在与反联邦党人关于反对宪法的申诉中得以被接受的。③ 其中，联邦党人对代议制的论证就是在反对反联邦党人对小型共和国的坚持的过程中巩固和加强的。

反联邦党人之坚持小型共和国，是因为"共和"在大国难以落实，它增加了因利益、情感等不同而产生的冲突。亦是说，党争或派系斗争会分裂共和国。联邦党人成功地解决了这一问题，同时也找到

---

① ［法］孟德斯鸠：《论法的精神》（上卷），许明龙译，商务印书馆 2009 年版，第 169 页。
② 同上书，第 170 页。
③ 已故的美国芝加哥大学政治学教授斯托林明言，1791 年 10 条"权利法案"作为宪法修正案被通过，就是反联邦党人对 1787 年宪法做出的重大贡献之结果。由此，反联邦党人亦可充分尊享建国之父（founding fathers）的荣耀。具体可参见［美］赫伯特·斯托林《反联邦党人赞成什么——宪法反对者的政治思想》，汪庆华译，北京大学出版社 2006 年版。还需言明的是，反联邦党人并非反对"宪法"这一政治设计，他们只是不满意由联邦党人主导通过的 1787 年宪法所忽略的一些重要方面，比如"良心自由"并未入宪。

了避免暴政产生的政治策略。①

　　联邦党人詹姆斯·麦迪逊认为，党争盛行不外乎三种原因：财产分配、情感因素和见解殊异，而消除党争有两种办法，一是消除党争产生的原因，二是控制党争产生的恶劣影响。对于前者，麦迪逊认为不可行。因为"自由于党争，如同空气于火（似应为火于空气——引者），是一种离开它就会立刻窒息的养料"②，如果为了消除党争而取消自由，实为因噎废食之举措，且与共和精神严重相背。麦迪逊支持采用后一种办法。他认为，"共和政体"是解决它的最佳政体形式。在大型共和国中，因为人数众多，派系复杂而又互相抗争能够防止任何一派独大，并能够互相抵消其破坏力量，各种团体的利益生长空间在大型共和国得到扩大和保障。而这样的共和政体就是一种施行代议制的政体。之所以选择代议制，与麦迪逊等联邦党人对人性及人的能力的前提判断直接相关。他们说："人类有某种程度的劣根性，需要有某种程度的慎重和不信任"③，人们"从自己的经验知道他们自己有时候是会犯错误的；……终日受那些寄生虫和马屁精的欺骗，野心家、贪污犯、亡命徒的坑害，受那些不值得信任却为人所信任的人，以及不应得而巧取豪夺的人的要弄"。④ 这样的人一旦聚集，情感必将压倒理智成为行动的指导，公共精神、爱国主义等公民美德也将付之东流。而且，建国之后，享乐奢靡之风日盛，物质欲望成为"比饥荒、瘟疫及刀剑更可怕的敌人"，它与"共和政府两不兼容，恰似光明之于黑暗"。⑤ 但是，公民的代表却"具有最高智慧来辨别和最高道德来追求社会公益"，他们"发出的公众呼声，要比人民自己为此集会和亲自

---

　　①　在联邦党人看来，暴政意指公民自然权利被严重剥夺，而不论这是由多数人实施的还是少数人实施的。即只要权力聚集到同一些人手中，外部制约因素就会随之消失，暴政就自然而然出现。这种情况使联邦党人毅然坚定了三权分立并制衡的宪政选择。

　　②　[美] 汉密尔顿、杰伊、麦迪逊：《联邦党人文集》，程逢如、在汉、舒逊译，商务印书馆1980 年版，第 46 页。

　　③　同上书，第 286 页。

　　④　同上书，第 364 页。

　　⑤　参见张福建《在自由主义和共和主义之外：麦迪逊早期宪政思想探索》，《政治思想史》2010 年第 1 期。

提出意见更能符合公共利益"。① 选举产生的由代表所组成的团体能够较好地总结并凝聚公众意见，引导公众的爱国心和对正义的热爱以维护国家的统一和团结。

以麦迪逊为代表的联邦党人认为，选举虽然是连接公民和代表的有效中介，但在政治实践中必须考虑两个问题。一是选举的次数，二是代表的规模。在他们看来，选举的次数不宜过于频繁，但选举间歇期也不宜过长。这都是极其危险的，也必然会引起"以经常选举作为柱石的自由政府的爱好者的一种非常自然的惊觉"。② 经过求助于经验，他们确定，两年一次的选举对公民自由是最可取的。那么，选举出来的代表人数如何确定呢？麦迪逊等人认为，这也并无定法。比如把权力委托给百十来人比委托给数十人可取，但不能接着认为上千人的规模就比百十来人更好。汉密尔顿（Alexander Hamilton）言简意赅地说："把所有权力赋予多数人，他们就将压迫少数人。把所有权力赋予少数人，他们就将压迫多数人。"③ 必须坚守的观念是，人数的限度应该与保证代表们可以自由协商，并抑制他们随心所欲的组党结派的冲动保持一致。那种"为了安全、当地情况和对整个社会的普遍同情等目的而达到足够人数以后，每增加他们的议员就会阻碍他们自己的目的。政府的外貌可能变得更加民主，但是使它得以活动的精神将是更多的寡头政治"，④ 如此一来，公民自由就会被侵越，共和政体便也失去其本意。

虽然共和主义者更倾向于直接参与和积极生活，并且进而认为"代议制政府形式绝非公民身份理念和实践的内生本性和要求"⑤，但

① ［美］汉密尔顿、杰伊、麦迪逊：《联邦党人文集》，程逢如、在汉、舒逊译，商务印书馆1980年版，第49页。
② 同上书，第273页。
③ 参见［美］罗伯特·达尔《民主理论的前言》（扩充版），顾昕译，东方出版社2009年版，第4页。
④ ［美］汉密尔顿、杰伊、麦迪逊：《联邦党人文集》，程逢如、在汉、舒逊译，商务印书馆1980年版，第299页。
⑤ Ralf Dahrendorf, "Citizenship and Beyond: The Social Dynamic of an Idea", *Social Research*, Vol. 41, No. 4, 1974.

不可否认的是，公民间接参与政治已然成为当代民主国家政治生活的常态，也成为维持公民身份的共和主义含义的必然选择。同样不可否认的是，代议制（间接参与的主要形式）与公民之间的一定程度的不平等有着或明或暗的关系，一部分公民或许会比另一部分公民更加积极地进入公共生活，那么如何在这种政治形态下尽最大可能地呼唤最大多数的公民投身公共领域，哪怕是投身托克维尔所说的社区性生活，就是理论家和实践者不得不面对的课题。

第二节　共和主义国家的政制谋划：宪政

赓续不绝的共和主义传统有一个一以贯之的主张就是公民自由只是在自由的国家中才是可欲和可行的，而共和主义的国家观念指明了以无支配自由为根本目的的国家应该具备的两个属性。这里要谈论的问题是共和主义的国家应该怎样安排政制结构来满足公民政治自由的要求。本书认为，宪政，具体说是关于宪政的共和主义解释能够回答这一问题。

一　作为政治学术语的宪政

宪政（constitutionalism，也译为立宪主义）是发端于西方国家尤其是欧洲的一种政治理论概念和政体构造。根据一般的观点，宪政建立在关于宪法（constitution）的双重含义的基础上。它既可指创立宪法的过程，又可以指通过宪法对国家（政府）机构设置、权力限制等的规定。因此，宪政主要就是处理立宪和限权的问题。像大部分政治学概念一样，宪政作为明确的政治学术语取得现代含义最早出现于19世纪上半期，但它的观念却可以向前定位到古典时期。美国学者斯科特·戈登（Scott Gordon）较清晰地梳理了宪政的发展史。他认为，西方历史上第一次立宪主义试验肇端于希腊，而后在罗马共和国时期充实以后走向短暂的终结，历经千年中世纪的落没，在意大利断断续续地存在于城市共和国时期。这种传统被近代英格兰继承并演化出君主立宪，然后被美国建国者有选择地接受并奉为建国和立宪的神圣指南，创立出立宪民主制的政治国家。① 然而，宪政的核心意旨在长时段的演进过程中并未发生变化，仍然是要对国家（政府）权力施加法律约束，避免暴政，维护个人的自由和权利。

如果阅读宪政的实践史，我们会发现，它正在发生或者已经发生从古典宪政论（classical constitutionalism）到新宪政论（new constitutionalism）的转变和过渡。个人更愿意称之为从宪政的自由主义解释到共和主义解释的转变和过渡，或者说是从宪政的消极解释到积极解释的转变和过渡。宪政学家斯蒂芬·埃尔金（Stephen Elkin）和卡罗尔·索乌坦（Karol Soltam）认为，政治学研究，比如关于宪政的讨论，"既不应是一种脱离为最基本的人类利益服务宗旨的单纯的经验式活动，也不应是一种对于政治设计的限度漠不关心的规范主义空谈"。② 按照这一思路，古典宪政论只是"着意于设计这样一种政治体制，它提供一个供公民们在其中管理自身事务的框架。社会问题大都通过私人之间的互动来解决，法律和市场使这种互动成为可能。社会福利的增进是通过私人的努力而不是通过政府的行动来实现"。③ 它从科学的层面上规定了政府活动的触角应该在哪里停止，但并未关注到政治民主化的发展已经使得政府积极扩大职能以维护社会整体平衡和处理社会中某类群体的"集体窘境"。新宪政论比之前进一步，它在关心限权的基础上，竭力"表明民主政府怎样能够既是受到制约的又是能动进取的——也就是说，既能积极促进社会福利，与此同时，又不陷入仅仅在其组织得最好的公民之间分配利益的专制之中"。④ 因

---

① Scott Gordon, *Controlling the State: Constitutionalism from Ancient Athens to Today*, Cambridge: Harvard University Press, 1999, pp. 86-115, 223-326.

② ［美］斯蒂芬·L. 埃尔金、卡罗尔·爱德华·索乌坦编：《新宪政论：为美好的社会设计政治制度》，周叶谦译，生活·读书·新知三联书店1997年版，第1页。

③ 同上书，第39页。

④ ［美］斯蒂芬·L. 埃尔金、卡罗尔·爱德华·索乌坦编：《新宪政论：为美好的社会设计政治制度》，周叶谦译，生活·读书·新知三联书店1997年版，第39页。

而，宪政所能达到的目标不仅仅是收缩政府权力以为个人留有足够的空间供其自由选择"好生活"，从而实现个人自由。它更应该确立一套关于美好社会和理想政治秩序的制度原则，并努力进行改革，发挥政治权力的积极作用，创设健康的公共领域，通过公共政策解决社会问题，并注重公民品质和公共精神的养成，在不侵害个人自由的同时实现公民的政治自由。

概而言之，新宪政论之所以能被解释为共和主义的，源于以下两个缘由。

其一，政府权力被严格限制的根本原因在于权力对人的诱惑太大，以致握有权力的任何人都会把它用到极致。这被孟德斯鸠称作是千古不易的一条经验。公民美德在权力的淫威下没有丝毫说服力，人性的丑恶和贪婪在权力的"春药"下被尽情地表达并放大。洛克指出，权力"会给人们的弱点以绝大诱惑，使他们动辄要攫取权力，借以使他们自己免于服从他们所制定的法律，并且在制定和执行法律时，使法律适合于他们自己的私人利益"。① 联邦党人对此也有异常清晰的判断。政府就是对人性极大不信任进而对人性"侮辱"的结果，而政府一旦成立，必将主动寻求权力的施展，甚至以取消公民的个人自由为代价也毫不含糊。自由主义就是看到这一点，才主张有限政府、最小国家，甚至是"守夜人"国家。新宪政论同样承认政府权力的恶，但它比古典宪政论乐观。它认为，政府更应该是"优先选择的制造者，而不仅仅是现存优先选择的工具，是调查团体和协商机构，而不仅仅是利益的集合体"，② 故而，政府不能在各种利益之间保持中立和漠然，也不能只是着眼于社会整体利益净余额的增大而忽视应该被重点照顾的特殊利益群体。总之，权力在解决社会问题和困境方面可以大有作为，能够在社会基本权利和福利的分配方面顾及不利者的利益。新宪政论主张公民能力的积极扩展，强调发挥公民在公共政策制

---

① ［英］洛克：《政府论》（下篇），叶启芳、瞿菊农译，商务印书馆1964年版，第91页。

② ［美］斯蒂芬·L. 埃尔金、卡罗尔·爱德华·索乌坦编：《新宪政：为美好的社会设计政治制度》，周叶谦译，生活·读书·新知三联书店1997年版，第18页。

定和公共问题解决方面的主动性。我们看到，这与共和主义国家的公共性属性相一致。

其二，新宪政论在关注政治权力限制和公民自由维护之外，还强调要培养有利于立宪政治良性运转和实施的公民个性，也就是要实施公民教育。既然宪政的根本目标是公民个人自由和政治自由的保护和维持，那么，公民自由从何而来就是识别新旧宪政论的分水岭。古典宪政论建基于自由主义的形而上学根据，追求的是不被公共权力干涉的自由，强调个人对于公共制度的优先性和个人价值的至上性。如此，政府的主要任务就是维持社会正常的秩序，界定并厘清公共权力的范围。洛克认为，人们走出自然状态组建政治社会的目的就是为了能够安全并和平地保有自己以及自己的财产，包括自由。因此，国家权力就要一视同仁地保护社会以及其中的每一个成员。除此之外，政府应该保持沉默。公民美德，或者说个人美德限于私人和市场交易等活动中，权利与义务和责任成为不平等的政治观念和实践，权力文化"大行其道，成为法律；而只要法律上是正确的，实践中就那么去做。既然道德仅靠个人去坚守，社会无从去评判；那么，每个人似乎都是在做自己眼中正确的事情……人们的信仰——如果有信仰的话——完全是个人的事情，人们不受社会的任何约束，也没有共同的理想"。[①] 新宪政论则不然。它不会容许发生公共美德的丧失之类的"恶的行为"。它主张公民要在立宪政治的过程中学会政治生活的技巧，凸显人的公共性本性，在公共服务中与他人平等交流，不是消极地等待法律规定的自由不被侵犯，而是积极地涉入公共领域在参与中实现真正的自由。新宪政论受到罗马式共和主义的极大影响，同样坚持认为，宪政国家本身就体现了公民自由的程度，自由也只有在宪政国家中才可被正当地理解。

---

① 参见［美］斯蒂芬·马塞多《自由主义美德：自由主义宪政中的公民身份、德性与社群》，马万利译，译林出版社2010年版，第157页。

二　共和主义宪政体制的两个基本要素

宪政的共和主义解释与自由主义解释共同接受关于政府权力应该受到法律约束以保护个人自由的主张和观念，但二者对于宪政与自由的关系却有相当明显的差别认识。一方面，如古典宪政论和新宪政论之间的区别显示的那样，共和主义更主张公民积极地在公共生活和宪政体系中实现和保有自由。另一方面，自由主义把宪政看成是实现个人自由的手段和保障，宪政的价值与自由相比是低位阶的。而共和主义把宪政作为公民自由的一个内容，实行宪政，就是尊重公民自由，公民自由就蕴藏于宪政政治之中。它赋予宪政一种目的性价值，认为宪政与自由浑然一体。此一认识，应该成为我们确立共和主义宪政基本要素的理解前提。在本书看来，为了宪政安得其名，共和主义的宪政体制最起码应该包含两个基本要素，一是法治（the rule of law），二是分权（separation of powers）。

（一）在共和主义宪政视野下的法律，不能说它不是对公民自由的限制和干涉，但它在本性上是非支配的，它并不孤立于、游离于自由之外，而是蕴含于、包容于自由之中。法律的普遍控制性特征并未消失，只是更加注意它对自由的普遍促进性。在共和主义宪政中，自由不是靠法律规定的，自由与法律并不对立，与自由对立的是奴役与专制。免于奴役，就是自由，对自由的否定就是使之受奴役。因此，"路加城"的居民虽然生活在严格的法律之下，但仍然比"君士坦丁堡"的居民享有更多更真实的自由。[①]

对法律的尊奉是自共和主义宪政观念生发以来就予以特别关注的。概览共和主义者有关于此的论说，我们大致可以归纳出"法治"的三层含义。

---

①　关于"路加城"和"君士坦丁堡"居民享有自由的程度之争论，具体可参见［英］詹姆士·哈林顿《大洋国》，何新译，商务印书馆 1963 年版，第 20—21 页；［英］霍布斯：《利维坦》，黎思复、黎廷弼译，商务印书馆 1985 年版，第 167 页。

第一，宪政下的法治就是平等地对待共和国的所有公民，使他们接受可见的和正式的法律规约而非任意的和不规则的个人命令。法治根本不同于人治，它不过分相信个人的美德或者能力，况且对人性之幽暗的探讨在西方政治思想史上不绝如缕。亚里士多德说："人类的贪欲永无止境，有时两个奥布罗斯（古希腊的一种钱币——引者注）就足够打发，但人们一旦对此习以为常，便会无止境地贪图更多的钱。因为欲望的本性便是无止境的。"① 如果这样的人占据了统治者的位置，实施统治，那么共同体及其他人一定会沦为他的"私产"，共和美名就被葬送，公民自由亦烟消云散。而法治则把共同体中的一切事务纳入法律之下。亚里士多德坚决主张，在优良的城邦中，法律应该具有至高无上的权威，并统管城邦中的一切，维持正常的公民秩序，而行政官员仅就一些细枝末节的问题作出规定。依其本性，法律所能做的就是普遍化。② 西塞罗认为，作为人民的财产和共同事业的共和国，服从的不是某一个人，而是共和国的法律。这样的"理想国家"的法律依靠官吏来执行，因为国家的长久存在依赖于优良的治理，而如果没有官吏，则治理无人承担，国家也不会存在。所以，公民服从官吏是一种责任，除此之外还应尊敬官吏。在共和国中，官吏是法律的代言人。他们不能脱离法律进行治理，而是要循着法律的规定使用自己的权力，维护共同的事业。卢梭把公民受制于法律而非个人意志的情况称为是"服从自己"。在他的理论表述中，国家中的公民平等地享有权利，主权者或者治理者应该同样地照顾全体公民。在他们的眼中，应该只有国家共同体，而不能够区别对待构成国家的每一个成员。所以，法律平等地对待共同体中的公民，就使他们"不是在服从任何别人，只是在服从他们自己的意志"。③ 在法律之下的公民不但没

① ［古希腊］亚里士多德：《政治学》，颜一、秦典华译，中国人民大学出版社2003年版，第49页。
② ［古希腊］亚里士多德：《尼各马科伦理学》，苗力田译，中国人民大学出版社2003年版，第114—115页。
③ ［法］卢梭：《社会契约论》，何兆武译，商务印书馆2003年版，第40页。

有缺失自由，而且法律还成为自由的一个构成因素。

第二，宪政下的法治就是要实现宪法的政治性与法律性的统一，就要依宪而治。无宪法，无宪政。宪法是宪政的必要条件。我们可以把宪政理解为宪法在政治生活中起作用的一种政治过程，它始终要求权力依宪而用。在宪法中对国家权力的来源、构成、分配以及政府各部门的职能权限均作明文规定。宪法是整个法律体系的最顶点。它首先是政治性的。依宪而治，就是建立"一个政治社会的框架，它通过并依据法律组织起来，其目的是为了制约绝对权力"。① 宪法提供的是一套政治秩序，它从宏观层面上规定了一国之内各种力量，包括政府、社会组织和公民个人据以行动的最终依据。它是联结国家中的公民的强力黏合剂，强化公民对国家的政治认同，为公民的政治行动和公共生活提供总的指导，而自由就蕴于其中。其次，它还是法律性的。宪法既然是一部法律，它就必须具有可操作性，否则就会成为束之高阁的"神物"。真正的宪法是保障性的，即它对各种事例进行合宪与否的判断，不能是"名义性的"，更不能是"装饰性的"。为此，就必须有一系列使宪法法律化的物质设施，比如宪法法院、违宪审查机制，等等。宪法的法律性是它能够具有持久生命力的根本保障。最后，宪法的政治性可以防止法律实证主义的胜利，避免二战时期纳粹德国希特勒依宪上台的悲剧重演。宪法的法律性则可以防止宪法的意识形态化，它居于社会中各种力量和派别之外，它的根本目的是维护国家的团结和公民的自由。

第三，宪政下的法治还必须依照良法治理。法律是否正当，是否是良法，是对法律本身的正当性追问。法律的正当性来源在共和主义作家那里有不同的认识。西塞罗把自然法置于人定法之上，认为合乎自然法则和精神的法律就是合乎正义的法律，就是正当的法律。马基雅维里则认为，法律的目标是维持共和国的安全和强大，法律是否正

---

① ［意］G. 萨托利：《"宪政"疏议》，晓龙译，载刘军宁等编《市场逻辑与国家观念》，生活·读书·新知三联书店1995年版，第114页。

当，是否值得遵守，就看它能否达到目标。古罗马取得的伟大事业离不开共和国立国之初立法者英明立法的促进作用。应该看到，共和主义的国家追求的是共同体的共同利益，它不是所有公民个人利益的简单相加，而是它们的最大公约数。它既不褊袒社会中的多数派，也不践踏少数派的利益诉求。良法内含明确的价值态度，它与个人的生命、尊严，以及正义等价值判断不能毫无干系。

（二）分权是共和主义宪政支持的落实法治、限制政府权力的实践性概念。分权，顾名思义就是实现权力的分立。权力分立提供的是政治制度的结构和程序原则，它能使共和主义珍重的政治价值，如自由得到实现，并与其他价值类型和谐存在。权力分立的总原则是，既要限制政府权力的行使，但同时又要注意不能使之有违它有意促进和实现的价值。

英国宪政学家维尔（M. J. C. Vile）认为，权力分立于 17 世纪以一种明确表述的、融贯的政府理论出现在英格兰，并被看作是自由政体的关键秘密。① 在政治哲学的意义上，对分权做出重大贡献的是洛克。他基于自然权利和人们组建政治社会的目的，把国家权力分为三种：立法权、执行权和对外权。立法权源于自然状态中每个人拥有的可以做任何有利于保存自己的事情的权利。因为保存自己乃是自然状态和政治社会的最高目的，故而立法权是国家的最高权力，它被授予选举出来的若干个人，它是神圣的和不可任意变更的。洛克说："如果没有得到公众所选举和委派的立法机关的批准，任何人的任何命令，无论采取什么形式或以任何权力作后盾，都不能具有法律效力和强制性。"② 立法权虽然是最高权力，但对它仍有两个限制，以免它走向任意和专断。其一，立法权不能随心所欲地取消人们的生命、自由和财产权，不能有使人陷入贫困的权力。否则，便与人们的最初目标相悖，也与自然法不合。其二，立法机关不能以临时的命令进行统治

---

① 参见［英］M. J. C. 维尔《宪政与分权》，苏力译，生活·读书·新知三联书店1997年版，第3页。

② ［英］洛克：《政府论》（下篇），叶启芳、瞿菊农译，商务印书馆1964年版，第83页。

和治理，而应以正式颁布的法律为依据行使权力。如此做是为了保证法律的权威性和可预见性，克服自然状态中的不稳定性和人们解释、运用自然权利的随意性。执行权源于自然状态中每个人拥有的惩罚违反自然法则的人和事的权利。在政治社会中，执行权主要负责运行法律。在洛克看来，法律一经制定，立法者即可自行解散，而由执行者对法律运行实施和管理。执行权与立法权必须分离，否则制定法律的人便会千方百计地寻求免于自己制定的法律的约束，把私人利益凌驾于公共利益之上，破坏政治社会的美好目的。最后一种权力是对外权，它源于自然状态中的集体与集体的交往。洛克认为，执行权与对外权处理的问题虽然不同，但二者很难分立并被授予各不相干的人，否则会导致动乱和冲突。

洛克的三权分立（实则是二权分立）① 既是对英格兰自 1215 年《大宪章》以来的国王与议会斗争历史的说明与理论重现，又对英格兰宪政的发展提供了适时的方向指引。但它"具有的最大的重要意义超越了英国当时的政治解决方法，而体现在美国和法国的政治思想之中，并在 18 世纪末叶的两个大革命中达到了顶点"。②

就如我们知道的那样，与权力分立最频繁联系的思想家是孟德斯鸠。他虽然并未发明权力分立学说，也不是第一个对它作出专门研究的人，但孟德斯鸠却在恰当的时间（《论法的精神》发表于 1748 年，彼时正值欧洲和北美风云际会）对权力分立学说做出了新的思想贡献。他史无前例地强调被长期忽视的司法权问题，并且他比前人更重视分权制衡在政体稳定与公民自由中的重要性。

孟德斯鸠认为，任何一个国家，不管是何种政体形式，都有三种权力：立法权、行政权和司法权。这与任何一个政府具有的三种职能

---

① 洛克的上述学说能否被冠之以"权力分立"的名号尚存疑惑。因为他主张立法机关在制定法律之后应该解散，并且它是"最高的权力"，其余的权力只能从属于它并从中派生出来。再者，洛克并未论及司法独立的问题，假若如是观之，洛克的学说显然不是我们所谓的"权力分立"。

② ［美］乔治·萨拜因：《政治学说史》（下卷），邓正来译，上海人民出版社 2008 年版，第225 页。

相吻合。简言之，立法就是制定法律，行政就是执行法律，司法则是裁定法律纠纷。孟德斯鸠异常明智地把权力分立与政府职能相结合，认为政府的每个职能应该给予不同的政府机构，而且在人员配备上不能发生重合。他认为，立法权应该给予立法机构，它由贵族和人民代表两个集团组成。行政权应给予君主，司法权应归属一个独立于前二者的法院。这三种权力、三个政府机构彼此分立。如果立法与行政合一，那么，制定法律的人就能够制定不正义的法律并粗暴地执行。如果立法与司法合一，那么，公民自由就失去了最后的保障，只能与专断性权力面对面。行政与司法合一的后果也很严重。如此一来，法官就有权力直接压迫公民。更糟糕的是，如果三权合到一个机构或一个人手中，而不管它是多数人还是少数人，结局只能是公民自由的彻底丧失，只能是"可怕的专制主义"。因此，为自由之故，机构（职能）必须分离，三权必须分立。

然而，孟德斯鸠并未坚持一种"纯粹的三权分立"学说。他明确强调三权还应该实现制衡（check and balance）。立法机构如果脱离了行政机构的钳制，那它就"会把能够想到的一切权力统统抓到手，把其他所有机构全都废除"。① 反过来，立法机构有权监督法律的执行情况，并对违法行为提出抗诉。法院可以针对有关法律的事务进行一般的审查，并对立法人员和行政人员的操行进行合法与否的裁判。总之，孟德斯鸠以实现公民自由为目的，要求权力的分立与制衡。他把自由与分权制衡紧密相连，既深刻影响了美国的建国和立宪实践，同时又使权力分立理论成为"一种关于立宪政府的普适标准"。②

发表于美国立宪时期的《联邦党人文集》既是立宪主义史上最重要的文献之一，也是美国联邦党人对宪政理论的独特贡献。贯穿全篇的主题就是关于为了公民自由，而如何控制政府权力问题的深入探讨。联邦党人说："在组织一个人统治人的政府时，最大困难在于必

---

① ［法］孟德斯鸠：《论法的精神》（上卷），许明龙译，商务印书馆2009年版，第172页。
② ［英］M. J. C. 维尔：《宪政与分权》，苏力译，生活·读书·新知三联书店1997年版，第90页。

须首先使政府能管理被统治者，然后再使政府管理自身。毫无疑问，依靠人民是对政府的主要控制；但是经验教导人们，必须有辅助性的预防措施。"① 他们找到的行之有效的"预防措施"就是权力分立及制衡。他们认为这种措施是在共和制的美国国家内限制政治权力行使的最佳政制设计。它既能遏制权力的野心，同时又能最大程度地保护公民自由。

联邦党人援引"先知"孟德斯鸠的"宝贵箴言"，详细列举并说明了国家的立法权、行政权和司法权三种权力。他们声称，为了公民与生俱来的基本的不可剥夺的权利，绝对有必要设置一种公正的模式，用以制定法律、解释和执行法律，使一切可见且恒常，使公民不至于互相惧怕。"在共和政府中，立法机构不能行使行政权和司法权，或二者之一；行政机构不能行使立法权和司法权，或二者之一；而司法机构也不能行使立法权和行政权，或二者之一。"② 三权应该依照一个自由政府的性质实现彼此分离与独立。如若不然，权力集中必定引致权力的侵越性和扩张性的爆发，每一种权力都试图控制或主导其他的任何一种权力或全部权力。此时，政府就无法实现内部制衡，以遏止专制及滥用职权，分权的目的一丁点都得不到落实。

还是援引"先知"的精神，联邦党人认为，三权分立并非意味着三个职能部门"不应该部分地参与或者支配彼此的行动"，只是说一个部门的全部权力不能置于掌握另一部门全部权力的同样一些人的手中。如若使之保持绝对的、彻底的分立，就是一种"教条主义"。三权在实践操作上不应互相分离。要注意，分权只是手段，真正起作用的是分权前提下的"制衡"。它通过授予三个部门相互"否决权"来制约对政府权力的肆意运用。联邦党人指出：第一，立法机构没有行政权力，也不能执行法律。它针对行政机构和司法机构所能做的只是

---

① ［美］汉密尔顿、杰伊、麦迪逊：《联邦党人文集》，程逢如、在汉、舒逊译，商务印书馆1980年版，第264页。

② Quoted in Scott Gordon, *Controlling the State: Constitutionalism from Ancient Athens to Today*, Cambridge: Harvard University Press, 1999, p. 297.

任命行政长官，并有权弹劾，"举凡行政首脑有擅权危险之事由，宪法草案均设置一些条款，使总统受到立法机关一院的控制。思想开明而又合情合理的人民尚欲何求"。① 立法机构也可以撤换法官。第二，"对立法部门的绝对否定，是行政长官应该配备的天然防卫物"，② 但行政机构不能奢求去亲自制定并解释法律，它只是在司法机构人员的任命上有权力。第三，司法机构比较特殊。汉密尔顿说，与立法机构和行政机构相比，司法机构对政治权力和公民自由的危害更小，因为它"既无强制，又无意志，而只有判断；而且为实施其判断亦需借助于行政部门的力量"。③ 所以一定要特别注意司法机构的独立性。司法机构可以宣布违反宪法明文规定的立法是无效之权，也可以监督后者在其正当权限范围内行事，而且"对宪法以及立法机关制定的任何法律的解释权应属于法院"。④ 行政人员作为共和国的公民，如果被认为违法，当然也在司法机构的权限范围内。

还需指出的是，联邦党人立足于美国联邦制的现实，全面观察到，公民需要同时服从两个相互独立的政治权威——中央和州，而不是如欧洲那样传统的单一权威，因此他们也十分重视权力在中央和州两级政府上的分配与制衡。事实上，他们把这看作是保护公民权利和自由的有利因素。因为，权力在中央和州之间恰当的分配之后，再分给三个相互独立的部门，这样，美国公民的"权利就有了双重保障。两种政府将互相控制，同时政府又自己控制自己"。⑤ 纵向与横向的分权制衡交错作用，构造了最复杂的政制设计，然而也形成了公民自由的最坚固屏障。

在关于共和主义宪政基本要素的讨论行将结束时，在分权问题上单独提出以下一点是有价值的，即古典共和主义精心设计的混合政体

---

① ［美］汉密尔顿、杰伊、麦迪逊：《联邦党人文集》，程逢如、在汉、舒逊译，商务印书馆1980年版，第389—390页。

② 同上书，第265页。

③ 同上书，第391页。

④ 同上书，第393页。

⑤ 同上书，第266页。

理论与分权学说是何关系。个人认为，混合政体并不必然要求分权，而分权与混合政体也并无确定的联系。一则，被奉为混合政体典范的古罗马共和国与当今的共和国相比，分权痕迹相当模糊。① 二则，混合政体理论着力于使社会中的各个利益群体联合参与政府权力，以防个别群体强加意志于其他群体之上，而分权学说则着力于政府权力在各个职能部门的分立与制衡，它更适于现代大型的复合共和国。二者的逻辑推演不一样。然而，我们不能由此完全无视混合政体理论对分权学说的启示。混合政体理论的初衷既是为了避免任一集团对权力的恣意妄为，而扩大政治权力的享有者，这确实在客观上要求一定程度的权力分立，虽然不是立法权、行政权与司法权的分立。在前提假定和理论目标上，它都启发了分权学说，或者说分权学说与它有着某种程度的共契。

---

① 有关古罗马共和国时期元老院、保民官、执政官和公民大会之间的分工与合作的细节介绍，英国著名历史学家戴维·肖特的小册子十分值得一读。具体可参见［英］戴维·肖特《罗马共和的衰亡》，徐绥南译，上海译文出版社 2001 年版。

余论 共和主义公民身份的承诺与我国积极公民的涌现

以共和主义公民身份为中心的思想史和实践史探寻为我们展现了西方政治思想传统的多彩画卷。共和主义公民身份的发展演进既是共和主义作家对政治现实的理论抽象，又是对理想国家秩序的学理建构，反映了他们孜孜以求的学术抱负。在绵延上千年的传统中，共和主义公民身份经历了实践场域的变换，也发生了侧重点的转移，同时也在与其他政治思潮，尤其是在与自由主义公民身份的"抗争"中显示出独特魅力，成为当下理论家和实践者追忆与复兴的不二对象。而且，它对于我国的社会和政治现实亦有多重意涵和意义。

1. 共和主义公民身份以无支配自由为核心和根本追求，以公民美德和宪政体制为基本支撑，强调个体与共同体的共生共契关系。它与自由主义公民身份是两种完全不同的理论形态，它更加强调公民的积极生活，更加强调公民美德在公共生活和政治事务中的正面作用，更加强调国家政制对公民身份保持和完善的保障意义。一句话，它的基本态度和价值观念更加积极。它需要的是积极公民，而不是自由主义珍视的消极公民。在共和主义公民身份看来，积极公民是优良共同体不可或缺的主体。他们充满公共精神，在伸张权利的同时注意履行自己对于共同体的义务和责任。公民自由的落实不是在私人领域中，也不是在放大了的私人领域—社会领域中，而是在公共领域，即政治领域中。一如汉娜·阿伦特强调的那样，公共领域构成公民的"显现空间""共同世界"，人的不朽只能在公共领域中通过创造丰功伟业，通过他人的在场来证明自己的卓异。在这里，我们看到的是共和主义对勇敢地走出私人领域，跨过"深渊"，主动涉入公共领域的公民的赞誉与呼唤。这样的公民正是共和主义的"理想公民"。

共和主义公民身份理论在公民自由的论证中，没有片刻脱离个体—公民—共同体的解释架构，既强调公民积极参与共同体生活，在公共服务中实现政治自由，又强调共同体对公民自由的促进和维护价值。共和主义公民身份需要和支持的共同体是公共性和政治性属性彰显的国家，是以权力分立制衡和法治为柱石的政制安排的国家，是不干预社会自行运转的"自由国家"。

但不能视而不见的是，共和主义公民身份在塑造积极公民的同时，本身也存在一些"短板"。比如，近代之前公民身份的等级化问题，以及由此带来的对平等价值的"虚置"。在古希腊罗马时期，不是所有人都是公民，也不是所有公民都是完全的公民。希特指出，在古希腊，公民身份"仅为财产所有者所拥有"，罗马则把它扩展到更多的人口，"所有自由民实际上都可以获得公民身份"。① 不过，就如本书第一章第二节指出的，古典时期平等的公民身份是建立在不平等的阶级分立基础之上的，意即有些公民永远比另一些人更加平等。古典时期的公民身份具有强烈的精英色彩。再比如，近代以来公民身份的次序扩展问题。古已有论，女性与男性拥有不同的德性，前者被激情和欲望控制，后者由理性主导，这使女性更适合家政管理，而不适宜进入政治生活，参与公共事务。她们被固定在"物的世界"，受约于个体生存和种的延续之必然性，是不自由的存在。事实上，共和主义公民身份的潜在前提就是公民仅仅是男性的一种功能，而女性只能处于一种进退两难的境地，"要么放弃自己与男性之间的差异认识，承认一种本质上是男性的公民身份概念；要么拒绝普遍性公民身份概念，而要求特殊的权利和责任，主张差异性政治"。② 平等与差异是女

---

① ［英］德里克·希特：《何谓公民身份》，郭忠华译，吉林出版集团有限责任公司2007年版，第87页。

② Quoted in Keith Faulks, *Citizenship*, London: Routledge, 2000, p. 99.

性进入公民身份体系时不得不面对的选择。可喜的是，随着社会经济的发展及其对政治意识形态的重塑，女性越来越积极主动地获得完全的公民身份，共享公民身份的权利与责任。

2. 公民身份的共和主义解释模式作为当下的"显学"，正在努力结合多元化的社会和政治境遇，既针对自身引致的种种批评，又借鉴自由主义公民身份等其他公民身份解释资源，从各个可能的方面突破共和主义公民身份传统研究的限制，建构更加灵活适宜的公民身份形象。[①] 它具有的内在价值对思考如何形塑我国的积极公民群体亦有不少启发。

现代之中国生于传统之中国者。欲解当今，必先解过去。关于传统中国之社会基本特性，梁漱溟先生准确地判断，它"知有君臣官民彼此间之伦理之义务，而不认识国民与国家之团体关系"。[②] 在传统中国，伦理统驭经济和政治，而且还"有宗教之用"。不似西方国家，我国是一个"伦理本位的社会"。既以伦理为首，故而以道德治天下。在其中，只见有以"己"为中心而推及他人的文化，是一种"差序格局"和礼治社会，而不似西方国家那般注重"集团生活"，是一种"团体格局"和法治社会。费孝通先生说："私的毛病在中国实在比愚和病更普遍得多，从上到下似乎没有不害这毛病的。"[③] 百年前的梁任公先生也曾说道："我国民所最缺者，公德其一端也。……中国道德……偏于私德，而公德殆阙如。试观《论语》《孟子》诸书，吾国民之木铎，而道德所从出者也。其中所教，私德居十之九，而公德不及其一焉。"[④]"私德之堕落，至今日之中国而极。"[⑤] 因此，旧日中国只有私人之人格，而无有公人之人格。与之相伴的是，旧日中国只有

---

① 受益于共和主义的当代复兴，共和主义公民身份衍生出共和自由主义的公民身份解释（理查德·达格），自由共和主义的公民身份解释（凯斯·森斯坦），差异性公民身份解释（艾利斯·马瑞恩·杨）等。它们都坚持共和主义公民身份的传统内核，注重公民自由和公民美德的养成，但又关注具体社会状况带来的公民身份议题的丰富化。

② 梁漱溟：《中国文化要义》，上海人民出版社 2005 年版，第 75 页。

③ 费孝通：《乡土中国》，北京出版社 2009 年版，第 32 页。

④ 梁启超：《新民说：少年中国的国民性改造方案》，中州古籍出版社 1998 年版，第 62 页。

⑤ 同上书，第 197 页。

"天下"观念,"国家"观念不成熟,甚至没有。"国"事实上成了一家一姓之私产,只是"家"的放大,"国"与"民"脱离了共存关系。故而,国家存亡只是一家之事,与民众并无瓜葛。民众被剥夺了治国理政的权利,当然也就对保国安疆漠然处之。公民概念并不见于传统中国。

如果同意上述对传统中国的判断,那么,我们就可以确切地说,西方土壤生长出来的共和主义公民身份之思想理论所强调和重视的基本要素在传统中国是缺失的。而且,因为现代中国与西方国家曾经历经的现代化路程存在程度不等的共通性问题,如何审度并检取其合理资源,避免可能二次遭遇的困境,成为我们研究共和主义公民身份启示意义的最初关切。同时,如何使有效的西方话语形式中国化和本土化,使之落地生根开花结果,也正是理论研究的任务所在。

近代以来,戊戌维新运动的主力干将康有为、梁启超等面对专制帝国日益衰败而欧美诸国实力大增的状况,从用心改造国民性始,大力传播西方公民观念,发出救亡图存的号召,刺激了本土公民理论和实践的一定发展。在列强环伺的环境中,"欲强吾国,则不可不博考各国各民族所以自立之道,汇择其长者而取之,以补我之所未及"。[①]他们找到的西方国家之强大的原因是其有"国民",而相比之下,旧时中国只有"部民"。二者的区别在于,前者有国家思想,亦能参与政治,后者仅仅是群族而居,以风俗习惯为根本。梁任公先生由此奋力疾呼,"新民"乃今日中国"第一急务"。具而言之,为使民族独立、国家富强,就需要国民具有公德思想、国家思想,有进取冒险之性格特征,有明确的权利思想,以及自由、自治、自尊、合群、毅力、尚武、义务与权利并重等参与政治生活的能力。其中,他特别指出:"重为言曰,国家譬犹树也,权利思想譬犹根也。"[②] 国家欲强盛,必先使国民具有强烈的权利认知,英国即是一例。在那里,"权利人之

---

① 梁启超:《新民说:少年中国的国民性改造方案》,中州古籍出版社1998年版,第55页。
② 同上书,第55、96页。

思想最强，视权利为第二之生命，*丝毫不肯放过*"，① 因此之故，才能以区区三岛称霸于世界。在为权利思想呐喊的同时，任公先生也十分强调义务思想的持有。人人有应得之权利，即是指明人人有应尽之义务。有权利无义务，或者有义务无权利断不是文明社会之事，而"我国民与国家之关系日浅薄，驯至国之兴废存亡，若与己漠不相属者，皆此之由"。②

实事求是地说，维新派思想家虽未能如愿通过改造国民性达到救国立国的目的，但他们对"国民"观念的强调与发挥确实为我国近代以来公民意识的兴起和公民身份的落实开启了时代先声，对当下中国之积极公民培育亦有积极影响。

1911 年《中华民国》作为近代亚洲第一个资产阶级民主共和国诞生于古老的东方社会，它的建立在政治制度运作上极大地推进了公民身份观念的实践化进程。同时，由于西方大量政治文化的引介和传播，积极公民的数量也较清末大有增长，全国公民教育运动、乡村建设运动等旨在通过有效的公民教育培养合乎时代要求与发展趋势的公民之活动也在重新形塑国民性格特征、生发现代公民意识方面具有重大作用。

1949 年中华人民共和国把"共和国"作为新中国的国号，开辟了中华民族历史发展的新纪元，走上了实现中华民族伟大复兴的康庄大道。然而，由于各种原因，1978 年改革开放之前的三十年，我国实行高度集中的计划经济体制，国家权力渗透到社会生活的方方面面，个人的生活空间被极度挤压，"私人"被"单位人"掩盖，丧失独立人格，国家与社会一体化，国家统制社会。这个时期关于公民身份的主要特征不是个人退缩到私人领域，导致公共精神的流失和公共生活的衰落，而是个人的合理欲求被不合理地压制，健康文明的公共领域得不到建设，公民身份也得不到展露的恰当空间。

---

① 梁启超：《新民说：少年中国的国民性改造方案》，中州古籍出版社 1998 年版，第 60 页。
② 同上书，第 180 页。

被誉为"第二次革命"的改革开放在根本上又一次改变了中国的面貌。市场经济取代计划经济成为资源配置的新形式，国家节制使用行政手段大规模地组织经济活动，国家权力逐步回收到正当界域，个人的生活空间和自由选择空间陡然增多，基层民主试验蓬勃开展，公民的自组织能力和自治能力得到锻炼和提升，不同于臣民意识的、强调独立、责任、参与和美德的公民意识在现实中深深扎根，以公民为主体的公民社会初露端倪。这些都成为积极公民涌现的有利因素。

具体而言，遵循共和主义公民身份的理念与实践传统，吸收西方国家积极公民培育方面的经验教训，在我国当前阶段，至少还需要以下几个方面的努力以使积极公民加快成长。

第一，继续坚定不移地进行社会主义市场经济体制的完善和发展。市场经济内生的平等交易规则、互惠互利关系，以及契约性交往模式对市场参与者的现代意识培养具有积极作用。公民身份必然要求个人的独立和自主，要求个人权利和义务的对等保有，市场经济对产权和基本人权的肯定和维护，使个人具备了满足以上要求的能力。唯其如此，个人也才有道德正当性让渡自己掌握的权益与他人形成持续共存的生活和发展空间。

第二，继续坚定不移地推进社会主义法治建设。法治在保护公民免于专断任意干涉方面具有特殊作用，另外在公民美德的养成方面也发挥着促进作用。用法治代替人治和礼治，形成透明可见的操作秩序，使一切阳光化、公开化，形成公民依法而行的稳固标准。还需注意的是，法治建设不能殆疏宪法的政治性和法律性的落实，公民的权利、义务以及国家与公民的良性互动关系都应该在宪法（宪政）框架中认真实施。

第三，继续坚定不移地拓宽政治参与方式和管道的多样化。公民不是天生的，而是在公共服务中后天生成的，这可以说是共和主义公民身份从古典到当代持之以恒的一大基本价值理念。因此，应该加大力度支持已经在广大基层地区普遍开展的乡村直选、社区街道自治自管，以及网络等新型媒介的民主参与和协商机制。除此之外，发掘更多领域和更多样式的参与活动，主动进行制度体制创新，以党内民主带动人民民主，发挥党组织的示范作用和先锋堡垒榜样，努力探索一条适合中国国情的社会主义民主政治道路。

第四，继续坚定不移地消除社会组织或民间社团成长壮大的阻滞因素，营建宽松适度的公共空间。托克维尔曾把美国社会数量庞大的社团组织看作是公民成熟、共和精神健康的重要特征。社会组织可以说是公民政治参与的"先行站"和"试验田"，是公民自我管理、自我调适和自我控制的直接舞台。因此，按照宪法关于结社自由的条款，制定一部能够具体指导公民社会组织的专门法律，在主体定位和活动原则等方面为其确立法律依据，加快放开社会组织注册的诸种限制，降低社会组织运行的各项成本，提高公民的自治能力。

第五，继续坚定不移地实施公民政治文化建设和公民道德建设，实现好人与好公民的双重进步。公民政治文化建设与公民道德建设的最终目标都是培养社会主义的合格主体和和谐社会的构建者，但二者在性质上存有异趣。前者更注重公民在政治生活中的主体精神和积极行动的态度，而后者主要着眼于公民在社会生活、职业生活和家庭生活中的道德能力。因之，公民政治文化建设的直接目标是好公民，是勇敢地进行公共生活的主体，而公民道德建设的直接目标是好人，是能够起到带动效应的道德模范。寻求好人和好公民的共同进步，努力使公共善成为个人善的先导和归宿，是共和主义公民身份的强烈诉求，同时也是我们成为好公民的真实要求。

本书最后认为，植根于西方文化传统的共和主义公民身份不是只适于西方国家的政治言说与实践构设。完成共和主义公民身份的转译注定绕不过中国独有的政治传统与现实，话语场域的转换注定要带来两种文明的摩擦和碰撞。但是，我们愿意相信，共和主义公民身份的中国化和本土化于我国建设小康社会，实现中华民族的伟大复兴之伟业大有裨益，上文探究的种种措施也将会十分有助于这一进程。

参考文献

中文部分

译著类

1. ［美］A. 麦金太尔：《德性之后》，龚群、戴扬毅译，中国社会科学出版社 1995 年版。

2. ［美］阿拉斯戴尔·麦金太尔：《谁之正义？何种合理性?》，万俊人等译，当代中国出版社 1996 年版。

3. ［英］爱德华·吉本：《罗马帝国衰亡史》（Ⅰ），席代岳译，吉林出版集团有限责任公司 2011 年版。

4. ［美］埃里克·方纳：《美国自由的故事》，王希译，商务印书馆 2002 年版。

5. ［法］爱弥尔·涂尔干：《孟德斯鸠与卢梭》，李鲁宁、赵立玮、付德根译，上海人民出版社 2006 年版。

6. ［英］安德鲁·海伍德：《政治学核心概念》，吴勇译，天津人民出版社 2008 年版。

7. ［澳］巴巴利特：《公民资格》，谈谷铮译，桂冠图书公司 1991 年版。

8. ［法］邦雅曼·贡斯当：《古代人的自由与现代人的自由》，阎克文、刘满贵译，商务印书馆 1999 年版。

9. ［英］彼得·拉斯莱特：《洛克〈政府论〉导论》，冯克利译，生活·读书·新知三联书店 2007 年版。

10. ［加］查尔斯·泰勒：《现代性之隐忧》，程炼译，中央编译出版社 2001 年版。

11. ［日］川崎修：《阿伦特（公共性的复权)》，斯日译，河北教育出版社 2002 年版。

12. ［美］丹尼尔·贝尔：《社群主义及其批评者》，李琨译，生活·读书·新知三联书店 2002 年版。

13. ［英］戴维·赫尔德：《民主的模式》，燕继荣等译，中央编译出版社 2008 年版。

14. ［英］戴维·米勒、韦农·波格丹诺编：《布莱克维尔政治学百科全书》，中国问题研究所等组织翻译，中国政法大学出版社 1992年版。

15. ［英］戴维·肖特：《罗马共和的衰亡》，徐绶南译，上海译文出版社 2001 年版。

16. ［英］德里克·希特：《何谓公民身份》，郭忠华译，吉林出版集团有限责任公司 2007 年版。

17. ［英］狄金森：《希腊的生活观》，彭基相译，华东师范大学出版社 2006 年版。

18. ［德］恩斯特·卡西尔：《国家的神话》，范进、杨君游、柯锦华译，华夏出版社 1999 年版。

19. ［英］F. I. 芬利主编：《希腊的遗产》，张强、唐均等译，上海人民出版社 2004 年版。

20. ［澳］菲利普·佩迪特：《共和主义：一种关于自由和政府的理论》，刘训练译，江苏人民出版社 2006 年版。

21. ［法］弗朗索瓦·基佐：《欧洲代议制政府的历史起源》，张清津、袁淑娟译，复旦大学出版社 2008 年版。

22. ［美］弗里德里希·沃特金斯：《西方政治传统——现代自由主义发展研究》，黄辉、杨健译，吉林人民出版社 2001 年版。

23. ［奥地利］弗里德里希·希尔：《欧洲思想史》，赵复三译，广西师范大学出版社 2007 年版。

24. ［意］圭多·德·拉吉多：《欧洲自由主义史》，R. G. 柯林伍德英译，杨军译，吉林人民出版社 2001 年版。

25. ［美］汉密尔顿、杰伊、麦迪逊：《联邦党人文集》，程逢如、在汉、舒逊译，商务印书馆 1980 年版。

26. ［美］汉娜·阿伦特：《论革命》，陈周旺译，译林出版社 2007 年版。

27. ［美］汉娜·阿伦特：《人的境况》，王寅丽译，上海人民出版社 2009 年版。

28. ［美］赫伯特·斯托林：《反联邦党人赞成什么——宪法反对者的政治思想》，汪庆华译，北京大学出版社 2006 年版。

29. ［比利时］亨利·皮雷纳：《中世纪的城市》，陈国樑译，商务印书馆 2006 年版。

30. ［英］霍布斯：《利维坦》，黎思复、黎廷弼译，商务印书馆 1985 年版。

31. ［英］霍布斯：《论公民》，应星、冯克利译，贵州人民出版社 2003 年版。

32. ［英］杰弗里·帕克：《城邦：从古希腊到当代》，石衡潭译，山东画报出版社 2007 年版。

33. ［英］杰弗里·托马斯：《政治哲学导论》，顾肃、刘雪梅译，中国人民大学出版社 2006 年版。

34. ［德］卡尔·曼海姆：《意识形态与乌托邦》，黎鸣、李书崇译，商务印书馆 2000 年版。

35. ［美］卡罗尔·佩特曼：《参与和民主理论》，陈尧译，上海人民出版社 2006 年版。

36. ［英］昆廷·斯金那：《马基雅维里》，王锐生、张阳译，中国工人出版社 1985 年版。

37. ［英］昆廷·斯金纳：《霍布斯哲学思想中的理性和修辞》，王加丰、郑崧译，华东师范大学出版社 2005 年版。

38. ［美］列奥·施特劳斯、约瑟夫·克罗波西主编：《政治哲学史》

（下），李天然等译，河北人民出版社 1993 年版。

39. ［美］列奥・施特劳斯：《霍布斯的政治哲学》，申彤译，译林出版社 2001 年版。

40. ［美］利奥・施特劳斯：《关于马基雅维里的思考》，申彤译，译林出版社 2003 年版。

41. ［法］卢梭：《爱弥尔》（下），李平沤译，商务印书馆 1978 年版。

42. ［法］卢梭：《社会契约论》，何兆武译，商务印书馆 2003 年版。

43. ［美］罗・庞德：《通过法律的社会控制　法律的任务》，沈宗灵、董世忠译，商务印书馆 1984 年版。

44. ［美］罗伯特・达尔：《民主及其批评者》，曹海军、佟德志译，吉林人民出版社 2006 年版。

45. ［美］罗伯特・达尔：《民主理论的前言》（扩充版），顾昕译，东方出版社 2009 年版。

46. ［美］罗伯特・诺奇克：《无政府、国家和乌托邦》，姚大志译，中国社会科学出版社 2008 年版。

47. ［美］罗伯特・帕特南：《使民主运转起来——现代意大利的公民传统》，王列、赖海榕译，江西人民出版社 2001 年版。

48. ［英］洛克：《政府论》（下篇），叶启芳、瞿菊农译，商务印书馆 1964 年版。

49. ［英］洛克：《政府论》（上篇），瞿菊农、叶启芳译，商务印书馆 1982 年版。

50. ［英］洛克：《论宗教宽容》，吴云贵译，商务印书馆 1982 年版。

51. ［英］M.J.C. 维尔：《宪政与分权》，苏力译，生活・读书・新知三联书店 1997 年版。

52. ［英］梅因：《古代法》，沈景一译，商务印书馆 1959 年版。

53. ［美］美国不列颠百科全书公司编：《不列颠百科全书》（国际中文版），第 4 卷，中国大百科全书出版社编译，中国大百科全书出版社 1999 年版。

54. ［法］孟德斯鸠：《论法的精神》（上卷），许明龙译，商务印书馆 2009 年版。

55. ［意］尼科洛·马基雅维里：《君主论》，潘汉典译，商务印书馆1985年版。

56. ［意］尼科洛·马基雅维里：《论李维》，冯克利译，上海人民出版社2005年版。

57. ［苏］涅尔谢相茨：《古代希腊政治学说》，蔡拓译，商务印书馆1991年版。

58. ［德］康德：《道德形而上学原理》，苗力田译，上海人民出版社2005年版。

59. ［美］乔万尼·萨托利：《民主新论》，冯克利、阎克文译，上海人民出版社2009年版。

60. ［美］乔治·萨拜因：《政治学说史》（上下卷），邓正来译，上海人民出版社2008年版。

61. ［美］斯蒂芬·霍尔姆斯：《反自由主义剖析》，曦中、陈兴玛、彭俊军译，中国社会科学出版社2002年版。

62. ［美］斯蒂芬·L.埃尔金、卡罗尔·爱德华·索乌坦编：《新宪政论：为美好的社会设计政治制度》，周叶谦译，生活·读书·新知三联书店1997年版。

63. ［美］斯蒂芬·马塞多：《自由主义美德：自由主义宪政中的公民身份、德性与社群》，马万利译，译林出版社2010年版。

64. ［美］斯塔夫里阿诺斯：《全球通史：从史前史到21世纪》（第2版），吴象婴等译，北京大学出版社2006年版。

65. ［德］特奥尔多·蒙森：《罗马史》（第1卷），李稼年译，商务印书馆1994年版。

66. ［法］托克维尔：《论美国的民主》（上下卷），董果良译，商务印书馆1988年版。

67. ［法］托克维尔：《旧制度与大革命》，冯棠译，商务印书馆1992年版。

68. ［英］W.D.罗斯：《亚里士多德》，王路译，商务印书馆1997年版。

69. ［加］威尔·金里卡：《当代政治哲学》（下），刘莘译，上海三联书店 2004 年版。

70. ［德］威廉·冯·洪堡：《论国家的作用》，林荣远、冯兴元译，中国社会科学出版社 1998 年版。

71. ［美］威廉·弗格森：《希腊帝国主义》，晏绍祥译，上海三联书店 2005 年版。

72. ［古罗马］西塞罗：《论共和国　论法律》，王焕生译，中国政法大学出版社 1997 年版。

73. ［古罗马］西塞罗：《论老年　论友谊　论责任》，徐奕春译，商务印书馆 1998 年版。

74. ［古罗马］西塞罗：《国家篇　法律篇》，沈叔平、苏力译，商务印书馆 1999 年版。

75. ［古希腊］修昔底德：《伯罗奔尼撒战争史》（上册），谢德风译，商务印书馆 1960 年版。

76. ［英］亚当·斯密：《国民财富的性质和原因的研究》（下卷），郭大力、王亚南译，商务印书馆 1974 年版。

77. ［古希腊］亚里士多德：《政治学》，吴寿彭译，商务印书馆 1965 年版。

78. ［古希腊］亚里士多德：《亚里士多德全集》（第 8 卷），徐开来译，中国人民大学出版社 1994 年版。

79. ［古希腊］亚里士多德：《尼各马科伦理学》，苗力田译，中国人民大学出版社 2003 年版。

80. ［古希腊］亚里士多德：《政治学》，颜一、秦典华译，中国人民大学出版社 2003 年版。

81. ［美］伊丽莎白·扬-布鲁尔：《阿伦特为什么重要》（第 2 版），刘北成、刘小鸥译，译林出版社 2009 年版。

82. ［英］以赛亚·伯林：《自由论》，胡传胜译，译林出版社 2003 年版。

83. ［英］以赛亚·伯林：《反潮流：观念史论文集》，冯克利译，译林出版社 2011 年版。

84. ［英］约翰·邓恩编：《民主的历程》，林猛等译，吉林人民出版社 1999 年版。

85. ［美］约翰·罗尔斯：《政治自由主义》，万俊人译，译林出版社 2000 年版。

86. ［美］约翰·罗尔斯：《正义论》（修订版），何怀宏、何包钢、廖申白译，中国社会科学出版社 2009 年版。

87. ［美］约翰·罗尔斯：《作为公平的正义——正义新论》，姚大志译，中国社会科学出版社 2011 年版。

88. ［英］詹姆士·哈林顿：《大洋国》，何新译，商务印书馆 1963 年版。

89. ［法］朱莉亚·克里斯蒂瓦：《汉娜·阿伦特》，刘成富等译，江苏教育出版社 2006 年版。

著作类

1. 包利民：《古典政治哲学史论》，人民出版社 2010 年版。

2. 丛日云：《西方政治文化传统》，吉林出版集团有限责任公司 2007 年版。

3. 丛日云：《在上帝与凯撒之间——基督教二元政治观与近代自由主义》，生活·读书·新知三联书店 2003 年版。

4. 曹卫东：《权力的他者》，上海教育出版社 2004 年版。

5. 费孝通：《乡土中国》，北京出版社 2009 年版。

6. 龚群：《罗尔斯政治哲学》，商务印书馆 2006 年版。

7. 顾准：《希腊城邦制度：读希腊史笔记》，中国社会科学出版社 1982 年版。

8. 廖申白：《亚里士多德友爱论研究》，北京师范大学出版社 2009 年版。

9. 李强：《自由主义》，吉林出版集团有限责任公司 2007 年版。

10. 梁启超：《新民说：少年中国的国民性改造方案》，中州古籍出版社 1998 年版。

11. 梁漱溟：《中国文化要义》，上海人民出版社 2005 年版。

12. 唐士其：《西方政治思想史》，北京大学出版社 2008 年版。

13. 周春生：《马基雅维里思想研究》，上海三联书店 2008 年版。

文章类

1. 蔡英文：《公民身份的多重性——政治观念史的阐述》，载许纪霖主编《公共性与公民观》，江苏人民出版社 2006 年版。

2. ［加］查尔斯·泰勒：《消极自由有什么错》，达巍译，载达巍等编《消极自由有什么错》，文化艺术出版社 2001 年版。

3. ［加］查尔斯·泰勒：《答非所问：自由主义—社群主义之争》，应奇译，载应奇、刘训练编《公民共和主义》，东方出版社 2006 年版。

4. ［澳］菲利普·佩迪特：《重申共和主义》，刘训练译，载应奇、刘训练编《公民共和主义》，东方出版社 2006 年版。

5. ［意］G. 萨托利：《“宪政”疏议》，晓龙译，载刘军宁等编《市场逻辑与国家观念》，生活·读书·新知三联书店 1995 年版。

6. ［美］J. G. A. 波考克：《古典时期以降的公民理想》，吴冠军译，载许纪霖主编《共和、社群与公民》，江苏人民出版社 2004 年版。

7. ［美］J. G. A. 波考克：《从佛罗伦萨到费城——一部共和国与其替代方案之间的辩证史》，任军锋译，载复旦大学思想史研究中心主编：《共和主义：古典与现代》，上海人民出版社 2006 年版。

8. ［英］昆廷·斯金纳：《共和主义的政治自由理想》，刘训练译，载应奇、刘训练编《公民共和主义》，东方出版社 2006 年版。

9. 刘训练：《公民与共和——当代西方共和主义研究》，天津师范大学，博士学位论文，2006 年。

10. 刘训练：《当代共和主义的复兴》，载许纪霖主编《公共性与公民观》，江苏人民出版社 2006 年版。

11. 梅雪芹：《关于约翰·洛克“财产”概念的一点看法》，《世界历史》1994 年第 4 期。

12. 梅雪芹：《论约翰·洛克的财产观》，《北京师范大学学报》（社会科学版）1997 年第 1 期。

13. ［意］莫里奇奥·维罗里：《共和主义的复兴及其局限》，刘训练译，载应奇、刘训练编《公民共和主义》，东方出版社 2006 年版。

14. ［英］齐格蒙特·鲍曼：《免于国家干预的自由、在国家中的自由和通过国家获得的自由：重探 T. H. 马歇尔的权利三维体》，载郭忠华、刘训练编《公民身份与社会阶级》，江苏人民出版社 2007 年版。

15. 谭安奎：《自主性与公民美德：自由主义如何回应共和主义的挑战》，《政治思想史》2010 年第 4 期。

16. 万健琳：《公民与制度：共和主义两条进路的分立与复合》，《哲学动态》2010 年第 3 期。

17. 萧高彦：《共和主义与现代政治》，载许纪霖主编《共和、社群与公民》，江苏人民出版社 2004 年版。

18. 张凤阳：《共和传统的历史叙事》，《中国社会科学》2008 年第 4 期。

19. 张福建：《在自由主义和共和主义之外：麦迪逊早期宪政思想探索》，《政治思想史》2010 年第 1 期。

外文部分

著作类

1. Adrian Oldfield, *Citizenship and Community: Civic Republicanism and the Modern World*. London: Routledge, 1990.

2. Andrew Peterson, *Civic Republicanism and Civic Education: The Education of Citizens*. London: Palgrave MacMillan, 2011.

3. Anthony Arblaster, *The Rise and Decline of Western Liberalism*. Oxford:

Basil Blackwell, 1984.

4. Benjamin Barber, *A Passion for Democracy: American Essays*. New Jersey: Princeton University Press, 1998.

5. Benjamin Barber, *Strong Democracy: Participatory Politics for a New Age*. California: The University of California Press, 2003.

6. Bernard Williams, *Ethics and the Limits of Philosophy: With a Commentary on the Text by A. W. Moore*. London: Routledge, 2006.

7. Bryan Turner, *Citizenship and Capitalism: The Debate over Reformism*. London: G. Allen & Unwin, 1986.

8. Crawford B. Macpherson, *Political Theory of Possessive Individualism: Hobbes to Locke*. Oxford: Oxford University Press, 1962.

9. Curtis N. Johnson, *Aristotle's Theory of State*. London: the Macmillan Press, 1990.

10. David Miller, ed., *Liberty*. Oxford: Oxford University Press, 1993.

11. Elie Kedourie, *The Crossman Confessions and Other Essays in Politics, History and Religion*. London: Mansell, 1984.

12. Eric Nelson, *The Greek Tradition in Republican Thought*. Cambridge: Cambridge University Press, 2004.

13. Frederic C. Lane, *Venice and History*. Baltimore: Johns Hopkins University Press, 1966.

14. G. A. J. Rogers and Alan Ryan. eds., *Perspective on Thomas Hobbes*. Oxford: Clarendon Press, 1988.

15. Gianfranco Poggi, *Imagines of Society: Essays on the Sociological Theories of Tocqueville, Marx and Durkheim*. Stanford: Stanford University Press, 1972.

16. Hannah Arendt, *Between Past and Future: Six Exercises in Political Thought*. New York: the Viking Press, 1961.

17. Hannah Arendt, *Crises of the Republic*. Orlando: Harcourt Brace & Company, 1972.

18. Harvey C. Mansfield, *Machiavelli's Virtue*. Chicago: The University

of Chicago Press, 1996.

19. Iseult Honohan, *Civic Republicanism*. London: Routledge, 2002.

20. J. Salwyn Schapiro, *Liberalism: Its Meaning and History*. Princeton: Van Nostrand, 1958.

21. James Arthur, *Education with Character: The Moral Economy of Schooling*. London: Routledge, 2003.

22. James M. Buchanan, *The Limits of Liberty: Between Anarchy and Leviathan*. Chicago: The University of Chicago Press, 1975.

23. John Bernard, *Why Machiavelli Matters: A Guide to Citizenship in a Democracy*. Westport: Praeger Publishers, 2009.

24. J. G. A. Pocock, *The Machiavellian Moment: Florentine Political Thought and the Atlantic Republican Tradition*. New Jersey: Princeton University Press, 1975.

25. John Gray, *Liberalism*, 2nd. Minneapolis: the University of Minnesota Press, 2003.

26. John W. Maynor, *Republicanism in the Modern World*. Cambridge: Polity Press, 2003.

27. Joseph Raz, *The Morality of Freedom*. New York: Oxford University Press, 1986.

28. Judith Shklar, *American Citizenship: The Quest for Inclusion*. Cambridge: Harvard University Press, 1991.

29. kenneth Dyson, *The State Tradition in Western Europe: A Study of an Idea and Institution*. Oxford: Martin Robertson, 1980.

30. Keith Faulks, *Citizenship*. London: Routledge, 2000.

31. Maurizio Passerin d'Entrèves, *The Political Philosophy of Hannah Arendt*. London: Routledge, 1994.

32. Machiavelli, *The Prince*, Trans. by W. K. Marriott. 外语教学与研究出版社 2010 年版。

33. Mortimer Sellers, *The Sacred Fire of Liberty: Republicanism, Liberalism, and the Law*. New York: New York University Press, 1998.

34. Norberto Bobbio and Maurizio Viroli, *The Idea of the Republic*. Cambridge: Polity Press, 2003.

35. Peter Riesenberg, *Citizenship in the Western Tradition: Plato to Rousseau*. Chapel Hill: The University of North Carolina Press, 1992.

36. Philip Pettit, *The Common Mind: An Essay on Psychology, Society, and Politics*. New York: Oxford University Press, 1993.

37. Polybius, *The Histories (Books 5 ~ 8)*. Translated by W. R. Paton. Cambridge: Harvard University Press, 1923.

38. Quentin Skinner, *The Foundations of Modern Political Thought*, Vol. 1. Cambridge: Cambridge University Press, 1978.

39. Quentin Skinner, *Liberty before Liberalism*, Cambridge: Cambridge University Press, 2001.

40. Scott Gordon, *Controlling the State: Constitutionalism from Ancient Athens to Today*. Cambridge: Harvard University Press, 1999.

41. Susan D. Collins, *Aristotle and the Rediscovery of Citizenship*. Cambridge: Cambridge University Press, 2006.

42. T. H. Marshall, *Class, Citizenship, and Social Development*. Westport: Greenwood Press, 1964.

43. Walter Simon. ed., *French Liberalism*, 1789—1848. New York: John Wiley & Sons, 1972.

44. Walter Ullmann, *Medieval Political Thought*. Harmondsworth: Penguin, 1975.

45. William A. Galston, *Liberal Purposes: Goods, Virtues, and Diversity in the Liberal State*. Cambridge: Cambridge University Press, 1991.

46. William W. Tarn, *Hellenistic Civilization*, 3rd. London: Edward Arnold, 1952.

文章类

1. Adrian Oldfield, Citizenship: An Unnatural Practice? in Bryan S.

Turner and Peter Hamilton. eds. , *Citizenship: Critical Concepts.* Vol.
1. London: Routledge, 1994.

2. Alan Boyer, On the Modern Relevance of Old Republicanism. *The
Monist*, Vol. 84, No. 1, 2001.

3. Alasdair MacIntyre, Is Patriotism a Virtue? in Derek Matravers and Jon
Pike. eds. , *Debates in Contemporary Political Philosophy: An Antholo-
gy*, London: Routledge, 2005.

4. Anthony Ress, T. H. Marshall and the Progress of Citizenship. in Mar-
tin Bulmer and Anthony Ress. eds. , *Citizenship Today: The Contempo-
rary Relevance of T. H. Marshall*, London: Routledge, 1996.

5. Bryan Turner, Outline of a Theory of Citizenship. *Sociology*, Vol. 24,
No. 2, 1990.

6. Cass R. Sunstein, Beyond the Republican Revival, *The Yale Law Jour-
nal*, Vol. 97, No. 8, 1988.

7. Clifford Orwin, Citizenship and Civility as Components of Liberal De-
mocracy. in Edward Banfield. ed. , *Civility and Citizenship in Liberal
Democratic Societies*. New York: Paragon House, 1992.

8. David Miller, In Defence of Nationality. in Derek Matravers and Jon
Pike. eds. , *Debates in Contemporary Political Philosophy: An Antholo-
gy*. London: Routledge, 2005.

9. John G. A. Pocock, Virtues, Rights, and Manners: A Model for
Historians of Political Thought. *Political Theory*, Vol. 9,
No. 3, 1981.

10. Jürgen Habermas, Reconciliation Through the Public Use of Reason:
Remarks on John Rawls's Political Liberalism. *The Journal of Philoso-
phy*, Vol. 92, No. 3, 1995.

11. M. Schofield, Cicero's Definition of Res Publica. in J. G. F.
Powell. ed. , *Cicero: the Philosopher*, Oxford: Oxford University
Press, 1995.

12. Michael Sandel, The Procedural Republic and the Unencumbered Self,

Political Theory, Vol. 12, No. 1, 1984.

13. Quentin Skinner, A Third Concept of Liberty. *Proceeding of the British Academy*, Vol. 117, 2002.

14. Quentin Skinner, Machiavelli on the Maintenance of Liberty. *Politics*, Vol. 18, No. 2, 1983.

15. Quentin Skinner, The Idea of Negative Liberty: Philosophical and Historical Perspectives. in Richard Rorty, J. B. Schneewind and Quentin Skinner. eds., *Philosophy in History*, Cambridge: Cambridge University Press, 1984.

16. Quentin Skinner, The State. in Terence Ball, James Farr and Russell Hanson. eds., *Political Innovation and Conceptual Change*, Cambridge: Cambridge University Press, 1989.

17. Quentin Skinner, The Republican Idea of Political Liberty. in Gisela Bock, Quentin Skinner and Maurizio Viroli. eds., *Machiavelli and Republicanism.* Cambridge: Cambridge University Press, 1990.

18. Quentin Skinner, On Justice, the Common Good and the Priority of Liberty. in Chantal Mouffe. ed., *Dimensions of Radical Democracy: Pluralism, Citizenship, Community*, London: Verso, 1992.

19. Ralf Dahrendorf, Citizenship and Beyond: The Social Dynamics of Idea. *Social Research*, Vol. 41, No. 4, 1974.

20. Richard Dagger, Republican Citizenship. in Engin F. Isin and Bryan S. Turner. eds., *Handbook of Citizenship Studies.* London: Sage Publications, 2002.

21. Rogers M. Smith, Modern Citizenship, in Engin F. Isin and Bryan S. Turner. eds., *Handbook of Citizenship Studies.* London: Sage Publications, 2002.

22. Seven G. Gey, The Unfortunate Revival of Civic Republicanism, *University of Pennsylvania Law Review*, Vol. 141, No. 3, 1993.

23. Shelley Burtt, The Good Citizen's Psyche: On the Psychology of Civic Virtue, *Polity*, Vol. 23, No. 1, 1990.

24. Thomas Engeman, Liberalism, Republicanism and Ideology. *The Review of Politics*, Vol. 55, No. 2, 1993.

25. Will Kymlicka and Wayne Norman, Return of the Citizen: A Survey of Recent Work on Citizenship Theory. *Ethics*, Vol. 104, No. 2, 1994.

致　谢

　　本书是在我的博士学位论文基础上修改而成的。2012 年从中国人民大学毕业后，进入山西师范大学工作，继续从事伦理学和政治哲学的研究。只是在研究之外，承担了必要且有益的教学工作。在可以想见的未来，我会一直与教学和研究相伴而行。行笔至此，蕴藏已久的激情再次迸发，是时候暂停下来对已成为过往的那个时代做一番交代，对正在展开的新生活做一番谋划了。

　　毫不掩饰地说，我是在不断地"试错"中选择政治哲学作为自己攻读和从事的专业方向。本科四年的思想政治教育促使我第一次开始独立考虑什么才是我的"应当"，如何把自己从"谓何"的轨道上扭转到"何谓"之上。及至硕士研究生阶段，待对政治学进行了初步涉及之后，仍觉不能返回到"深处"和"高处"进行"何谓"的追问。不过，这个阶段的学习使我有能力和胆量进入政治哲学的场域，试图努力回答对自己的提问。大幸的是，在从山西师范大学到四川大学，再到中国人民大学的求学道路上，虽说自己在无畏地前行，但仍然缺失不了良师益友的诸多教诲。甚至不无夸张地说，他们的引导对我起到了廓清迷雾，坚定信心的巨大作用。

　　第一次接触一门叫作"政治学"的课程，是在大学期间吉志强老师的课堂上。"政治学"研究的是我们平常所说的"厚黑学"吗？带着对这个初级问题的好奇，我一头扎进政治学的天地中，乐此不疲。硕士阶段的导师阎钢教授风趣幽默，对任何问题都有独到且深刻的见解，他厚重的政治哲学理论素养极大地吸引了刚刚"潜入"这一领域的我。从第一篇有自己观点的文章，到获得院级优秀毕业论文，每每包含了他极多的鼓励和指引。2009 年，在他的肯定和支持下，我报考了中国人民大学哲学院，把自己交给了全国哲学研究的重镇。如果说，日后自己有些许成就，当然离不开人大哲学院的教育和培养，而任何一点点的缺陷都是自己不甚努力的结果。

在龚群教授的言传身教下，博士阶段的我自觉比以前有了更大的进步。龚老师是一位极具个人魅力的学者，也是众多俯身踏地做学问的学者中的佼佼者。在与他的交流中，不经意间常能捕捉到智慧的火花，再经细细斟酌内化，竟能成为自己前进道路上的"踏石"，深感惊喜。特别是，确立毕业论文选题之后，在行文至"瓶颈"之时，龚老师的三言两语，往往令我茅塞顿开，思路豁然敞亮。不得不说的是，论文当中无意为之的纰漏或者是错讹，完全是我自己知识积累和心有余而力不足的"副产品"。但愿我这位"庸生"不会伤及龚老师的声誉。

感谢论文匿名评审专家的深刻评点。感谢中国社会科学院甘绍平研究员、孙春晨研究员；清华大学肖巍教授；光明日报社张业清教授以及中国人民大学周濂副教授在论文答辩中给予的精准批判与教益。

感谢山西师范大学卫建国教授、郭学旺教授、贾绘泽副教授对我的工作以及本书的出版给予的帮助和支持。感谢王晓林同学为书籍文字校订付出的辛苦劳动。十分感谢中国社会科学出版社编辑凌金良博士为本书出版付出的大量心血。

十年的大学学习中，我结识了许多朋友，他们让"同学"一词变得更有意义。种种愉快的景象快速闪现，寄于此间的真情与快乐却长久驻留。

永远不能忘记，红雷在任何时候，尤其是我最困难、最无助、最心灰意冷的情景下或无言或畅言的关心。张波对我的鼓励和批评同样让我永远不能忘记。

至此以及此后的人生路上，最要感谢的是始终伴我左右的家人，即使"感谢"两个字对他们来说太过于避重就轻。自己的任性和孤行曾经给他们带来了很深的伤痛，但他们仍然全心全意地支持着我，爱护着我，能有此家人，夫复何求！

与我北上求学改变命运相提并论的是，我遇到了我的爱人。她识大体、晓人事，又极大地包容了我，接受了我。在她允许我为她戴上戒指的那刻起，她就把她的幸福和未来交给了我，我必定全力以赴。修改论文成书的过程，同时也是她孕育并顺利产下左左的过程。新生命的出现，总是能够给人以极大的想象和无限的前行动力。

有你们，真好。

2015 年 10 月 10 日于山西师范大学德风读书社